Torsten Grzebiela

Internet-Risiken

GABLER EDITION WISSENSCHAFT

Markt- und Unternehmensentwicklung
Herausgegeben von
Professor Dr. Dres. h.c. Arnold Picot,
Professor Dr. Dr. h.c. Ralf Reichwald und
Professor Dr. Egon Franck

Der Wandel von Institutionen, Technologie und Wettbewerb prägt in vielfältiger Weise Entwicklungen im Spannungsfeld von Markt und Unternehmung. Die Schriftenreihe greift diese Fragen auf und stellt neue Erkenntnisse aus Theorie und Praxis sowie anwendungsorientierte Konzepte und Modelle zur Diskussion.

Torsten Grzebiela

Internet-Risiken

Versicherbarkeit und Alternativer Risikotransfer

Mit Geleitworten von Prof. Dr. Dres. h.c. Arnold Picot und Prof. Dr. Günter Müller

Springer Fachmedien Wiesbaden GmbH

Bibliografische Information Der Deutschen Bibliothek
Die Deutsche Bibliothek verzeichnet diese Publikation in der Deutschen Nationalbibliografie; detaillierte bibliografische Daten sind im Internet über <http://dnb.ddb.de> abrufbar.

Dissertation Universität Freiburg, 2002

1. Auflage November 2002

Ursprünglich erschienen bei Deutscher Universitäts-Verlag GmbH, Wiesbaden, 2002

Lektorat: Brigitte Siegel / Sabine Schöller

www.duv.de

Umschlaggestaltung: Regine Zimmer, Dipl.-Designerin, Frankfurt/Main

Gedruckt auf säurefreiem und chlorfrei gebleichtem Papier

ISBN 978-3-8244-7754-8 ISBN 978-3-663-10403-2 (eBook)
DOI 10.1007/978-3-663-10403-2

Geleitwort des Herausgebers

Zur systematischen Analyse spezifischer Internet-Risiken und der Handhabung dieser aus wirtschaftswissenschaftlichen Sicht wurde bislang kaum publiziert. Dies verwundert umso mehr, da das Internet neben den oft dargestellten Chancen nicht zu unterschätzende Risiken birgt, die aufgrund ihrer Komplexität und potenziellen Größe Unternehmen existenziell bedrohen können. Vor dem Hintergrund der hohen Schadenspotenziale des Internets und der technisch nicht erreichbaren absoluten Sicherheit stellt sich dringend die Frage nach ergänzenden ökonomischen Instrumenten, um Internet-Risiken zu bewältigen.

Motiviert von realisierten Schadensszenarien werden in der Arbeit von Herrn Grzebiela spezifische Internet-Risiken systematisiert. Neben technischen Sicherungsmechanismen untersucht die Arbeit in beeindruckender Weise ökonomische Instrumente, um den Risiken des Internets zu begegnen. Die Analyse ist dabei eingebettet in einen holistischen Risikomanagement-Ansatz, der auf dem Konzept des Bilanzschutzes beruht. Traditionelle EDV-Versicherungen, die bestimmte Teilrisiken des Internets abdecken können, und seit kurzem am Markt erhältliche spezielle Internet-Versicherungen sowie auch innovative Versicherungstechniken (die Instrumente des sog. Alternativen Risikotransfers) werden beleuchtet und analysiert, inwieweit sie bei den nicht-versicherbaren Risikokategorien Anwendung finden können.

Der Verfasser kommt zu dem zentralen Ergebnis, dass Sicherheit im wirtschaftlichen Kontext Risikomanagement bedeutet und keine rein technische Kategorie darstellt. Zudem lautet die Erkenntnis, dass nicht alle Internet-Risiken versicherbar sind. Die als Lösungsansatz vorgeschlagenen Instrumente des Alternativen Risikotransfers kommen bisher erst wenig zur Anwendung, allerdings könnten sie das Risikomanagement von Unternehmen effizient erweitern. Ferner bieten sie Ansatzpunkte für weitere wissenschaftliche Forschung auf diesem Gebiet.

Die vorliegende Arbeit behandelt also ein hochaktuelles Thema, das gleichermaßen Relevanz für die betriebswirtschaftliche Praxis als auch für die wirtschaftswissenschaftliche Forschung hat. Deshalb verdient das vorliegende Werk höchste Anerkennung und eine weite Verbreitung in der Fachwelt.

Prof. Dr. Dr. h.c. Ralf Reichwald

Geleitwort

Viele wissenschaftliche Untersuchungen thematisieren einseitig die wirtschaftliche Nutzung des Internets. Die Risiken des Internets sollen normalerweise mit technischen Instrumenten bewältigt werden. Allerdings beeindrucken die auf diese Weise erreichbaren Ergebnisse in vielen Bereichen nicht.

Die vorliegende Arbeit von Herrn Grzebiela untersucht – ausgehend von einem komplementären Ansatz zur Risikobegrenzung – die Versicherbarkeit von Internet-Risiken. Im Kontext sich entwickelnder, neuartiger Versicherungskonzepte gelangt die Untersuchung zu den wesentlichen Ergebnissen, dass technische und organisatorische Sicherungsmaßnahmen alleine nicht ausreichen, um den Risiken des Internets zu begegnen. Es bedarf vielmehr des Einsatzes ergänzender Versicherungsmaßnahmen. Technische Sicherungsmaßnahmen sind dabei zwingende Voraussetzung für die Versicherbarkeit von Internet-Risiken. Dennoch sind so nicht alle Risiken des Internets abzusichern, da klassische versicherungstechnische Konzepte nicht zwingend greifen. Bei bestimmten Risikokategorien müssen Instrumente des Alternativen Risikotransfers eingesetzt werden, um vorhandene Kapazitätsgrenzen auszuweiten, die Effizienz des Risikotransfers zu erhöhen und um bestimmte Risiken handhabbar zu machen. Diese häufig aus dem Rückversicherungsbereich stammenden Produkte stellen für größere Unternehmen nicht nur eine Alternative zur traditionellen Versicherung dar sondern sind teilweise die einzige Möglichkeit, einem holistisch ausgerichteten Risikomanagement gerecht zu werden und bestimmte nicht-versicherbare Risikokategorien zu überwälzen.

Die innovative Arbeit stellt einen sehr beachtenswerten Beitrag zur Sicherheitsdebatte, aber besonders bezüglich der Versicherbarkeitsproblematik von Internet-Risiken und des Alternativen Risikotransfers dar. Gleichzeitig ist sie solides Fundament für weitere Forschungsanstrengungen auf diesem bisher erst wenig wissenschaftlich bearbeiteten Gebiet. Die anspruchsvolle Thematik des vorliegenden Buches ist interdisziplinär und rekurriert zum einen auf spezielle Betriebswirtschaftslehren (strategisches Risikomanagement und Versicherungsbetriebslehre), zum anderen auf die Wirtschaftsinformatik und Informatik. Dabei werden fachlich komplexe Zusammenhänge sehr verständlich dargestellt und differenziert erläutert. So ist die Untersuchung für Informatiker gut zu lesen und für Ökonomen äußerst wertvoll. Die Arbeit von Herrn Grzebiela hat meines Erachtens erhebliche praktische Bedeutung und verdient eine gute Aufnahme in der Wissenschaft und der betriebswirtschaftlichen Praxis.

Prof. Dr. Günter Müller

Vorwort

Diese Dissertation ist das Ergebnis meiner Untersuchungen zu spezifischen Internet-Risiken und den Möglichkeiten zu deren Handhabung. Aus ökonomischer Sicht sind die Problematik der Versicherbarkeit und Instrumente des Alternativen Risikotransfers besonders interessant.

Ein besonders herzlicher Dank gilt an erster Stelle meinem geschätzten akademischen Lehrer und Doktorvater Professor Dr. Günter Müller für seine fachliche Begleitung und engagierte Unterstützung. Insbesondere bin ich ihm für das großzügige Gewähren akademischer Freiheiten und die Möglichkeit zur eigenständigen Arbeit dankbar sowie für seine offene und konstruktive Kritik, durch die ich wertvolle Anregungen für meine Arbeit erhielt. Bei der Tätigkeit an seinem Institut konnte ich zahlreiche persönliche und fachliche Erfahrungen sammeln, die weit über das Promovieren hinaus reichen und äußerst wertvoll sind.

Herrn Professor Dr. Dr. h.c. Hans-Hermann Francke danke ich sehr für die unkomplizierte Übernahme des Zweitgutachtens unter zeitlich beengten Restriktionen. Sehr erfreut hat mich die Aufnahme der Arbeit in die Schriftenreihe „Markt- und Unternehmensentwicklung" des Deutschen Universitäts-Verlages/Gabler Edition Wissenschaft unter der Herausgeberschaft von Professor Dr. Dres. h.c. Arnold Picot, Professor Dr. Dr. h.c. Ralf Reichwald und Professor Dr. Egon Franck.

Zum Gelingen der Dissertation haben auch die Kolleginnen und Kollegen der Abteilung Telematik des Instituts für Informatik und Gesellschaft der Albert-Ludwigs-Universität Freiburg beigetragen. Für die stets kreative, kollegiale und freundschaftliche Arbeitsatmosphäre spreche ich daher allen meinen Dank aus, die in unterschiedlicher Weise ihren Beitrag zur vorliegenden Arbeit geleistet haben. Namentlich nennen möchte ich hier insbesondere die Herren Dr. Alf Zugenmaier, Dr. Martin Reichenbach und Dr. Torsten Költzsch, die für fachliche Diskussionen stets bereit waren und Entwürfe kritisch durchsahen. Ich bedanke mich auch bei zahlreichen Vertretern aus der Praxis, die mir viele Materialien zur Verfügung stellten. Neben namentlich nicht aufgeführten Praktikern gilt mein Dank den Herren Daniel Borner (*AON Jauch & Hübener* AG, Feldmeilen/Zürich), Christoph Kammermann (*Zürich*, Zürich), Sebastian Linck (*Marsh GmbH*, Stuttgart) und Herbert Matschulies (*WÜBA Versicherungs-AG*, Frankfurt) für ihre Diskussionsbereitschaft und die Beantwortung vieler Fragen.

Für die materielle Förderung des Dissertationsprojektes bedanke ich mich bei dem Land Baden-Württemberg, der Wissenschaftlichen Gesellschaft Freiburg sowie der Albert-Ludwigs-Universität Freiburg.

Ein besonders großes und herzliches Dankeschön gebührt meinen Eltern, die mich während meiner gesamten Ausbildungszeit förderten und die Erstellung dieser Arbeit durch viele Hilfestellungen voll unterstützten. Auch bei meinen Bruder Holger bedanke ich mich sehr herzlich für seine stete Bereitschaft zur Hilfe bei Problemen mit dem PC und den Tücken des Textverarbeitungsprogramms sowie für das zeitaufwendige Korrekturlesen.

Torsten Grzebiela

Inhaltsverzeichnis

Abbildungsverzeichnis

Tabellenverzeichnis

Abkürzungsverzeichnis

ABE:	Allgemeine Versicherungsbedingungen für die Elektronikversicherung
ABVSV:	Allgemeine Bedingungen für die Vertrauensschadenversicherung
ADR:	Alternative Dispute Resolution
AES:	Advanced Encryption Standard
AG:	Aktiengesellschaft
AIG:	American International Group
AktG:	Aktiengesetz
ART:	Alternativer Risikotransfer
BBB:	Better Business Bureaus
BCX:	Bermuda Commodities Exchange
Bd.:	Band
BDSG:	Bundesdatenschutzgesetz
BGBl.:	Bundesgesetzblatt
Bio.:	Billion(en)
BMI:	Bundesministerium des Inneren
BS:	British Standard
BSI:	Bundesamt für Sicherheit in der Informationstechnik
bspw.:	beispielsweise
BSX:	Bermuda Stock Exchange
BU:	Betriebsunterbrechung
BUV:	Elektronik-Betriebsunterbrechungs-Versicherung
bzw.:	beziehungsweise
ca.:	circa
CA:	Certification Authority
CAT:	Katastrophenversicherung
CATEX:	Catastrophic Risk Exchange
CBOT:	Chicago Board of Trade
CC:	Contingent Capital
CD:	Compact Disk
CERT:	Computer Emergency Response Team
CERT/CC:	CERT/Coordination Center
CFO:	Chief Financial Officer
CHF:	Schweitzer Franken
CMV:	Computer-Missbrauch-Versicherung
CSI:	Computer Security Institut
D&O:	Directors & Officers

d.h.:	das heißt
DAX:	Deutscher Aktienindex
DDoS:	Distributed Denial of Service
DES:	Data Encryption Standard
DM:	Deutsche Mark
DNS:	Domain Name Server
DoS:	Denial of Service
DTV:	Datenträgerversicherung
ECE:	Electronic Commerce Enquête
ECIN:	Electronic Commerce Info Net
E-Business:	Electronic Business
E-Commerce:	Electronic Commerce
EDI:	Electronic Data Interchange
EDV:	Elektronische Datenverarbeitung
EGHGB:	Einführungsgesetz zum Handelsgesetzbuch
EHI:	Euro Handelsinstitut
EK:	Einkommen
ESV:	Elektroniksachversicherung
et al.:	et alii
etc.:	et cetera
EU:	Europäische Union
f.:	folgende
F+E:	Forschung und Entwicklung
FBI:	U.S. Federal Bureau of Investigation
ff.:	fortfolgende
FN:	Fußnote
FR:	Finite Risk
FTP:	File Transfer Protocol
GCCI:	Guy Carpenter Catastrophe-Index
ggf.:	gegebenenfalls
GuV:	Gewinn und Verlust
HGB:	Handelsgesetzbuch
Hrsg.:	Herausgeber
i.d.R.:	in der Regel
i.e.S:	im engeren Sinne
i.S.:	im Sinne
i.w.S.:	im weiteren Sinne
Id:	Identity
IDEA:	International Data Encryption Algorithm

IDS:	Intrusion Detection Systeme
IIG:	Institut für Informatik und Gesellschaft
insbes.:	insbesondere
IP:	Internet Protocol
IRS:	Intrusion Response
ISO:	Insurance Service Office
IT:	Informationstechnologie
IuKDG:	Informations- und Kommunikationsdienste-Gesetz
IuKT:	Informations- und Kommunikationstechnologie
Jg.:	Jahrgang
Kl.:	Klausel
KMU:	Kleine und Mittlere Unternehmen
KonTraG:	Gesetz zur Kontrolle und Transparenz im Unternehmensbereich
KWG:	Kreditwesengesetz
LPT:	Loss Portfolio Transfer
MAC:	Message Authentication Code
Mio.:	Million(en)
MKV:	Mehrkostenversicherung
MMP:	Multi-line/Multi-year-Produkte
Mrd.:	Milliarde(n)
MTP:	Multi Trigger-Produkte
MWSt:	Mehrwertsteuer
NBS:	National Bureau of Standards
NIRP:	National Insurance Risk Profil
No.:	Number
NSA:	National Security Agency
o.ä.:	oder ähnlichen
o.V.:	ohne Verfasser
OTC:	Over-the-Counter
PC:	Personal Computer
PCS:	Property Claim Services
PGP:	Pretty Good Privacy
PKI:	Public-Key-Infrastruktur
PML:	Possible Maximum Loss
RC4:	Rivest's Cipher 4
RegTP:	Regulierungsbehörde für Telekommunikation und Post
RM:	Risikomanagement
RSA:	Rivest, Shamir, Adleman
S.:	Seite

SigG:	Gesetz zur digitalen Signatur
SigV:	Signaturverordnung
SM:	Sicherheitsmaßnahmen
sog.:	sogenannte
Sp.:	Spalte
SPV:	Special Purpose Vehicle
SRBI:	Schulman, Ronca & Bucuvalas, Inc.
STP:	Single Trigger-Produkte
trad.:	traditionell
Tsd.:	Tausend(e)
u.a.:	und andere; unter anderem
u.d.T.:	unter dem Titel
US:	United States
USA:	United States of America
v.a.:	vor allem
vgl.:	vergleiche
Vol.:	Volume
VPN:	Virtuelle Private Netzwerke
VS:	Versicherungssumme
VSV:	Vertrauensschadenversicherung
VVG:	Versicherungsvertragsgesetz
VVW:	Verlag Versicherungswirtschaft
WTC:	World Trade Center
WWW:	World Wide Web
z.B.:	zum Beispiel
ZKDSG:	Zugangskontrolldiensteschutz-Gesetz
zugl.:	zugleich
z. Zt.:	zur Zeit

1 Handhabung von Internet-Risiken

1.1 Zielsetzung der Arbeit

Das Internet bietet einerseits große Chancen, andererseits birgt es ein gewaltiges Schadenspotenzial in sich. Datenverluste durch Hackerangriffe oder Viren, existenzbedrohende Betriebsunterbrechungen durch Störungen der IuKT, Wirtschaftsspionage oder Information Warfare sind nur einige der Gefahren, die durch die weltweite Vernetzung drohen.

Risikomanagement wurde in bisherigen Publikationen weitestgehend im Kontext von Banken und Versicherungen behandelt. Im strategischen Bereich bezogen auf Risiken, die Unternehmen fundamental bedrohen, wurde in der klassischen Betriebswirtschaftslehre über Risikomanagement bisher wenig geforscht. Ein holistischer Risikomanagement-Ansatz, der auf dem Gedanken des Bilanzschutz fußt und in der Praxis bisher kaum umgesetzt wurde, eignet sich in dem Kontext der Arbeit besonders. Die in den letzten Jahren stark zugenommenen Sicherheitsverletzungen und Bedrohungen durch Hacker-Angriffe machen für Unternehmen eine konsequente IT-Sicherheitspolitik, die in ein holistisches Risikomanagement eingebettet ist, zwingend erforderlich.

Seit wenigen Jahren werden am Markt spezielle Versicherungen gegen spezifische Internet-Risiken angeboten.[1] Allerdings ist zu konstatieren, dass nicht alle Risiken versicherbar sind. Unternehmen benötigen dennoch Lösungen, um ihre Risiken handhabbar zu machen, unabhängig davon, ob diese aus traditioneller Sicht als versicherbar oder nicht-versicherbar gelten.[2]

Derzeit werden Instrumente des Alternativen Risikotransfers (ART) entwickelt. Da diese Thematik sehr praxisgetrieben ist, wurde dazu bisher wenig umfassend publiziert. Zur Handhabung von Internet-Risiken existiert bisher keine umgesetzte ART-Lösung am Markt. Größtenteils ist der Vorschlag, diese Produkte im Kontext von Internet-Risiken zu nutzen, neu.

---

1 Viele Erst- und Rückversicherer beschäftigen sich mit der Thematik der Internet-Risiken und untersuchen, ob und wie diese versicherbar sind [vgl. GRUBER (2001), S. 958].

2 Vgl. HEROLD/PAETZMANN (1999), S. 33: Das Produktportfolio der Versicherungswirtschaft sollte daher um Produkte für Risiken, die heute als nicht-versicherbar gelten (z.B. technologische, unternehmerische, politische Risiken) und um Produkte für zusätzliche, heute vorwiegend durch Spezialversicherer oder Banken abgedeckte Risikokategorien (z.B. Kredit-, Wechselkurs-, Preisänderungsrisiken), erweitert werden.

Vor diesem Hintergrund besteht die Zielsetzung der Arbeit darin

- Internet-Risiken zu klassifizieren und deren Handhabung entsprechend eines holistischen Risikomanagement-Gedankens darzustellen,
- Internet-spezifische Risiken auf ihre Versicherbarkeit zu untersuchen und Aussagen abzuleiten, ob generell alle internet-spezifischen Risiken versicherbar sind oder ob das Internet Risiken birgt, die nicht auf einen Versicherer transferiert werden können, sowie
- Alternative Risikotransfermechanismen aufzuzeigen und diese auf ihre Eignung zur Handhabung von bestimmten Internet-Risiken einzuschätzen.

1.2 Aufbau der Arbeit

Die Arbeit gliedert sich, wie in Abbildung 1 illustriert, in sieben Kapitel. Das einleitende erste Kapitel benennt die Zielsetzungen der Arbeit und strukturiert bzw. definiert den Electronic Commerce. Die essentielle Bedeutung von Sicherheit im Electronic Commerce wird anhand der Ergebnisse verschiedener empirischer Untersuchungen verdeutlicht. Nach einer exemplarischen Vorstellung von Schadenszenarien und -dimensionen wird die Relevanz der Arbeit aufgezeigt.

Das folgende Kapitel weist nach der Vorstellung eines theoretisch motivierten, ökonomisch optimalen Sicherheitskonzeptes und dem Hinweis auf die Bedeutung des Vertrauens im Electronic Commerce auf die Komplementarität zwischen technischen Sicherungs- und vertrauensbildenden Mechanismen sowie ökonomischen Maßnahmen, insbesondere der Versicherung, zur Risikominimierung hin.

Die Forderung nach einem holistischen Risikomanagement steht im Vordergrund des dritten Kapitels. Ausgehend vom ökonomischen Risikobegriff werden Prozessstufen des Risikomanagements vorgestellt und am Beispiel der Internet-Risiken verdeutlicht. Die theoretischen Arbeiten zur Versicherbarkeit bilden das Fundament für eine spätere Einschätzung der Versicherbarkeit von Internet-Risiken. Anhand der Kriterien des entscheidungsorientierten Ansatzes zur Beurteilung der Versicherbarkeit werden exemplarisch die Eigenschaften einiger spezifischer Internet-Risiken eingeschätzt und Probleme bezüglich deren Versicherbarkeit aufgezeigt.

Das vierte Kapitel widmet sich den vielfältigen Risiken des Internets. Anhand einer modellhaften Darstellungsform werden diese auf unterschiedliche Risikoebenen abstrahiert. Die Mehrseitige Sicherheit im Electronic Commerce wird als Referenz für die anschließenden Analysen verdeutlicht. Zunächst wird der Begriff der Mehrseitigen Sicherheit anhand der Schutzziele erläutert. Ein zugrunde gelegter zielorientierter Risikobegriff sieht Risiko als potenzielle Verletzung der Schutzziele und leitet aus technischer Sicht Sicherheitsrisiken ab. Entsprechend spiegeln diese die Bedrohungen der Schutzziele der Mehrseitigen Sicherheit wider. Die Sicherheitsrisiken werden als Fundament für weitere Risikokategorien angesehen.

Der Vorstellung von Angriffsszenarien, die nach diesen Sicherheitsrisiken unterteilten sind, folgt eine Darstellung der wichtigsten technischen Sicherungsmechanismen und -techniken für Unternehmen, um den Bedrohungen von Internet-Risiken zu begegnen. Die Betrachtung von nie vollkommen erreichbarer technischer Sicherheit zeigt, dass ergänzend ein Vertrauensaufbau durch vertrauensunterstützenden Institutionen und Versicherungen notwendig ist. Entsprechende Dienste werden kurz angeführt und beispielhaft erläutert.

Das bisher am Markt existierende Versicherungsangebot, um Risiken von IT-Systemen finanziell abzusichern und neuartige, spezielle Internet-Versicherungen werden im folgenden fünften Kapitel vorgestellt. Da eine hundertprozentige technische Sicherheit nicht erreicht werden kann, dienen Versicherungen der Reduktion verbleibender Restrisiken. Hier wird zwischen transaktionsbezogenen und infrastrukturbezogenen Versicherungen unterschieden. Die Analyse der erhältlichen infrastrukturbezogenen Versicherungen (traditionelle EDV-Versicherungen und spezielle Internet-Versicherungen) anhand der Sicherheitsrisiken als Referenz ermöglicht Aussagen hinsichtlich der Versicherbarkeit der potenziellen Verletzungen einzelner Schutzziele und bezüglich der Probleme, die sich bei der Versicherbarkeit ergeben. Das Kapitel schließt mit Lösungsvorschlägen zur Ausdehnung der derzeit schwer erhältlichen Versicherungskapazitäten und niedrigen individuellen Kapazitätsgrenzen der Versicherungswirtschaft.

Ineffizienzen bzw. Grenzen der Versicherbarkeit kann mit Instrumenten des Alternativen Risikotransfers (ART) begegnet werden. Diese Produkte zur innovativen Risikofinanzierung werden bezüglich ihrer Effizienz und zukünftigen Bedeutung beurteilt. Einen Schwerpunkt bildet die Vorstellung der wichtigsten Ausprägungen dieser ART-Produkte. Sie werden abschließend auf ihre Eignung zur Handhabung von Internet-Risiken eingeschätzt.

Die Arbeit endet im siebten Kapitel mit einer Schlussbetrachtung, die die Ergebnisse zusammenfasst und einen Ausblick auf weiteren Forschungs- und Entwicklungsbedarf gibt.

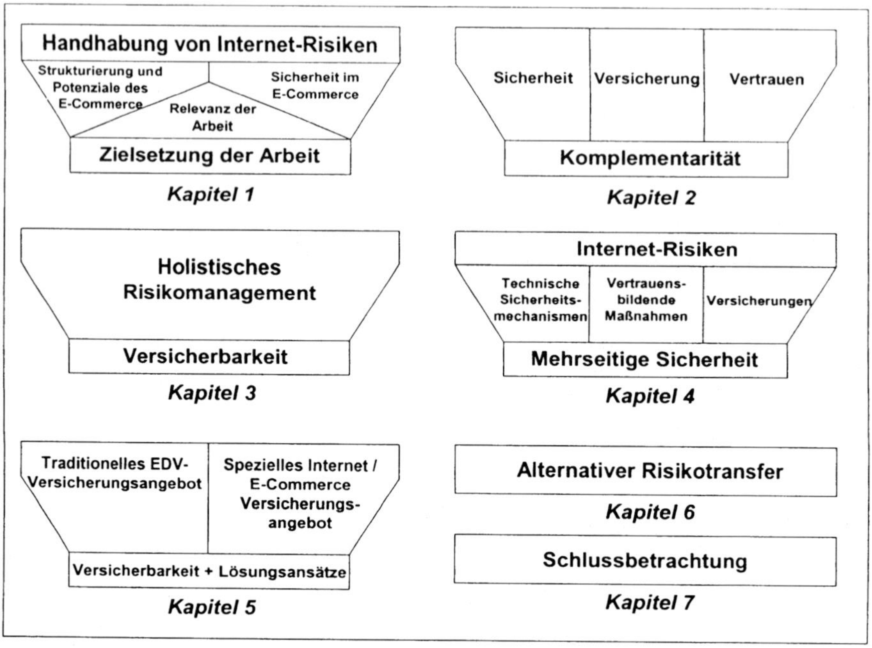

Abbildung 1: Aufbau der Arbeit

1.3 Digitales Wirtschaften: Hürden und Potenziale des Electronic Commerce

1.3.1 Strukturierung und Potenziale des Electronic Commerce

Electronic Commerce umfasst vielschichtige technische, ökonomische und institutionelle Aspekte der Leistungserstellung und Transaktionen, die durch Informations- und Kommunikationstechnologie (IuKT) unterstützt werden. Begriffliche Abgrenzungen des Phänomens Electronic Commerce sind entsprechend uneinheitlich und von der jeweiligen Perspektive des Betrachters abhängig.[3] In dieser Arbeit wird nicht zwischen Electronic Commerce und Electronic Business unterschieden.[4] Daher wird aus der Vielzahl entsprechender Definitionsansätze eine

[3] Vgl. OECD (1997), S. 6. Vgl. ebenso SCHODER (2000), S. 111ff: SCHODER zeigt, dass sich für E-Commerce bisher keine einheitliche Definition herausgebildet hat, da dieser Bereich u.a. vielen Veränderungen unterliegt.

[4] Die uneinheitliche Verwendung der Begriffe E-Commerce und E-Business in der Literatur lässt dennoch erkennen, dass E-Business das begrifflich umfassender Konzept ist [vgl. dazu bspw. WIRTZ (2000), S. 29ff.].

begrifflich weit gefasste Definition des Electronic Commerce gewählt, die am Ende dieses Abschnitts angeführt wird.

Die Heterogenität des Electronic Commerce lässt sich anhand der Transaktionsbereiche und des Virtualisierungsgrades strukturieren:[5]

- **Transaktionsbereiche:**
  Der häufig angeführte elektronische Austausch zwischen Unternehmen und (End-) Konsumenten (Business-to-Consumer) ist nicht der einzige Bereich des Electronic Commerce. Electronic Commerce erstreckt sich auf die Akteure Unternehmen (Business), Konsumenten (Consumer) und öffentliche Stellen (Administration). Dabei kann Electronic Commerce sowohl zwischen den Wirtschaftssubjekten innerhalb der oben genannten Akteursgruppen als auch zwischen den verschiedenen Akteuren stattfinden.[6] Tabelle 1 stellt die möglichen Transaktionsbereiche zusammen (Segmentierung des Electronic Commerce). Die weiteren Ausführungen beziehen sich nur auf die Akteure „Business" und „Consumer".[7] Dabei zeigt der Business-to-Consumer Electronic Commerce die Beziehungen zwischen Unternehmen und Konsumenten auf. Online-Shopping, individuelle Kundenansprache (one-to-one Marketing) sowie interaktive Möglichkeiten der Produktionsprozess-Beeinflussung (mass-customization) sind hier einzuordnen. Der Business-to-Business Electronic Commerce bezieht sich auf interorganisatorische Austausch- und Leistungserstellungsprozesse zwischen Unternehmen. Diese können beispielsweise über Handelsplattformen im Internet erfolgen. Der Handel von privaten Konsumenten auf elektronischen Plattformen, wie beispielsweise Internet-Auktionen, stellt den Consumer-to-Consumer Electronic Commerce dar. Elektronische Austauschbeziehungen zwischen Konsumenten und Unternehmen werden als Consumer-to-Business Electronic Commerce bezeichnet. Ein Beispiel dafür sind Jobbörsen, in denen sich arbeitssuchende Personen Unternehmen präsentieren.

---

5 Für weitere Dimensionen zur Strukturierung vgl. z.B. SCHODER (2000), S. 111f.

6 Vgl. HERMANNS/SAUTER (1999), S.22; JONES/MORRIS (1999), S. 83.

7 Grundsätzliche Unterschiede für die Untersuchungsergebnisse werden bei Einbezug des Akteurs „Administration" nicht erwartet.

		Nachfrager der Leistung		
		Consumer	Business	Administration
Anbieter der Leistung	Consumer	**Consumer-to-Consumer** z.B. Internet-Kleinanzeigenmarkt, Internet-Auktionen	**Consumer-to-Business** z.B. Jobbörsen mit Anzeigen von Arbeitssuchenden	**Consumer-to-Administration** z.B. Steuerabwicklung von Privatpersonen
	Business	**Business-to-Consumer** z.B. Bestellung eines Kunden in einer Internet Shopping-Mall	**Business-to-Business** z.B. Bestellung eines Unternehmens bei einem Zulieferer per EDI, Internet	**Business-to-Administration** z.B. Steuerabwicklung von Unternehmen
	Administration	**Administration-to-Consumer** z.B. Abwicklung von Unterstützungsleistungen (Sozialhilfe, Arbeitslosenhilfe etc.)	**Administration-to-Business** z.B. Beschäftigungsmaßnahmen öffentlicher Institutionen im Internet	**Administration-to-Administration** z.B. Transaktionen zwischen öffentlichen Institutionen im In- und Ausland

Tabelle 1: Transaktionsbereiche des Electronic Commerce[8]

- **Virtualisierungsgrad:**
  Der Virtualisierungsgrad bringt die „Stärke" des Electronic Commerce zum Ausdruck. Je stärker die Virtualisierungsgrade der beteiligten Produkte, Wirtschaftssubjekte und/oder Prozesse ausgeprägt bzw. digitalisiert sind, desto eher handelt es sich um Electronic Commerce (Abbildung 2). Liegen alle drei dargestellten Dimensionen virtualisiert vor,[9] so ist der Kern des Electronic Commerce erreicht (Würfelsegment rechts oben).[10] Dagegen repräsentiert das Würfelsegment links unten das traditionelle Wirtschaften. Derzeitige Ausprägungen des Electronic Commerce befinden sich oftmals zwischen diesen beiden Extremen.

---

8 Quelle: Darstellung in Anlehnung an HERMANNS/SAUTER (1999), S. 23.

9 Digitale Produkte sind dabei digitalisierte Informationen (z.B. Software, Audiodateien). Diese Produkte sind in Form von Dateien abgebildet. Digitale Wirtschaftssubjekte sind z.B. Softwareagenten. Digitalisierte Prozesse treten bspw. bei der elektronischen Beschaffung (e-procurement) auf.

10 In diesem Segment handeln digital repräsentierte Wirtschaftssubjekte mit digitalen Produkten und bedienen sich dabei digitaler Geschäftstransaktionen bzw. digitaler Prozesse.

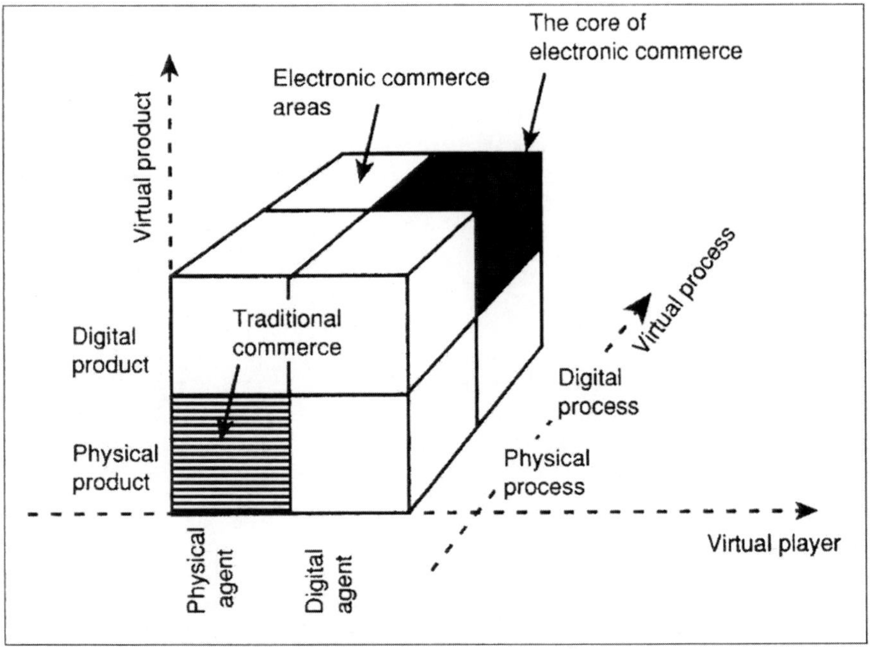

Abbildung 2: Einordnung des Electronic Commerce anhand der Virtualisierungsgrade[11]

Stellvertretend für die begriffliche Vielschichtigkeit des Electronic Commerce soll hier die Definition von WIGAND angeführt werden, die sich nicht auf den Kern des Electronic Commerce beschränkt. Demnach wird Electronic Commerce verstanden als

> „... *the seamless application of information and communication technology from its point of origin to its endpoint along the entire value chain of business processes conducted electronically and designed to enable the accomplishment of a business goal. These processes may be partial or complete and may encompass business-to-business as well as business-to-consumer [...] transactions.*"[12]

Die derzeit existenten sowie die prognostizierten Marktvolumina von Electronic Commerce differieren stark. Zwar sind die anfangs zu euphorischen Schätzungen für die kommenden Jahre nach unten korrigiert worden, dennoch kann aktuell von mehreren hundert Milliarden US-$ ausgegangen werden.[13]

[11] Quelle: CHOI/STAHL/WHINSTON (1997), S. 18.

[12] WIGAND (1997), S. 5.

[13] Schätzungen zu weltweiten E-Commerce-Umsätzen aus verschiedenen Quellen finden sich bspw. in COPPEL (2000), S. 6ff. Dabei sind die Umsätze des Business-to-Business E-Commerce deutlich höher als die des Business - to - Consumer E - Commerce [Prognosen verschiedener Marktforschungsinstitute zum vielversprechenden Business - to - Business E - Commerce finden sich bspw. unter

1.3.2 Empirische Untersuchungen zur Sicherheit im Electronic Commerce

Empirische Untersuchungen zu Erfolgsfaktoren und Hürden des Electronic Commerce, zur Sicherheitsproblematik sowie zu ökonomischen Auswirkungen von Hackerangriffen und Computerkriminalität sind zentral und wichtig, um einerseits die Chancen, andererseits aber insbesondere die Gefahren und Schadenspotenziale des Betreibens von Electronic Commerce als auch die Gefahren des Internets im allgemeinen aufzuzeigen. Nachfolgend sollen selektiv wichtige Ergebnisse von bedeutenden Untersuchungen zu dieser Thematik kurz vorgestellt werden, um die Brisanz der Sicherheitsproblematik und den erforderlichen bewussten Umgang mit Internet-Risiken zu verdeutlichen.

Reihe Electronic Commerce Enquête (ECE) des IIG, Universität Freiburg
Diese durch das Institut für Informatik und Gesellschaft (IIG), Abteilung Telematik der Albert-Ludwigs-Universität Freiburg, durchgeführten empirischen Untersuchungen zählen zu den größten ihrer Art in Deutschland. Die ECE I, ECE II und die Studie e-Reality 2000 lieferten Erkenntnisse zur Identifikation von Erfolgsfaktoren und Hürden im Electronic Commerce.[14]

Die wichtigsten Hürden, die einem weitergehenden Erfolg der wirtschaftlichen Nutzung des Internets entgegenstehen, sind:[15]

- die Abwesenheit von allgemein üblichen Geschäftsgepflogenheiten,
- regulatorische Defizite, beispielsweise für elektronisch signierte Verträge,
- bislang ungeklärte rechtliche Aspekte, z.B. in Zusammenhang mit der Haftung und dem Copyright,
- mangelnde sichere Zahlungsmöglichkeiten über das WWW,
- mangelnde Beweisbarkeit von Online-Transaktionen,
- keine Sicherstellung von vertraulicher Kommunikation (Datenschutz),
- Vertrauensprobleme mit zunächst unbekannten Web-Teilnehmern,
- mangelnde Integrität der übertragenen Daten.

KPMG-Sudie efr@ud.survey
Die stark beachtete Umfrage von KPMG zum Thema Wirtschaftskriminalität im Electronic Commerce[16] liefert als wichtigstes Ergebnis die Erkenntnis, dass 45% der Unternehmen Hacker als größte Gefahr für ihr Electronic Commerce-System ansehen.[17]

---

http://www.ecin.de/marktbarometer/b2b-umsatz/, Abruf am 4.5.2002; Vergleiche zwischen dem Business-to-Consumer und dem Business-toBusiness E-Commerce sind über die Web-Seite des ECIN http://www.ecin.de/marktbarometer/b2b-b2c/, Abruf am 4.5.2002, zu erhalten].

[14] vgl. SCHODER/STRAUß/WELCHERING (1998); SCHODER/MÜLLER (1999); EGGS/ENGLERT (2000); SCHODER/STRAUß (2000).

[15] Vgl. SCHODER/MÜLLER (1999), S. 257.

[16] Vgl. KPMG (2001a). Als efr@ud wird von *KPMG* die rechtswidrige Zufügung eines materiellen oder immateriellen Schadens unter Nutzung des Internets verstanden. Die Studie liefert Ergebnisse aufgrund einer Befragung der 1000 größten Unternehmen in Deutschland. *KPMG* erstellte außerdem diverse Studien zur Wirt-

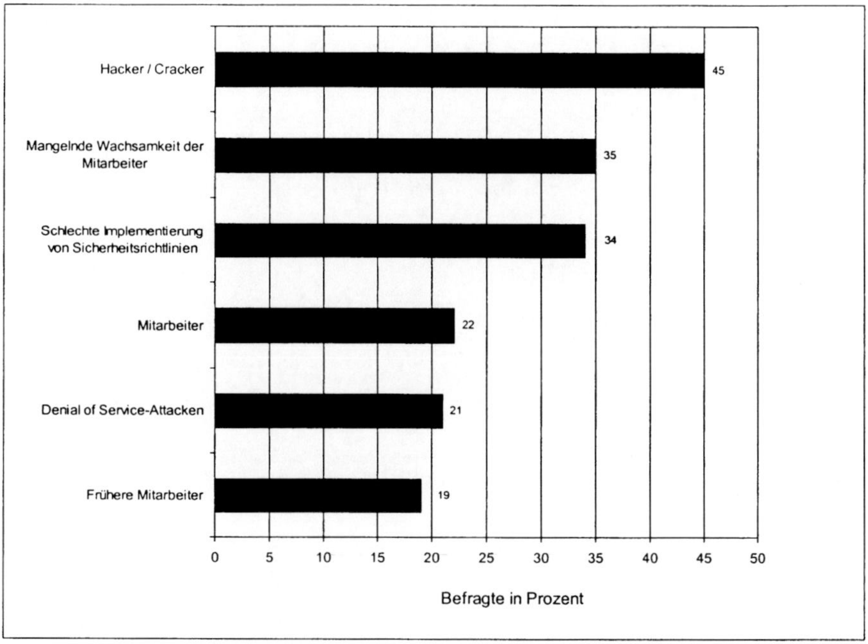

Abbildung 3: Größte Gefahren für das Electronic Commerce-System[18]

Ähnlich wie die oben vorgestellten Ergebnisse der ECE-Untersuchungen des IIG, Abteilung Telematik, kommt die KPMG-Studie bezüglich der Hürden für einen Erfolg von Electronic Commerce-Aktivitäten zu folgenden Resultaten.

Die potenziellen Gefahren liegen in:[19]

- der Verfügbarkeit des Electronic Commerce-Systems,
- der Vertraulichkeit von Informationen,
- der Sicherheit für Online-Systeme,
- den unvorhergesehenen Kosten,
- der Datenintegrität,

schaftskriminalität im allgemeinen, die alle zu dem Ergebnis führten, dass wirtschaftskriminelle Handlungen in nächster Zeit steigen werden [vgl. KPMG (1997a), S. 9; KPMG (1997b), S. 7; KPMG (1999), S. 8].

17 Vgl. KPMG (2001a), S. 10. Diese Einschätzung der Unternehmen deckt sich mit den Ergebnissen der CSI/FBI-Studien, nach denen die deutlich größere Gefahr von externen als von internen Angreifern ausgeht. Bei 11% der Unternehmen ist es nach eigenen Angaben in den letzten zwölf Monaten vor Befragungsdatum zu Sicherheitsverletzungen ihres E-Commerce-Systems gekommen. Hier ist zusätzlich anzumerken, dass es sich dabei nur um die entdeckten und gemeldeten Fälle handelt. Die Dunkelziffer dürfte deutlich höher liegen.

18 Quelle: KPMG (2001a), S. 9.

19 Vgl. KPMG (2001a), S. 8.

- rechtlichen Problemen.

CSI/FBI-Studien

Der ökonomische Schaden, der durch Angriffe über das Netz bzw. durch Computerkriminalität entstehen, ist erheblich. Die alljährlichen Publikationen des FBI in Zusammenarbeit mit dem CSI[20] sind die wohl meist zitierten Untersuchungen über das Ausmaß und die Reichweite der sog. Cyberkriminalität und der damit verbundenen Sicherheitsprobleme.[21]

Die wichtigsten Erkenntnisse der Studien, die sich in den letzten Jahren der Untersuchung insgesamt ergaben, sind folgende:[22]

- Unternehmen werden von innerhalb und außerhalb der Grenzen ihrer Computersysteme attackiert.
- Hackerangriffe sind in ihrer Ausprägung sehr vielfältig.
- Hackerangriffe und Verletzungen der Datensicherheit können schwere finanzielle Schäden verursachen.
- Um sich gegen derartige Hackerangriffe erfolgreich zu wehren, ist mehr als nur der Einsatz von technischen Sicherungsmaßnahmen erforderlich.[23]

Die derzeit aktuelle CSI/FBI-Studie aus dem Jahr 2001[24] führte zu folgenden wichtigen Erkenntnissen:

- 64% der befragten Teilnehmer haben in den letzten zwölf Monaten eine unbefugte Nutzung ihrer Computersysteme beobachtet.
- 70% der befragten Teilnehmer gaben ihre Internet-Anbindung als das häufigste Angriffsziel an.[25]

Abbildung 4 zeigt Arten von Attacken oder missbräuchlicher Verwendung, die in den vergangenen zwölf Monaten vor Veröffentlichung der aktuellen Studie aus dem Jahr 2001 gemeldet wurden.

---

20 http://www.gocsi.com/, Abruf am 22.2.2002.

21 Vgl. POWER (2001), S. 45. Eine Zusammenfassung der wichtigsten Ergebnisse der CSI/FBI-Studie aus dem vorigen Jahr 2000 findet sich in POWER (2001), S. 44-55. POWER ist Herausgeber der CSI/FBI-Studien.

22 Jährlich werden 500-600 Untersuchungsteilnehmer befragt, die vorwiegend in Führungspositionen für große Unternehmen mit einem Umsatz über 1 Mrd. US-$ arbeiten aber auch aus dem staatlichen Sektor kommen. Diese Befragung unter Praktikern der Datensicherheit erhebt weniger einen wissenschaftlichen als einen praxisorientierten, fokussierenden Anspruch [vgl. POWER (2001), S. 55.]

23 Vgl. POWER (2001), S. 45.

24 Vgl. CSI/FBI (2001).

25 Vgl. CSI/FBI (2001), S. 8: Der Anteil der Befragten, die Angriffe über das Internet als häufigste Angriffsart angaben, ist von Jahr zu Jahr gestiegen (z.B. 38% im Jahr 1996; 57% im Jahr 1999). Dagegen sank die Anzahl derer, die ihre internen Systeme als häufigstes Angriffsziel meldeten, von 54% im Jahr 1996 über 51% im Jahr 1999 auf 31% im Jahr 2001. Damit ist die oft verbreitete Auffassung, ungefähr 80% der Angriffe kämen von Insidern und nur 20% der Attacken von Außenstehenden, ernsthaft anzuzweifeln.

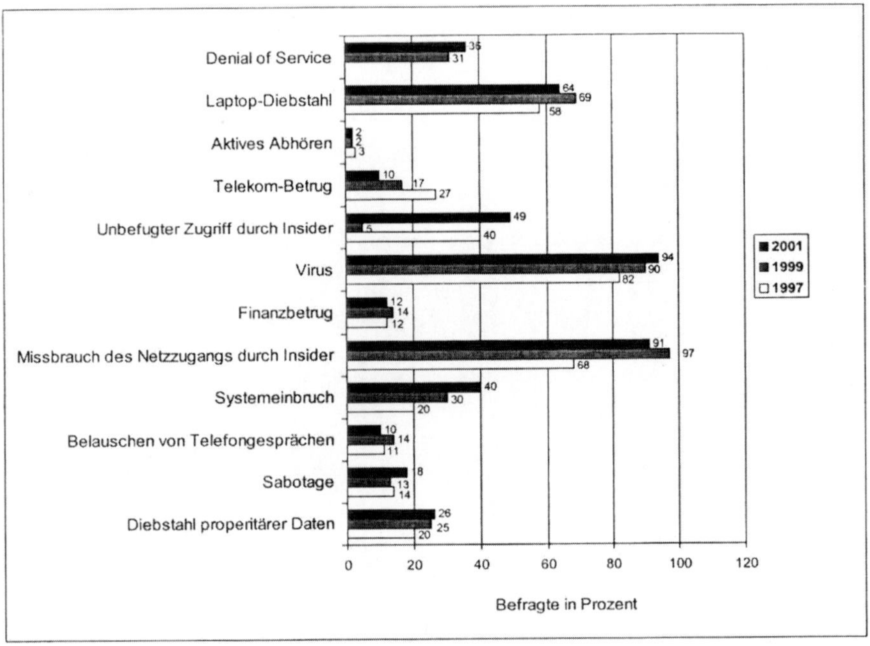

Abbildung 4: Arten von Attacken oder missbräuchlicher Verwendung[26]

Die CSI/FBI-Untersuchung liefert das Ergebnis, dass 40% der von Attacken betroffenen Unternehmen diese Angriffe nicht gemeldet haben.[27] Interessant in diesem Zusammenhang sind die Gründe für ein solches eher zögerliches Verhalten, die in Abbildung 5 genannt werden. Besonders beachtenswert ist die (von den gehackten Unternehmen) befürchtete Gefahr von „Negativ-Schlagzeilen", die 90% der Befragten sehen. Die zweithäufigst genannte und ebenso nicht zu vernachlässigende Begründung liegt in der inhärenten Gefahr, Konkurrenten könnten versuchen, Vorteile aus eventuellen Hackerangriffen zu ziehen.

[26] Quelle: CSI/FBI (2001), S. 12.

[27] Vgl. CSI/FBI (2001), S. 17: 36% der betroffenen Unternehmen haben die Angriffe bei der Polizei angezeigt und nur 30% haben diese einem Anwalt gemeldet.

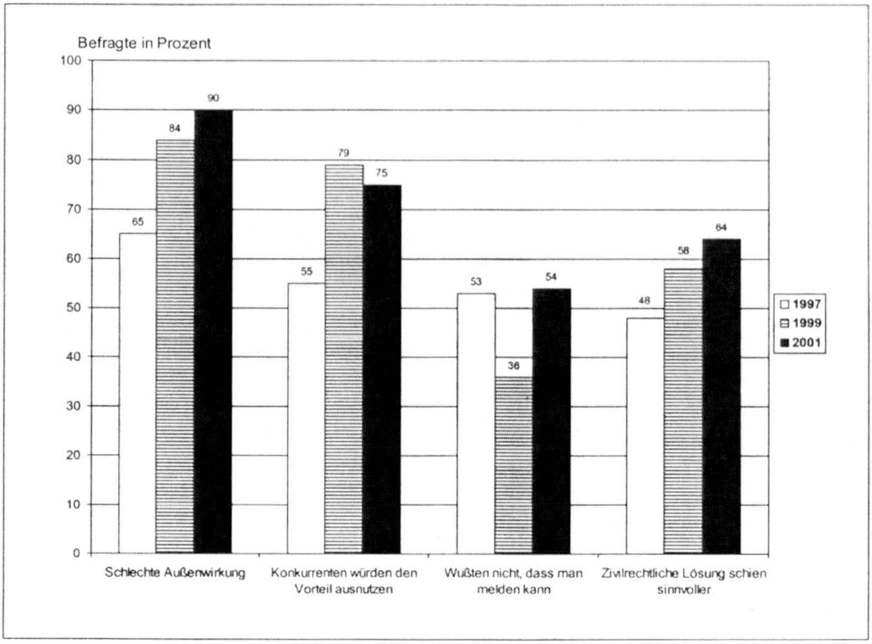

Abbildung 5: Gründe für ausbleibende Meldungen von Hacker-Angriffen[28]

Statistiken von CERT/CC

Das CERT[29] kann als Vorreiter bei der Verbreitung von Informationen[30] über Sicherheit im Internet gesehen werden. Es sammelt unter anderem Daten gemeldeter Sicherheitszwischenfälle aus dem gesamten Internet. Abbildung 6 gibt einen Überblick über die Anzahl der angezeigten Zwischenfälle inklusive der des Jahres 2001. Es lässt sich eine sehr deutliche Zunahme von Sicherheitsverletzungen in den letzten beiden Jahren konstatieren.[31]

---

28 Quelle: CSI/FBI (2001), S. 18.

29 http://www.cert.org/, Abruf am 22.2.2002.

30 Vorwiegend sind dies Warnungen vor bevorstehenden oder laufenden Angriffen, Hinweise auf Sicherheits-Patches etc.

31 Vgl. dazu POWER (2001), S. 58-61: In diesem Zusammenhang soll auf die „Verwundbarkeits-Untersuchungen" von FARMER hingewiesen werden, der als bekannter Experte für Sicherheit seit 1996 Web-Seiten im Internet durchsucht und die Ergebnisse unter dem Aspekt der Verwundbarkeit veröffentlicht („Internet Security Survey"). Diese Untersuchungen führt er mit dem Tool SATAN durch [http://www.fish.com/satan/, Abruf am 22.2.2002]. Die in diesem Zusammenhang verwendeten Fachbegriffe werden unter http://www.fish.com/survey/, Abruf am 22.2.2002 erläutert. Eine weitere anerkannte Untersuchung zu Problemen der Datensicherheit in US-amerikanischen Unternehmen wird von *WARROOM RESEARCH* unternommen, die eine zweite Meinung zu den Daten der CSI/FBI-Untersuchung liefert. Die Erhebung wird ähnlich wie bei CSI/FBI in den großen Fortune 500-Unternehmen durchgeführt.

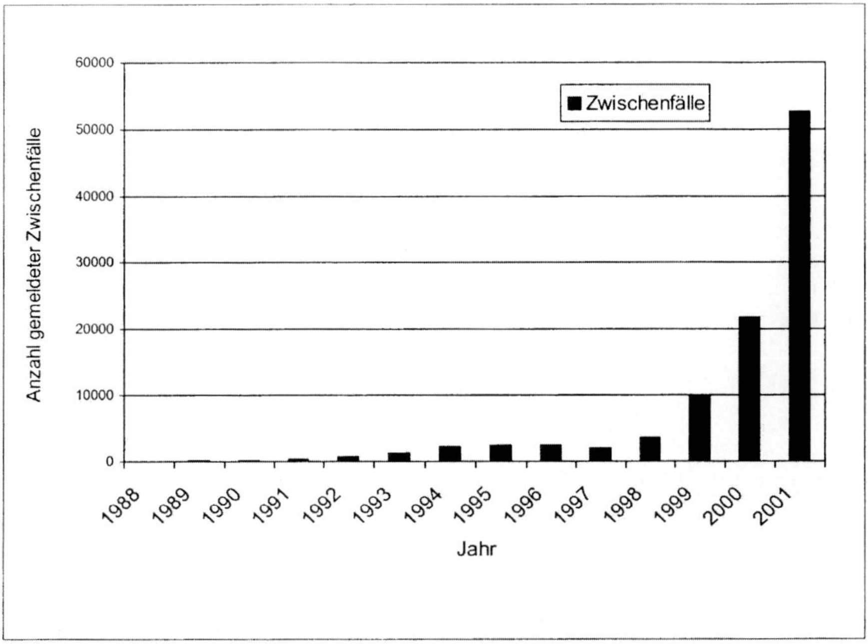

Abbildung 6: Anzahl der angezeigten Zwischenfälle[32]

Umfrage von The St. Paul Companies

Eine international stark beachtete Studie wurde Anfang 2001 vorgestellt. Sie basiert auf einer repräsentativen Umfrage des New Yorker Meinungsforschungsinstituts SRBI im Auftrag des amerikanischen Versicherers *The St. Paul Companies*.[33] Die Befragung wurde unter 1500 Führungskräften aus dem Bereich Risikomanagement in Unternehmen mit einem Mindestumsatz von 250 Mio. US-$ in den USA und Europa durchgeführt und kam zu der wichtigen Aussage, dass in amerikanischen wie in europäischen Unternehmen Technologierisiken und ihre haftungsrechtlichen Folgen weit unterschätzt werden.

Die wichtigsten Ergebnisse der Studie sind:[34]

- Für die europäischen Risk-Manager stehen Computer-, Internet- bzw. Electronic Commerce-Risiken an erster Stelle der Risikenlisten ihrer Unternehmen, in den USA an zweiter Stelle (nach Haftung im Zusammenhang mit arbeitsrechtlichen Vorgängen).
- 40% der Risk-Manager gaben an, dass sie nur ein ausreichendes bis schlechtes Wissen von den ihr Unternehmen betreffenden Technologie-Risiken haben.

---

32 Quelle: http://www.cert.org/stats/cert_stats.html#incidents, Abruf am 28.2.2002.

33 http://www.stpaul.com/wwwstpaul/, Abruf am 22.2.2002.

34 Vgl. ST. PAUL (2001).

- Die Risk-Manager halten den derzeitigen Versicherungsschutz gegen Technologierisiken für bestenfalls „einigermaßen ausreichend".

1.4 Relevanz und Ansatz der Arbeit

1.4.1 Schadensszenarien und Schadensdimensionen

Dem Electronic Commerce werden große Marktvolumina und somit ausgezeichnete Zukunftsperspektiven prognostiziert. Das Internet bietet folglich einerseits enorme Chancen, andererseits birgt es ein gewaltiges Schadenspotenzial in sich.[35] Datenverluste durch Hackerangriffe oder Viren, Wirtschaftsspionage oder Profilbildung treffen sowohl Individuen als auch Unternehmen. So generierte die DDoS-Attacke am 8. Februar 2000 auf *Yahoo, E-Bay* und *E-Trade* einen Umsatzverlust von 250 Millionen US-$[36] und zog einen Börsenwertverlust in Höhe von 2,5 Milliarden US-$ nach sich.[37] Das Unternehmen *Cloud Nine*, einer der ältesten britischen Provider, musste aufgrund von DDoS-Angriffen, die seine Netz-Infrastruktur Anfang 2002 zu stark belasteten, den Geschäftsbetrieb endgültig einstellen.[38] Die Ausbreitung des „I LOVE YOU"-Virus im Mai 2000 soll Schätzungen zufolge weltweit einen Gesamtschaden bis zu 30 Milliarden US-$ verursacht haben.[39]

Die Konsequenzen des Verlustes unternehmenskritischer Daten (sog. Business Assets)[40] können je nach Unternehmensgröße und Branche von enormen Ausmaß sein. Studien von *Hewlett-Packard* zur Datensicherung belegen, dass die Kosten des Stillstandes, der Wiederbeschaffung oder entstandene Wettbewerbsnachteile etc. bis zu 7,3 Millionen US-$ pro Stunde betragen können. Die Untersuchung kommt weiter zu dem Ergebnis, dass bis zu 94% der Unternehmen bei einen Totalausfall ihrer Daten die nächsten zwei Geschäftsjahre nicht überleben würden.[41] Weitere Untersuchungen ergeben, dass nach einer Ausfallzeit ihrer IT-Systeme von wenigen Tagen nahezu alle Unternehmen innerhalb von fünf Jahren bankrott gehen.[42]

Die Anfang Mai 2002 vorgestellte *Polizeiliche Kriminalstatistik 2001 des Bundesministeriums des Inneren* weist eine starke Zunahme der Computerkriminalität in Deutschland um

---

35 Vgl. bspw. ENGELN (2001), S. 63, der einen rapiden Anstieg der Kriminalität im Internet konstatiert.

36 Vgl. O.V. (2000, Welt).

37 Vgl. O.V. (2000, Handelsblatt).

38 Vgl. O.V. (2002, Hacker); O.V. (2002, Cloud Nine). Die Angriffe wurden über Monate hinweg systematisch ausgeführt. Als Grund der folgenden Geschäftsaufgabe wurde vor allem auch ein unzureichender Versicherungsschutz für die Kosten des Wiederaufbaus der Systeme angegeben.

39 Vgl. O.V. (2000, Software-Industrie).

40 Z.B. sind dies Daten von Kunden und Geschäftspartnern oder Daten aus F+E.

41 Vgl. O.V. (1999, Data Loss).

42 Vgl. SCHOPKA (1997), S. 18 (der sich bei diesen Angaben auf eine Statistik von *IBM* bezieht); HAMMER (1999), S. 161: Diese unternehmensgefährdenden IT-Ausfallzeiten betragen 2 Tage bei Banken, 3,5 Tage bei Handelsunternehmen, 5 Tage bei Industrieunternehmen, 5,5 Tage bei Versicherungen. 25% der Unternehmen gingen danach sofort, 40% innerhalb von 2 Jahren und fast alle innerhalb von 5 Jahren bankrott [vgl. zu ähnlichen Untersuchungen bspw. auch STOLLREITHER (1996)]. Bereits Unternehmen mittlerer Größe sind ohne ihre IuKT kaum oder nur sehr eingeschränkt funktionsfähig [vgl. SWISS RE (2002b), S. 7].

39,9% im Jahr 2001 im Vergleich zum Vorjahr aus.[43] So begründet sich die Relevanz der Arbeit einerseits direkt aus den erlittenen Angriffen und den daraus entstandenen Schäden für die betroffenen Unternehmen, andererseits aber auch aus gesetzlichen bzw. regulatorischen Anforderungen. Hier sind insbesondere die Anforderungen des in Deutschland geltenden KonTraG für ein in Unternehmen zu implementierendes Risikomanagement sowie die derzeit intensiv diskutierte, neue Eigenkapitalvereinbarung Basel II für Banken zu nennen. Diese wird bei der Kreditvergabe von Banken mittelbar über die geforderte stärkere Orientierung an den spezifischen Unternehmensrisiken – besonders der operationellen Risiken – viele Unternehmen treffen.[44]

1.4.2 Riskomanagement und KonTraG

Das *Gesetz zur Kontrolle und Transparenz im Unternehmensbereich (KonTraG)*[45] ist zum 1. Mai 1998 in Deutschland in Kraft getreten und schreibt die Einführung und Anwendung eines Risikomanangements spätestens auf das nach dem 31.12.1998 beginnende Geschäftsjahr[46] vor.[47] Risikomanagement (RM), das nun neue Aufmerksamkeit erlangt, soll entsprechend des KonTraG in Unternehmen institutionalisiert werden.[48] Das KonTraG stellt dabei auf Unternehmensrisiken aller Art ab.[49]

---

43 Vgl. BMI (2002), S. 40. Besonders erwähnenswert ist hierbei die im Vergleich zum Vorjahr um 68% gestiegene Kriminalität, die sich auf Datenveränderung, und Computersabotage bezieht und das um 172% deutlich gestiegene Ausspähen von Daten. Auf EU-Ebene wird derzeit über ein stärkeres Vorgehen gegen Computerkriminalität beraten. So hat die Europäische Kommission einen Vorschlag zur Bekämpfung der Computerkriminalität verabschiedet. Der Rahmenbeschluss zielt darauf ab, Gesetze innerhalb der EU zu vereinheitlichen, um besser gegen Computerkriminalität vorgehen zu können. Ferner soll er zur Verbesserung der Sicherheit von Informationen beitragen [vgl. EUROPEAN COMMISSION (2002)]. In der Mitteilung der Europäische Kommission zur Bekämpfung dieser Kriminalitätsform wird ein Vorschlag zur Angleichung des materiellen Strafrechts im Bereich „High-Tech-Kriminalität" vorgeschlagen [vgl. EUROPEAN COMMISSION (2001a)]. Die Entschlossenheit der Europäischen Kommission, die Entwicklung einer sicheren Informationsinfrastruktur in Europa zu unterstützen, wird in EUROPEAN COMMISSION (2001b) betont.

44 Gerade bei KMU aus dem IT-Bereich, die einen Großteil ihrer Umsätze über das WWW generieren, werden operationelle Risiken stark ins Gewicht fallen. Ebenso werden aber auch viele andere Unternehmen aufgrund der mittlerweile immensen Abhängigkeit von IuKT betroffen sein.

45 http://www.risknet.de/Risk_Management/KonTraG.pdf, Abruf am 21.1.2002.

46 Vgl. Artikel 46 (1) EGHGB.

47 Die Notwendigkeit des Gesetzes begründet sich auf zunehmende Unternehmenskrisen [vgl. WOLF/RUNZHEIMER (2001), S. 18]. Zu den Kernpunkten des KonTraG vgl. RISKNEWS (2000); KEITSCH (2000), S. 14-17 sowie WOLF/RUNZHEIMER (2001), S. 18-22. Einen kurzen Überblick zu den Regelungen gibt z.B. eine Checkliste zur Erfüllung der Anforderungen durch das KonTraG unter http://www.kpmg.de/library/brochures/satellit/IRM_neu_checkliste.pdf, Abruf am 11.12.2001. Weitere Betrachtungen zu KonTraG finden sich z.B. in BÖCKING/ORTH (1998); GIESE (1998); KPMG (1998b); BOCKSLAFF (1999); HERMANN (1999); BITZ (2000); HENSELMANN (2001); LANGE (2001). Die Anforderungen des Gesetzes sind dabei keinesfalls alleine durch den Wirtschaftsprüfer umsetzbar. Vielmehr sehen auch Unternehmen eine hohe Notwendigkeit, Risikomanagement neu zu beleben und in verstärktem Maße einzusetzen [vgl. MARTIN (2001), S. 1460].

48 Vgl. DEWOR/WEFERS (2002), S. 242.

49 Vgl. BRÜHWILER/STAHLMANN/GOTTSCHLING (1999), S. 93f.: Finanzrisiken werden im Rahmen des Finanzcontrollings vom CFO gesteuert. Strategische Risiken und deren Auswirkungen werden vom gesamten Vorstand verantwortet. Problematisch sind die zahlreichen und häufig wenig transparenten operationelle Risiken. Hier sind Unternehmensleitung, Risk Manager, Wirtschaftsprüfer, Unternehmensberater, Vertreter

Das Gesetz gilt vor allem für börsennotierte Gesellschaften,[50] hat jedoch auch Ausstrahlwirkung auf andere Kapitalgesellschaften.[51] Das KonTraG ist juristisch gesehen kein einheitliches Gesetz, sondern ein Rahmengesetz,[52] das sich insbesondere in Änderungen des Aktiengesetzes (AktG) und des Handelsgesetzes (HGB) widerspiegelt. Folgende Abwandlungen dieser Gesetze sind für das geforderte RM von großer Bedeutung:

- § 91 (2) AktG fordert in einer allgemein gehaltenen Formulierung:

  Der Vorstand hat geeignete Maßnahmen zu treffen, insbesondere ein Überwachungssystem einzurichten, damit den Fortbestand der Gesellschaft gefährdende Entwicklungen früh erkannt werden.

  Die Vorstände deutscher AGs werden explizit zur Einrichtung und Pflege eines RM-Systems verpflichtet; Einschränkungen auf bestimmte Risiken sind im Gesetz nicht erkennbar.
- Basierend auf § 93 (2) AktG hat der Vorstand im Falle einer Unternehmenskrise zu beweisen, dass er sich pflichtgemäß verhalten hat. Dies bedeutet, dass er nachweisen muss, geeignete Maßnahmen zur Risikofrüherkennung und Risikoabwehr getroffen zu haben.[53]
- Der Abschlussprüfung kommt dabei eine neue Bedeutung zu. § 289 (1) HGB sowie § 317 (2) HGB legen fest, dass im Lagebericht speziell auf Risiken der künftigen Entwicklung eingegangen werden muss. Diese hat der Abschlussprüfer im Bestätigungsvermerk zu beurteilen. § 322 (2) HGB fordert außerdem, dass Risiken, die den Fortbestand des Unternehmens gefährden, in einem gesonderten Bericht anzuzeigen sind.[54]

Entsprechend diesen gesetzlichen Bestimmungen kann sich das RM nicht nur auf Teilbereiche im Unternehmen erstrecken, sondern hat sich mit allen Risiken, die das Unternehmen betreffen, zu befassen.

Untersuchungen zeigen zudem, dass die geforderte Einrichtung eines internen Überwachungssystems nach §317 (4) HGB und die Offenlegungspflichten von unternehmerischen Risiken auf positive Resonanz bei den Unternehmen stoßen.[55] Eine verbesserte Zusammenar-

---

der Versicherungswirtschaft sowie Banken gleichermaßen gefordert. Sollten die Regeln des KonTraG verletzt worden sein, werden sich alle Beteiligten gemeinsam verantworten müssen. Allerdings ist anzumerken, dass die konkrete Umsetzung des KonTraG bisher kaum geklärt ist.

50 Vgl. MEYER (1998), S. 489.

51 Vgl. KRYSTEK (1999), S. 146 sowie JUNGBLUT/MESSMER (2001), S. 706. Wenn die Funktionen des Kapitalgebers und des Kapitalmanagements von unterschiedlichen Personen wahrgenommen werden, verlangt das Gesetz eine intensivere Kontrolle der Geschäftsleitung. In diesem Fall ist das KonTraG auch auf andere Kapitalgesellschaften anzuwenden [vgl. MARTIN (2001), S. 1460].

52 Vgl. JUNGBLUT/MESSMER (2001), S. 705.

53 Vgl. RISKNEWS (2000), S. 3.

54 Bedeutung hat das KonTraG außerdem auch für den Aufsichtsrat. Vgl. dazu bspw. JUNGBLUT/MESSMER (2001), S. 705.

55 Vgl. z.B. FÖRSCHLE/GLAUM/MANDLER (1998), S. 892.

beit zwischen Abschlussprüfer und Aufsichtsrat soll zu einem präventivem Krisenmanagement führen.[56]

Der wesentliche Grundgedanke des KonTraG ist somit, dass der Unternehmensleitung drohende Krisen oder potenzielle Zusammenbrüche rechtzeitig aufgezeigt werden sollen, um ihr ausreichend Möglichkeiten zu einer Abwehr zu bieten. Dabei steht die Erhaltung und Steigerung des Unternehmenswertes im Mittelpunkt.[57] Dieser sog. *Bilanzschutzgedanke* wird später in Abschnitt 6.1.2 genauer erläutert.

Vor diesem Hintergrund erklärt sich die hohe Relevanz der in dieser Arbeit betrachteten unternehmensspezifischen Internet-Risiken, da diese in einem RM nach KonTraG Berücksichtigung finden müssen.[58] Dabei ist zu betonen, dass hier nicht nur Unternehmen angesprochen sind, die speziell Electronic Commerce betreiben, sondern aufgrund des unternehmensweiten Einsatzes von IuKT und der Anbindung unternehmensinterner Netze an das Internet nahezu jedes Unternehmen betroffen ist, wie Hackerangriffe und Virenattacken in der Vergangenheit zeigten.[59]

1.4.3 Basel II

Die aktuelle Diskussion über die neue Eigenkapitalvereinbarung,[60] den sog. Basler Akkord – auch kurz *Basel II* tituliert – , verfolgen derzeit viele Unternehmen. Insbesondere wird befürchtet, dass sich notwendige Bankkredite für Unternehmen deutlich verteuern könnten.

Der *Basler Ausschuss für Bankenaufsicht*, ein Gremium der Zentralbanken der wichtigsten Industrieländer, formuliert in seinem Entwurf schärfere und präzisere Eigenkapitalvorschriften für Banken. Zielsetzung ist hierbei letztlich, schlechte Kreditrisiken zu identifizieren, drohende Insolvenzen von Unternehmen vorzubeugen und somit Stabilität in die globalen Fi-

---

56 Vgl. HACHMEISTER (1999), S. 1453.

57 Vgl. JUNGBLUT/MESSMER (2001), S. 705. In diesem Kontext verweisen JUNGBLUT/MESSMER auf die seit einigen Jahren in Deutschland angebotene D&O-Versicherung, die als eine Art Haftpflichtversicherung Manager vor persönlicher Schadensersatzverpflichtung schützt. Die Autoren sehen ein komplementäres Verhältnis zwischen Risikomanagement nach KonTraG und dem Abschluss einer D&O-Versicherung. Beides greife ineinander und trage somit zur Werterhaltung des Unternehmens bei. [Vgl. JUNGBLUT/MESSMER (2001), S. 709f.].

58 Spezifische Risiken des Internets können der Kategorie der operationellen Risiken zugerechnet werden, die nach KonTraG Berücksichtigung finden müssen. Erste Software-Tools, die den kompletten Risikomanagement-Prozess in einem Unternehmen unterstützen, sind auf dem Markt und können einen Beitrag zur strategischen Unternehmenssteuerung leisten [vgl. DEWOR/WEFERS (2002)].

59 Viren sind eine ständig ansteigende Bedrohung für Unternehmen. So meldete der Security-Dienstleister *ICSA Labs* in seinem 20-Monats-Bericht bis August 2001 1,2 Mio. Fälle von Virenattacken in US-Unternehmen. Im Schnitt seien auf 1000 landesweit beobachtete Rechner 103 Attacken durch Viren gekommen, mit steigender Tendenz [O.V. (2002), Mail-Vireninfektionen].

60 Vgl. DEUTSCHE BUNDESBANK (2001); BASEL COMMITTEE ON BANKING SUPERVISION (2001a); BASEL COMMITTEE ON BANKING SUPERVISION (2001b); KPMG (2001b). Zahlreiche Originaldokumente und Arbeitspapiere sind auf den Web-Seiten des Basler Ausschusses unter http://www.bis.org/bcbs/index.htm, Abruf am 2.12.2001 einsehbar. Einblicke in die Komplexität der Thematik und über die noch strittigen Punkte liefert ZENTRALER KREDITAUSSCHUSS (2001). Stellungnahmen, die dem Basler Ausschuss zum Zweiten Konsultationspapier zugegangen sind, finden sich unter http://www.bis.org/bcbs/cacomments.htm, Abruf am 2.12.2001.

nanzsysteme zu bringen. Dieses Regelwerk, das im Jahr 2002 festgeschrieben werden und im Jahr 2006 Gültigkeit erhalten soll,[61] wird derzeit noch heftig diskutiert.

Basel II impliziert, dass sich die Kreditkosten für Unternehmen stärker als bisher an den tatsächlichen Risiken der Unternehmen orientieren. Dafür ist eine gezielte Risikobewertung und Risikoselektion bei der Kreditvergabe erforderlich. Hier werden vom Basler Ausschuss bankinterne Ratings und/oder bankexterne Ratings durch Rating-Agenturen wie *Standard & Poor's* oder *Moody's* vorgeschlagen.

Die 1988 getroffene, heute gültige Eigenkapitalvereinbarung (Basel I),[62] die in über 100 Ländern in nationales Recht umgesetzt wurde,[63] sieht eine mit wenigen Ausnahmen weitestgehend einheitliche gesetzliche Mindestanforderung für Kreditinstitute vor: Das Kreditvolumen einer Bank ist grundsätzlich zu mindestens 8% mit Eigenkapital zu unterlegen (8%-Eigenkapital-Pauschale). Diese pauschale und undifferenzierte Regelung berücksichtigt den unterschiedlichen Risikograd einzelner Kreditnehmer nicht.[64] Die Begrenzung des Kreditvolumens sorgt einerseits für eine Erhöhung der Eigenkapitaldecke der Banken und dient so dem Schutz der Bankkunden und Bankaktionären. Andererseits wird damit versucht, die Gefahr weltweiter Finanzkrisen einzudämmen. Basel I sieht allerdings keine gezielte Risikobewertung und -auswahl bei der Kreditvergabe an Unternehmen vor.

Hier setzt Basel II an, um unzureichenden Bonitätsprüfungen vorzubeugen, die zum einen aus der Schnelllebigkeit und Unsicherheit auf globalen Märkten und zum anderen aus dem stetigen Wettbewerb der Banken untereinander um Marktanteile resultieren können. Dies stellt in letzter Konsequenz eine Bedrohung der Finanzmärkte dar. Ziel der neuen Eigenkapitalvereinbarung ist die Schaffung gleicher Voraussetzungen für alle Banken. Ebenso soll die Quersubventionierung der „schlechten" Risiken durch die „guten" Risiken innerhalb einer Bank abgebaut werden.

Bei den Kreditrisiken steht das Rating als Risikomessverfahren im Zentrum der Neuregelung. Dabei sind externe Ratings durch Ratingagenturen und interne Ratings durch die Bank selbst grundsätzlich gleichberechtigt. Das externe Rating sieht eine Risikogewichtung von 20% bis 150% vor. Die sich dadurch ergebende geforderte Eigenkapitalunterlegung liegt somit zwischen 1,6% und 12% statt der bisherigen pauschalen 8%.[65]

---

61 Eigentlich war die Gültigkeit für das Jahr 2005 vorgesehen. Diese wird sich um mindestens ein Jahr verschieben. Nach dem neuen Zeitplan soll Basel II Anfang 2006 in Kraft treten. Eine Übersicht über die Termine des neuen Zeitplans findet sich in RISKNEWS (2002), S. 6.

62 Vgl. BASEL COMMITTEE ON BANKING SUPERVISION (1988).

63 In Deutschland ist diese Eigenkapitalhinterlegung in Ergänzung zum § 10 KWG verbindlich für alle Banken und Sparkassen vorgeschrieben.

64 So muss für Kredite an Unternehmen mit guter Bonität bisher genau so viel Eigenkapital bereitgestellt werden wie für stärker ausfallgefährdete Kredite. Bedingt durch diese einheitliche Regelung von 8% wurden „schlechte" Risiken durch „gute" Risiken mitgetragen. Aus volkswirtschaftlicher Sicht kann hier sicher von einer Fehlallokation von Kapital gesprochen werden.

65 Vgl. RECKERS (2001), S. 8ff.: Ein zentrales Problem besteht sowohl in der Verfügbarkeit als auch Qualität ausreichender Daten für das Rating. So müssen Banken an der Erweiterung der Datenbasis arbeiten. Ein Vorschlag ist der Aufbau eines Datenpools der Bundesbank und der Kreditwirtschaft zur gegenseitigen Nutzung.

Kernpunkt der aktuellen Basler Vorschläge zu Basel II ist der Grundsatz, dass sich die Eigenkapitalunterlegung von Krediten stärker an den unternehmensspezifischen Risiken, d.h. an der jeweiligen Bonität der einzelnen Kreditnehmer, orientieren soll. Diese in Basel II besonders geforderte differenziertere ökonomische Betrachtung, die risikoadäquate Prämien für das „erwartete" Verlustrisiko fordert,[66] verlangt neben der Berücksichtigung von Kredit- und Marktrisiken[67] zusätzlich neu auch den Einbezug von operationellen Risiken.[68]

Aufgrund der Komplexität operationeller Risiken sind diese nur schwer erfassbar[69] und sehr unternehmensspezifisch ausgerichtet.[70] Eine Quantifizierung von operationellen Risiken ist derzeit kaum möglich.[71] Quantitative Ansätze zum Management solcher Risiken befinden sich erst in einem relativ frühen Entwicklungsstadium. Zudem gelten einige operationelle Risiken als nicht quantifizierbar (z.B. das Betrugsrisiko).[72] Diese Quantifizierung ist aber zwingende Voraussetzung für eine Eigenkapitalunterlegung. Derzeit wird davon ausgegangen, dass Banken durchschnittlich 20% des intern bestimmten Eigenkapitals für operationelle Risiken alloziieren.[73] Banken stufen damit das operationelle Risiko nach dem Kreditrisiko als zweitwichtigste Risikokategorie ein.[74]

---

66 In der Praxis wird dies vielfach – zumindest ansatzweise – bereits so gehandhabt.

67 Unter dem Kreditrisiko wird das Risiko verstanden, das sich aus der zukünftig möglichen Zahlungsunfähigkeit oder -unwilligkeit eines Schuldners ergibt. Dagegen determinieren Marktrisiken solche Risiken, die aus Verlusten von möglichen Veränderungen von Zinssätzen, Devisen, Aktienkursen und weiteren Marktpreisen sowie Volatilitäten entstehen.

68 Vgl. BASEL COMMITTEE ON BANKING SUPERVISION (1999). Das BASEL COMMITTEE ON BANKING SUPERVISION definiert operationelle Risiken als „the risk of direct or indirect loss resulting from inadequate or failed internal processes, people and systems or from external events" [BASEL COMMITTEE ON BANKING SUPERVISION (2001c)]. Vgl. dazu auch GEIGER/PIAZ (2001), S. 791f. sowie SCHIERENBECK (2001b), S. 336: Es existiert eine Fülle an Definitionsansätzen für operationellen Risiken, die in direkte und indirekte Definitionen differenziert werden können. Bei einer indirekten Definition beinhaltet das operationelle Risiko – im Sinne einer Residualgröße – alle Risiken, die nicht den Kategorien Kredit- oder Marktrisiken zugeordnet werden können. Direkte Definitionsansätze versuchen das operationelle Risiko auf direkter Art und Weise zu definieren. Die hier angeführte Definition des BASEL COMMITTEE ON BANKING SUPERVISION ist eine solche direkte Definition.

69 Eine aktuelle Studie des BASEL COMMITTEE ON BANKING SUPERVISION weist die Schadensanzahl aufgrund operationeller Risiken bei Banken aus und nennt entstandene Schäden. Bemerkenswert ist, dass sowohl die Anzahl als auch die gesamte Schadenssumme von externen Betrugsfällen deutlich höher ist als die Anzahl der internen Betrugsfälle [vgl. BASEL COMMITTEE ON BANKING SUPERVISION (2002), S. 7f.].

70 Vgl. JOVIC/PIAZ (2001a), S. 54 sowie BOOS/SCHULTE-MATTLER (2001), S. 553. Operationelle Risiken sind keineswegs neue Risiken; sie zählen zu den ältesten Risiken überhaupt [Vgl. JOVIC/PIAZ (2001b), S. 923].

71 Vgl. GEIGER/PIAZ (2001); SCHIERENBECK (2001b), S. 337.

72 Vgl. JOVIC/PIAZ (2001a), S. 54f.: Die Schwierigkeit bei einer Quantifizierung von operationellen Risiken ist insbesondere der Aufbau einer erforderlichen Datenbank, die Informationen zu Größe und Häufigkeitsverteilungen von Verlusten aus operationellen Risiken enthält. Die Bestimmung einer Eintrittswahrscheinlichkeit für ein bestimmtes Schadensereignis und das so zu ermittelnde Schadenspotenzial erfordert eine ausreichende Datenmenge in hinreichender Qualität. Außerdem ist die Entwicklung und Implementierung eines solchen Systems mit hohen Kosten verbunden.

73 Vgl. BASEL COMMITTEE ON BANKING SUPERVISION (2001a), JOVIC/PIAZ (2001a), S. 55 sowie SCHIERENBECK (2001b), S. 336.

74 Vgl. BASEL COMMITTEE ON BANKING SUPERVISION (2001a).

Detailliertere Ausführungen zum Themenkomplex der operationellen Risiken würden an dieser Stelle zu weit führen.[75] Festzuhalten bleibt aber, dass die in dieser Arbeit betrachteten unternehmensbezogenen Internet-Risiken der Kategorie der operationellen Risiken zugeordnet werden müssen und diese Risiken somit vor dem aktuellen Hintergrund Basel II von erheblicher Brisanz sind.

[75] Vgl. DAFTARI (2001); S. 1308: Soweit die Unterlegung von operationellen Risiken mit Eigenkapital verlangt wird, gleichzeitig aber die Existenz eines entsprechenden Versicherungsschutzes positive Berücksichtigung findet (sog. „capital relief“), werden sich derartige Versicherungskonzepte weltweit einer starken Nachfrage erfreuen.

2 Sicherheit, Vertrauen und Versicherung

Technische und organisatorische Sicherungsmaßnahmen alleine können keine vollkommene Sicherheit gewährleisten. Daher wird ausgehend von theoretischen Überlegungen zu einem ökonomisch optimalen Sicherheitskonzept, die entsprechend eines wirtschaftlichen Kalküls ein angestrebtes Sicherheitsniveau unter Berücksichtigung von ökonomischen Maßnahmen zu erreichen versuchen, Vertrauen als zusätzliches zur technischen Sicherheit komplementäres Erfordernis angeführt.

Der Freiburger Ansatz zur Komplementarität berücksichtigt dieses Verhältnis und weitet es auf ökonomische Maßnahmen zur Risikobegrenzung aus. Dieser in Abschnitt 2.3 beschriebene Ansatz zeichnet das weitere Vorgehen in den Kapiteln 3 bis 6 vor.

2.1 Ökonomische Betrachtung von Sicherheit und Versicherung

2.1.1 Kostenoptimaler Schutzaufwand

Die Bestimmung eines kostenoptimalen Sicherheitsniveaus erfordert die Berücksichtigung der Kosten für Sicherheit (technische und organisatorische Sicherungsmaßnahmen sowie ökonomische Maßnahmen wie Versicherung) und der zu erwartenden Kosten in Schadensfällen. Die Kosten für potenzielle Schäden sind auch als Kosten für Versicherungen interpretierbar. Die Abbildung 7 verdeutlicht, dass mit zunehmendem Einsatz von technischen und organisatorischen Sicherungsmaßnahmen diese Schadenskosten abnehmen. Ein kostenoptimales Schutzniveau wird dann erreicht, wenn die Summe der einzelnen Kostenpositionen bei unterschiedlichem Schutzaufwand die niedrigsten Gesamtkosten ergeben.

Eine hundertprozentige Sicherheit wird es nie geben; sie ist aus ökonomischen Gründen auch nicht anzustreben.[1] Vielmehr geht es um das Erreichen angemessener Sicherheit, die unter Berücksichtigung der Kosten in Form eines kostenoptimalen Schutzniveaus abzuleiten ist.[2]

Auf der Grundlage von Nutzenvorstellungen ist es theoretisch möglich, ein nutzenmaximales Sicherheitskonzept für Investitionen in technische und organisatorische Sicherheitsmaßnahmen sowie ökonomische Instrumente zu ermitteln.[3] Die weiteren Ausführungen dazu, die

---

1 Die ökonomische Begründung dafür ist, dass eine die Kosten für technische und organisatorische Sicherungsmaßnahmen widerspiegelnde Funktion einen ertragsgesetzlichen Charakter aufweist, d.h. sie hat abnehmende Grenzerträge. Dies bedeutet, dass der Aufwand für Sicherungsmaßnahmen, um ein Mehr an Sicherheit zu erreichen, überproportional steigt.

2 Entsprechend einer Orientierung am tatsächlichen Sicherheitsbedarf eines bestimmten Einsatzzwecks wird in diesem Kontext auch von *Skalierung von Sicherheit* gesprochen.

3 Ein derartiges Sicherheitskonzept beruht auf der Grundlage von Nutzenvorstellungen mit bestimmten Gesamtinvestitionen und bestimmten Maßnahmen.

ausgehend von Kosten- und Nutzenaspekten ein Modell eines ökonomisch optimalen Sicherheitskonzeptes vorstellen, orientieren sich an PETZEL.[4]

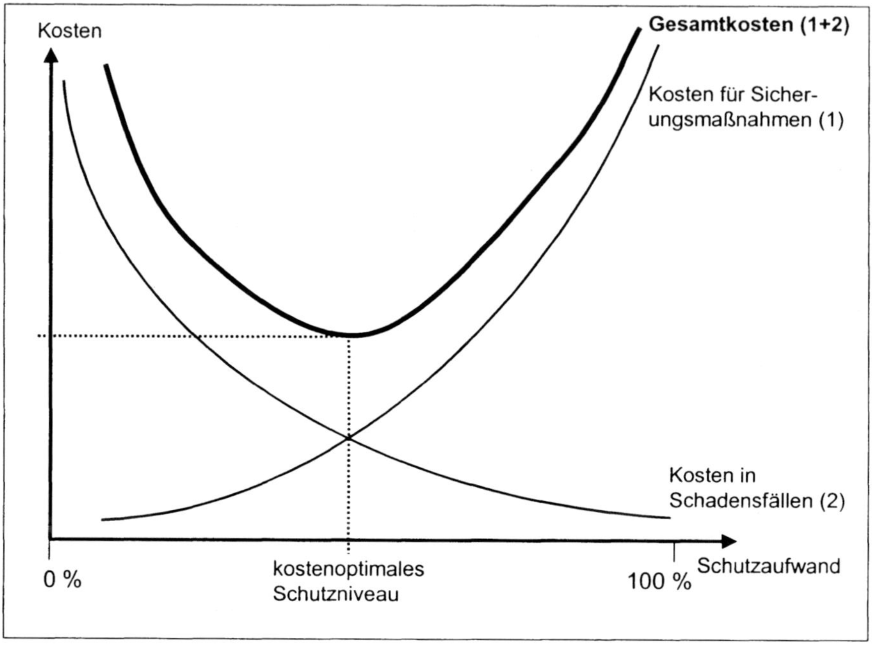

Abbildung 7: Kosten der Sicherheit

2.1.2 Kosten-/Nutzen-Aspekte

Ein Unternehmen, das ein bestimmtes Schutzniveau erreichen möchte, steht vor der Entscheidung, welche Ausgaben es für dieses zu erreichende Sicherheitsniveau tätigen muss. Dabei ist die Aufteilung der Gesamtinvestitionen auf technische und organisatorische Maßnahmen sowie auf Versicherungsprämien von Interesse.[5]

---

4 Vgl. PETZEL (1998).

5 Die Fragestellung impliziert zunächst ein substitutives Verhältnis zwischen technischen Sicherungsmaßnahmen und Versicherungen. Dies ist sowohl für die weiteren modellhaften Ausführungen, als auch in der Praxis sinnvoll. Wie später allerdings in Kapitel 5.3.1 gezeigt wird, stehen bei der Absicherung spezifischer Internet-Risiken technische Sicherungsmaßnahmen oft in einem komplementären Verhältnis zu Versicherungen.

Das Ziel des Unternehmens als Versicherungsnehmer besteht darin, für ein zu erreichendes Sicherheitsniveau die Gesamtkosten C, zusammengesetzt aus der Summe für n Versicherungen und der Summe für m Maßnahmen, zu minimieren:[6]

$$\text{min! } C = P(VS) + C(SM) = \sum_{i=1}^{n} p_i(VS) + \sum_{k=1}^{m} c_k(SM)$$

unter der Bedingung: Sicherheitsniveau = konstant

Dabei sind p_i die Versicherungsprämien für bestimmte Versicherungen (i = 1...n). Die Prämienhöhe ist eine Funktion der Versicherungssumme VS: $p_i = f(VS)$. Die Kosten c_k sind zusätzlich für die Realisierung von Sicherheitsmaßnahmen SM (k = 1...m) zu tragen.

Die Problematik bei der Betrachtung liegt in der notwendigen Einbeziehung von Nutzengrößen. Ökonomisch rational ist es, solange in technische und organisatorische Sicherungsmaßnahmen und/oder Versicherungen zu investieren, bis der monetär bewertete Nutzenzuwachs größer ist als der Kostenzuwachs. Dabei ist die zu erreichende Nutzenwirkung der Sicherungsmaßnahmen einerseits und der Versicherungen andererseits kaum zu vergleichen. So können mittels Versicherungen bestimmte Nutzenwirkungen erzielt werden, die durch Sicherungsmaßnahmen entweder gar nicht oder nur mit immensem Aufwand erreicht werden können. Ein Beispiel dafür ist die Absicherung von Katastrophenschäden durch Versicherung, die den Nutzen der garantierten Existenzsicherung der Unternehmung ermöglicht. Derartige Nutzenwirkungen von Versicherungen sind kaum zu objektivieren bzw. monetär zu bewerten.

Die Entscheidung des Unternehmens als Versicherungsnehmer werden von den Erwartungen bezüglich des Einkommens im Nicht-Schadensfall versus des Einkommens im Schadensfall bestimmt. Dies bedeutet, dass jedes Unternehmen zunächst entscheiden muss, wie viel es vom Einkommen im Nichtschadensfall (z.B. E2 - E1 in Abbildung 8) abzugeben bereit ist, um das Einkommen im Schadensfall mittels Versicherungen auf ein höheres Niveau (z.B. ES1 statt ES2) abzusichern.

6 Vgl. PETZEL (1998), S. 8; PETZEL/LÄMMERMANN (1998a), S. 39.

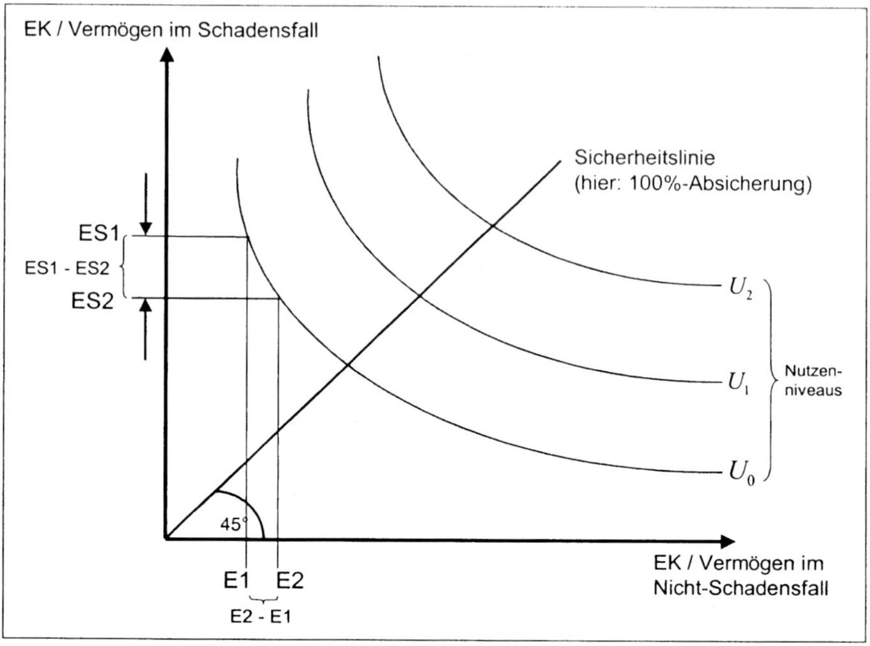

Abbildung 8: Entscheidung anhand von Nutzenkurven bei zwei Zielkriterien[7]

Je höher das zu erwartende Einkommen im Schadensfall ist, desto weniger wird das Unternehmen bereit sein, vom heutigen Einkommen abzugeben und zu investieren.[8] Werden hohe Einbußen im Schadensfall erwartet, so steigt i.d.R. die Bereitschaft des Unternehmens, relativ viel von seinem Einkommen abzugeben, um das Einkommen im Schadensfall zu erhöhen.[9]

2.1.3 Modell eines ökonomisch optimalen Sicherheitskonzeptes

Das Unternehmen als Versicherungsnehmer ist bestrebt, ein bestimmtes Schutzniveau zu erreichen. Es wählt daher Kombinationen aus technischen und organisatorischen Maßnahmen und ökonomischen Instrumenten – wie hier beispielsweise die Versicherung –, um das angestrebte Niveau möglichst kostenoptimal zu erhalten (ökonomisches Kalkül).

---

7 Quelle: PETZEL (1998), S. 10; PETZEL/LÄMMERMANN (1998a), S. 40.

8 Hier macht es keinen Unterschied, anstelle einer Einkommensbetrachtung eine Vermögensbetrachtung anzustellen.

9 Dieser trade-off zwischen beiden Zielkriterien wird durch Indifferenzkurven U verdeutlicht. Die Kurve U_2 beschreibt dabei ein höheres Nutzenniveau als die Kurve U_1 und diese ein höheres Nutzenniveau als die Kurve U_0. Bei dieser Vorgehensweise kann auch eine bestimmte Schadenseintrittswahrscheinlichkeit in der Nutzenbewertung berücksichtigt werden.

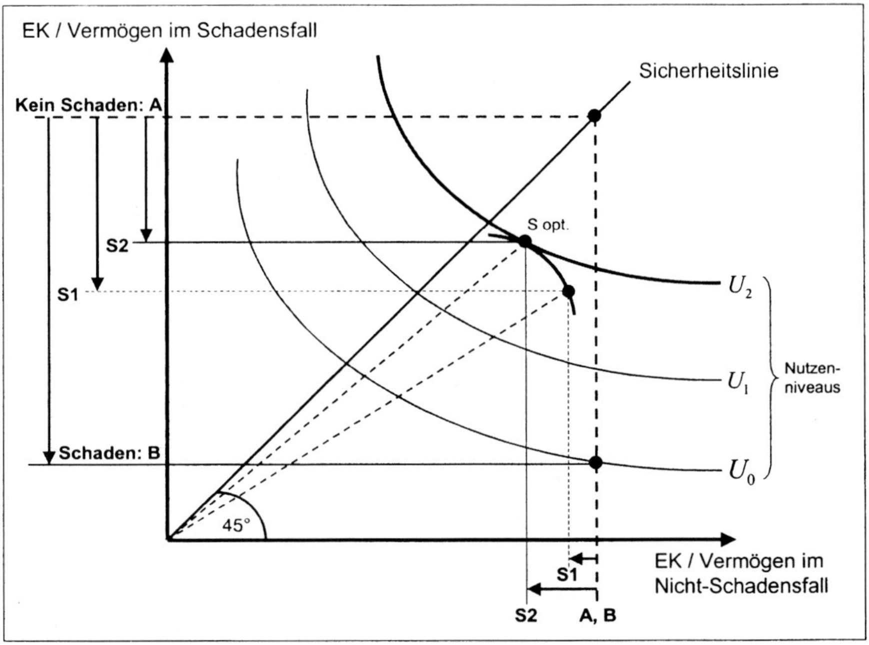

Abbildung 9: Bestimmung eines ökonomisch optimalen Sicherheitskonzeptes[10]

Abbildung 9 illustriert das ökonomisch optimale Sicherheitskonzept. Auf der Abszisse wird das Einkommen bzw. das Vermögen im Nicht-Schadensfall und auf der Ordinate dieses im Schadensfall abgetragen. Das Sicherheitskonzept wird als eine Gerade durch den Ursprung mit einer Steigung kleiner 45° dargestellt.[11] U_0, U_1, U_2 sind verschiedene Nutzenniveaus, dargestellt als Indifferenzkurven, die den individuellen trade-off zwischen den beiden Zielkriterien beschreiben.[12]

Ohne ein Sicherheitskonzept (keine Sicherheitsmaßnahmen, keine Versicherung) realisiert das Unternehmen im Nicht-Schadensfall den Punkt A, im Schadensfall den Punkt B. Dabei gibt es in B nichts für ein Sicherheitskonzept aus. Im Schadensfall muss das Unternehmen eine finanzielle Einbusse von A-B in Kauf nehmen. Dabei erreicht es das Nutzenniveau U_0.

10 Quelle: PETZEL (1998), S. 11; PETZEL/LÄMMERMANN (1998a), S. 40.

11 Eine Gerade mit einer Steigung gleich 45° impliziert eine 100%-ige Absicherung. Diese Sicherheitslinie beschreibt Punkte, in denen das Einkommen gleich bleibt, d.h. der eintretende Schaden hat keine negativen Auswirkungen. In der Realität sind nur Punkte unter der Sicherheitslinie zu erreichen; außer es wird z.B. ein Gewinn durch die Versicherungskompensation im Schadensfall erzielt. Dieses Szenario wird hier aber ausgeschlossen.

12 Alle Punkte einer Indifferenzkurve haben den gleichen Nutzen. Für die Nutzenniveaus gilt hier: $U_2 > U_1 > U_0$.

Das Nutzenniveau kann gesteigert werden, indem das Unternehmen in ein Sicherheitskonzept investiert. Das Sicherheitskonzept S1 ist allerdings suboptimal, da mit dem Sicherheitskonzept S2 das höhere Nutzenniveau U_2 erreicht werden kann. S2 ist folglich das *optimale Sicherheitskonzept* $S_{opt.}$, das Gesamtinvestitionen in Höhe von B-S2 zur Realisation benötigt.

Verschiedene Sicherheitskonzepte (effiziente Maßnahmenkombinationen[13] mit unterschiedlichen Gesamtinvestitionen) bilden eine fallende Kurve, deren negative Steigung mit zunehmender Gesamtinvestition immer geringer wird. Die Kurve bringt zum Ausdruck, dass die technischen und organisatorischen Sicherungsmaßnahmen einen abnehmenden Grenzertrag aufweisen. Dies bedeutet, dass mit zunehmendem Sicherheitsniveau überproportional wachsende Kosten in Kauf genommen werden müssen. Technische und organisatorische Sicherungsmaßnahmen unterliegen folglich dem Ertragsgesetz (ertragsgesetzliche Kostenfunktion).

Aufgrund der Tatsache, dass Versicherungen einen konstanten Grenzertrag besitzen, während technische sowie organisatorische Maßnahmen dem Ertragsgesetz unterliegen, lässt sich folgendes ableiten: Jedes effiziente Sicherheitskonzept muss bei Vorliegen einer gewissen Risikoaversion[14] und bei gewünschten höheren Sicherheitsniveaus Versicherungen beinhalten.[15]

2.1.4 Kritik an diesem Modell

Die modellmäßige Ableitung von optimalen Sicherheitskonzepten, wie sie oben aufgezeigt wurde, erweist sich in der Realität als schwer anwendbar. I.d.R. fehlen für die Handhabung in der Praxis die Informationsgrundlagen bzw. diese sind sehr subjektiv geprägt.

An obig angeführtem Modell sind folgende Punkte kritisch zu konstatieren:

- Wissensdefizite hinsichtlich der möglichen effizienten Maßnahmenkombinationen.
- Eine Nutzenbewertung ist i.d.R. nur ordinal und nicht kardinal möglich.[16]
- Die Lage der Indifferenzkurven, welche die Präferenzen der Unternehmen ausdrücken, sind nicht eindeutig bestimmbar.
- Die möglichen auftretenden Schäden sind nicht bekannt oder können kaum quantifiziert werden.
- Zahlen über Schadenshöhen und Schadenseintrittswahrscheinlichkeiten sind kaum verfügbar bzw. nicht auf einzelne Unternehmen anwendbar (statistische Datenbasis fehlt).

---

13 Eine effiziente Maßnahmenkombination bedeutet, dass bei gegebener Gesamtinvestition durch reinen Maßnahmenaustausch bzw. einer Schwerpunktverlagerung in den Maßnahmen die Steigung der Geraden des Sicherheitskonzeptes (und damit der entsprechende Nutzen) nicht erhöht werden kann.

14 Die Annahme der Risikoaversion, die bei derartigen Modellen immer unterstellt wird, drückt sich in den individuellen Indifferenzkurven aus; allgemeingültige Aussagen können folglich nicht getroffen werden. Risikoaverses Verhalten drückt sich in konkavem Verlauf der Nutzenkurven aus [vgl. SCHULENBURG (1993), S. 534ff.; KROMSCHRÖDER (1994), S. 70].

15 Vgl. PETZEL (1998), S. 11.

16 So basieren Nutzenwerte bei Kosten/Nutzen-Analysen, die z.B. in monetären Größen gemessen werden, immer auf Werturteilen. Der Begriff des Nutzens drückt immer eine subjektive Wertschätzung aus. Außerdem ist ein interpersoneller Nutzenvergleich nicht möglich.

Die fehlende Informationsbasis und die nur subjektiv durchzuführende Kosten/Nutzen-Analyse implizieren, dass letztlich die Entscheidung, welche technischen und organisatorischen Sicherungsmaßnahmen bzw. ob überhaupt Versicherungen (oder andere ökonomische Instrumente) eingesetzt werden sollen, ebenfalls stets subjektiv geprägt sein wird. Diese Entscheidung kann demzufolge ansatzweise nur durch die Schaffung einer besseren Informationsbasis rationalisiert werden.[17]

2.2 Vertrauen im Electronic Commerce

Vertrauen gewinnt in der Ökonomie eine immer größere Bedeutung.[18] Neuere Arbeiten untersuchen den Einfluss von Vertrauen auf die Wettbewerbsfähigkeit von Unternehmen sowie auf die Effizienz von Märkten.[19] Weitere Studien analysieren Vertrauen aus unternehmensstrategischer Perspektive und führen zu dem Ergebnis, dass Vertrauen geeignet ist, um strategische Wettbewerbsvorteile zu erzielen.[20] Des Weiteren wurde Vertrauen in Unternehmenskooperationen als Erfolgsfaktor gesehen.[21]

Auffällig ist, dass zahlreiche theoretische Arbeiten über ökonomische Auswirkungen von Vertrauen existieren, empirische Untersuchungen hierzu allerdings rar sind.[22] Insbesondere die Frage nach der Bedeutung des Vertrauens im Electronic Commerce und die daran anschließende Fragestellung, welche Institutionen und Dienste existieren, die den Vertrauensaufbau im Electronic Commerce begünstigen und unterstützen, ist im Kontext dieser Arbeit von wichtiger Bedeutung.

Die empirische Erfassung der Nachfrage nach Vertrauen und vertrauensunterstützenden Diensten wurde im Rahmen der Electronic Commerce Enquête II (ECE II) durchgeführt.[23] Die theoretische Analyse der aus der ECE II gewonnenen Daten sowie die Untersuchung existierender Anbieter zur institutionellen Unterstützung der Vertrauensbildung im Electronic Commerce führten zu dem Ergebnis, dass Vertrauen zu den zentralen Hürden des Electronic Commerce zu zählen ist. Es steht in einem komplementären und nicht in einem substitutiven Verhältnis zur technischen Sicherheit.[24]

---

[17] Vgl. PETZEL (1998), S. 15; PETZEL/LÄMMERMANN (1998b), S. 50.

[18] Die Thematik des Vertrauen wurde in der traditionellen Ökonomie erstmals von ADAM SMITH verdeutlicht. So kam er bspw. zu dem Ergebnis, dass der Arbeitslohn umso höher ausfällt, je größer das Vertrauen, dass in die Arbeitskraft gesetzt wird, ist [Vgl. SMITH (1776/1990), S. 90f.; TULLOCK (1997)].

[19] Die Wettbewerbsfähigkeit kann sich z.B. durch vertrauensbedingte Verkürzungen von Entwicklungszeiten oder aufgrund von Effizienzsteigerungen im Produktions- und Logistikbereich ergeben [vgl. PIEPER (2000), S. 196-204]. Eine ausführliche Analyse der vertrauensbedingten Reduktion von Such-, Vereinbarungs-, Vertragsdurchsetzungs- und Anpassungskosten in Wertschöpfungspartnerschaften findet sich in PIEPER (2000), S. 189-196.

[20] Vgl. z.B. BARNEY/HANSEN (1994) sowie JARILLO (1988).

[21] Vgl. BRUSCO (1986); SMITKA (1991); POWELL (1996).

[22] Vgl. SAKO (1998), S. 88 sowie EGGS (2001), S. 8.

[23] Vgl. EGGS/ENGLERT (2000).

[24] Vgl. EGGS (2001), S. 273f. sowie EGGS/MÜLLER (2001), S. 32.

2.3 Freiburger Ansatz zur Komplementarität

Die oben angeführte Erkenntnis zur Komplementarität von technischer Sicherheit und Vertrauen kann auf ökonomische Maßnahmen zur Risikobegrenzung ausgeweitet werden. Das traditionelle Instrument zur Risikobegrenzung ist die Versicherung. Versicherungen können – wie in Abschnitt 4.4.2 gezeigt wird – einerseits transaktionsbezogen zum Einsatz kommen und so vertrauensbildende Maßnahmen unterstützen. Andererseits bieten infrastrukturbezogene Versicherungen Versicherungsschutz gegen die Bedrohungen der Schutzziele der Mehrseitigen Sicherheit (Sicherheitsrisiken), welche die Infrastruktur des Electronic Commerce betreffen. Beide grundsätzlich verschiedene Versicherungen wirken vertrauensschaffend und dienen der Reduktion von Restrisiken durch Risikotransfer auf einen Versicherer. Das komplementäre Verhältnis von technischen Sicherungsmaßnahmen und vertrauensbildenden Maßnahmen kann folglich auf ökonomische Maßnahmen, wie die Versicherung, erweitert werden (Freiburger Ansatz zur Komplementarität).[25]

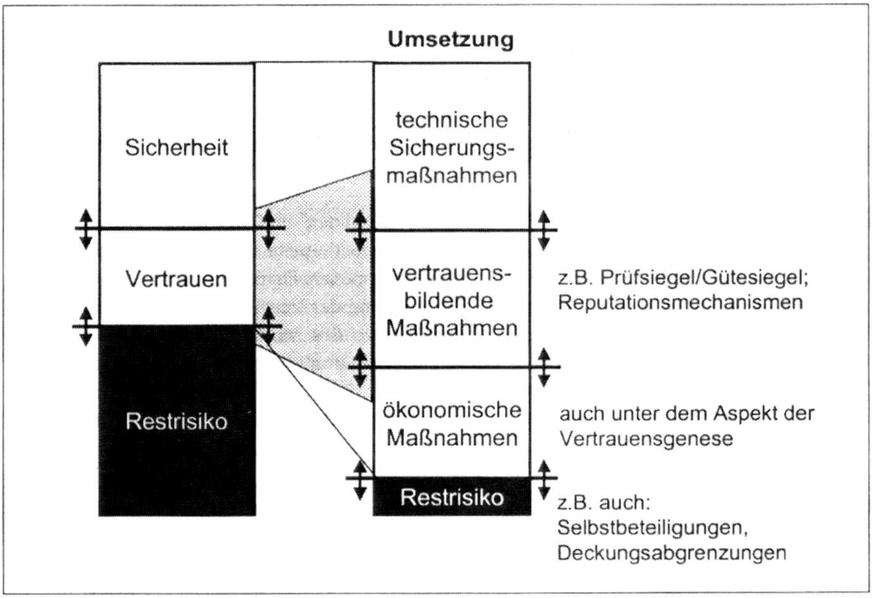

Abbildung 10: Freiburger Ansatz zur Komplementarität

[25] Dies wird besonders dadurch deutlich, dass – wie später gezeigt wird – i.d.R. bei Abschluss von neuartigen Versicherungen gegen Internet-Risiken neben klassischen Produktgestaltungselementen, wie Selbstbeteiligungen oder Deckungsabgrenzungen, ein gewisses Mindestmaß an technischen Schutzvorkehrungen notwendig ist, um Internet-Risiken erst versicherbar zu machen.

Um die Risiken des Internets handhaben zu können, ist ein kombinierter Einsatz von technischen Sicherungsmaßnahmen, von vertrauensbildenden Maßnahmen zur Risikoverminderung und von ökonomischen Instrumenten zur Risikobegrenzung notwendig. Ein entsprechender Maßnahmen-Mix sollte in einen holistischen Risikomanagement-Ansatz eingebettet sein, der alle Risiken eines Unternehmens berücksichtigt. Entsprechend der individuellen Risikoneigung des Unternehmens können auf diese Weise Restrisiken minimiert werden.

Der Freiburger Ansatz zur Komplementarität bildet das weitere Vorgehen in dieser Arbeit ab. Kapitel 3 widmet sich dem Risikomanagement und theoretischen Ansätzen zur Beurteilung von Versicherbarkeit. Ausgehend von spezifischen Internet-Risiken werden in Kapitel 4 technische Sicherungsmaßnahmen und die technisch erreichbare Sicherheit beschrieben. Des Weiteren werden ergänzende vertrauensbildende Maßnahmen vorgestellt. Kapitel 5 zeigt ökonomische Maßnahmen zur Reduktion verbleibender Restrisiken auf und schließt mit einer Analyse der Versicherungsmöglichkeiten von Internet-Risiken für Unternehmen. Weitere ökonomische Maßnahmen zur Risikobegrenzung sind die im anschließenden Kapitel 6 vorgestellten Instrumente des Alternativen Risikotransfers.

3 Risiko, Risikomanagement und Versicherbarkeit

Ein holistischer Risikomanagement-Ansatz bildet das Fundament der weiteren Untersuchungen. Nach der Vorstellung des in dieser Arbeit verwendeten Risikobegriffs werden die Prozessstufen des Risikomanagements beschrieben. Anhand verschiedener ausgewählter Schadensszenarien durch Internet-Risiken wird in Abschnitt 3.2.2.2 die Risikobewertung im Rahmen des Risikomanagements beschrieben.

Der Risikobewältigung kommt eine sehr wichtige Rolle zu. In diesem Kontext wirft die Versicherung als ökonomische Maßnahme zur Risikobegrenzung die zentrale Frage der grundsätzlichen Versicherbarkeit auf. Nach der Vorstellung von drei verschiedenen Methodiken zur Überprüfung auf Versicherbarkeit in Abschnitt 3.4.3 werden wichtige Ansätze zur Analyse von Versicherbarkeit aufgezeigt. Besondere Bedeutung kommt hierbei dem entscheidungsorientierten Ansatz zur Versicherbarkeit zu, der in Abschnitt 3.4.4.2 präsentiert wird. Anhand dieses Ansatzes wird eine Einschätzung der theoretischen Versicherbarkeit von ausgewählten Internet-Risiken vorgenommen. Die in Tabelle 4 ersichtlichen Ergebnisse verdeutlichen die Problematik der Versicherbarkeit von Internet-Risiken.

Da trotz verschiedener Schwierigkeiten Versicherungen gegen Internet-Risiken am Markt angeboten werden, ist eine Untersuchung der existierenden Internet-Versicherungen entsprechend eines empirisch-realistischen Ansatzes notwendig, der die Realität der Versicherbarkeit abbildet und Aussagen zur praxisorientierten Versicherbarkeit ermöglicht.

3.1 Risikobegriff

3.1.1 Überblick zu Risikodefinitionen in der Wirtschaftswissenschaft

Das Begriffsverständnis von Risiko ist in der Literatur nicht einheitlich.[1] Eine allgemein anerkannte Definition von „Risiko“ liegt nicht vor.[2] So wird in der betriebswirtschaftlichen Risikotheorie mittlerweile nicht mehr versucht, Risiko zu definieren, sondern Risiko wird mit seinen wesentlichen Eigenschaften umschrieben.[3]

Die wirtschaftswissenschaftliche Literatur hat eine kaum überschaubare Anzahl unterschiedlicher Risikodefinitionen hervorgebracht.[4] Nach MEINECKE lassen sich ökonomische Risiko-

---

1 Vgl. MEINECKE (1997), S. 22ff.

2 Vgl. SPOONER (1974), S. 2038. Vgl. des Weiteren SWISS RE (1998b), S. 13: Selbst der Mathematik ist eine adäquate Beschreibung, was Risiko eigentlich ist, bisher nicht gelungen.

3 Vgl. HELTEN (1994), S. 2; WAGNER (2000), S. 7. Ein Überblick zur Geschichte der Risikobetrachtung in der allgemeinen Betriebswirtschaftslehre findet sich z.B. in IMBODEN (1983), S. 3ff.

4 Vgl. zu einer sachlichen und zeitlichen Ordnung der verschiedenen Risikodefinitionen bspw. BRAUN (1984), S. 22ff.; BRÜHWILER (1980), S. 6ff. und S. 40 f.; KARTEN (1972b), S. 149ff.; KUPSCH (1973), S. 29f.; MUGLER (1979), S. 23ff.; SCHUY (1989), S. 10ff.; STREITFERDT (1973).

definitionen im wesentlichen zu zwei Gruppen zusammenfassen. Einerseits zur Kategorie der verteilungsorientierten Risikodefinitionen und andererseits zur Kategorie der zielorientierten Risikodefinitionen,[5] die in Tabelle 2 mit ihren wichtigsten Vertretern dargestellt sind.

5 Vgl. MEINECKE (1997), S. 23-27.

Ansatz	***Risikodefinition***	***Wichtiger Vertreter***
Verteilungsorientierte Risikodefinitionen	*Entscheidungslogischer Risikobegriff i.e.S:* Bei Risiko liegen objektiv messbare Eintrittswahrscheinlichkeiten von Ereignissen vor.[6]	KNIGHT[7]
	Entscheidungslogischer Risikobegriff i.w.S: Das Risiko einer Handlungsmöglichkeit kommt in der Wahrscheinlichkeitsverteilung ihrer potenziellen Ergebnisse zum Ausdruck.	KARTEN[8]
	Mathematischer Risikobegriff: Risiko ist das Produkt aus Eintrittswahrscheinlichkeit und Auswirkungen.	KUHLMANN[9]
Zielorientierte Risikodefinitionen	*Planungsorientierter Risikobegriff:* Risiko ist die Distanz von Plandaten und faktischen Daten.	EUCKEN[10]
	Entscheidungsorientierter Risikobegriff: Risiko ist die Gefahr einer falschen Entscheidung.	WITTMANN[11]
	Erwartungsorientierter Risikobegriff: Risiko: Summe aller Möglichkeiten, dass sich Erwartungen des Systems Unternehmung aufgrund von Störprozessen nicht erfüllen.	HALLER[12]

Tabelle 2: Kategorisierung von Risikodefinitionen[13]

---

6 KNIGHT grenzt den Begriff „Risiko“ von „Unsicherheit“ so ab, dass Risiko dadurch charakterisiert sei, dass Wirtschaftssubjekte einer Situation sog. objektive i.S. von wissenschaftlich berechenbaren Wahrscheinlichkeiten zuordnen können. Bei Unsicherheit seien keine objektiven Wahrscheinlichkeiten bekannt und es könnten nur subjektive, selbst abgeschätzte Wahrscheinlichkeiten zur Entscheidung herbeigezogen werden. Diese begriffliche Unterscheidung von Risiko und Unsicherheit gilt heute in der Wissenschaft als überholt, da Wirtschafssubjekte immer aufgrund subjektiv empfundener Wahrscheinlichkeiten entscheiden [vgl. HIRSHLEIFER/RILEY (1992), S. 9f.]. Risiko und Unsicherheit werden daher in dieser Arbeit gleichgesetzt und es wird nur von Risiko gesprochen.

7 Vgl. KNIGHT (1921); KNIGHT (1964), S. 19.

8 Vgl. KARTEN (1972b), S. 152.

9 Vgl. KUHLMANN (1981), S. 11.

10 Vgl. EUCKEN (1944), S. 171.

11 Vgl. WITTMANN (1959), S. 36.

12 Vgl. HALLER (1986), S. 18.

13 Quelle: MEINECKE (1997), S. 23.

3.1.2 Kategorien von Risikodefinitionen

3.1.2.1 Verteilungsorientierte Risikodefinitionen

Verteilungsorientierte Risikodefinitionen betrachten ausschließlich quantitative Aspekte und operieren mit Wahrscheinlichkeitsverteilungen. Dem Entscheidungsträger kommt die Aufgabe zu, zwischen Wahrscheinlichkeitsverteilungen von Handlungsalternativen, die sich auf das Eintreten möglicher zukünftiger Ereignisse beziehen, zu wählen.[14]

Risiko[15] beschreibt die Gefahr, einen materiellen oder immateriellen Schaden zu erleiden. Dieser Schaden ist durch eine Quantitäts- und eine Intensitätsdimension charakterisiert.[16] Die Quantitätsdimension bezieht sich auf die Höhe des durch die Risikosituation eventuell eintretenden Schadens, der z.B. monetär ausgedrückt werden kann. Die Intensitätsdimension, die z.B. in Form einer Wahrscheinlichkeitsverteilung zum Ausdruck kommt, verdeutlicht das Ausmaß oder die Stärke der Schadensgefahr. Die multiplikative Verknüpfung dieser beiden Komponenten charakterisiert Risiko als quantifizierbaren, betriebswirtschaftlichen Begriff.[17]

Verteilungsorientierte Risikoansätze verlangen eine quantitative a-priori-Kenntnis von Ereignissen und objektiven bzw. subjektiven Eintrittswahrscheinlichkeiten. Es wird deutlich, das qualitative Aspekte kaum Berücksichtigung finden. Ebenso ist zu kritisieren, dass die verteilungsorientierten Risikodefinitionen wenig zur Erfassung der Komplexität des Risikophänomens beitragen.[18]

3.1.2.2 Zielorientierte Risikodefinitionen

Zielorientierte Risikodefinitionen verdeutlichen die Individualprägung des Risikophänomens. Entsprechend bestehen Risiken nicht per se, sondern aufgrund von angestrebten Zielen, die von den individuellen Präferenzen und Werten eines Entscheidungsträgers geprägt sind. Differierende Ziele unterschiedlicher Entscheidungsträger sind folglich der Grund für eine unterschiedliche Bewertung derselben Ereignisse bezüglich ihres Risikos.[19] Entscheidungen von Wirtschaftssubjekten führen i.d.R. nicht zu einem eindeutigen, erwarteten Ergebnis, sondern zu vielen Ergebnismöglichkeiten, die mit (bekannten oder unbekannten) Wahrscheinlichkeiten eintreten.[20] Exakte quantitative Bestimmungen von Risiken sind daher kaum möglich. Folglich werden qualitative Abschätzungen zur Risikobestimmung erforderlich.

Die auf dieser Auffassung fußenden zielorientierten Risikoansätze sehen Risiko als Gefahr einer negativen Ziel- bzw. Erwartungsabweichung.[21] Die zielorientierten Risikodefinition von

14 Vgl. MEINECKE (1997), S. 23f.

15 In der Literatur alternativ auch als „Wagnis", „Gefahr" oder „Verlustmöglichkeit" bezeichnet.

16 Vgl. KUPSCH (1973).

17 Vgl. KUPSCH (1973); REICHENBACH (2001a), S. 23f.

18 Vgl. MEINECKE (1997), S. 25.

19 Vgl. MEINECKE (1997), S. 25.

20 Vgl. FARNY (2000), S. 26f.

21 Vgl. EUCKEN (1944), HALLER (1986); SCHUY (1989).

SCHULTE soll hier als Beispiel angeführt werden und das Risikoverständnis dieser Arbeit reflektieren:

> *„Risiko resultiert ursachenbezogen aus der Unsicherheit zukünftiger Ereignisse – wobei dies regelmäßig mit einem unvollständigen Informationsstand einhergeht – und schlägt sich wirkungsbezogen in einer negativen Abweichung von einer festgelegten Zielgröße nieder."*[22]

3.1.2.3 Risikobegriff in dieser Arbeit

In dieser Arbeit wird die zielorientierte Risikoauffassung verwendet.[23] Als Ziele werden dabei die Schutzziele der Mehrseitigen Sicherheit gesehen, die in Abschnitt 4.2.1 erläutert werden. Entsprechend lassen sich Sicherheitsrisiken als Bedrohung der Schutzziele der Mehrseitigen Sicherheit ableiten, wie in Abschnitt 4.2.2 dargestellt. Risiko besteht immer dann, wenn eine Abweichung von den Schutzzielen zu konstatieren ist.

Dieses zielorientierte Risikoverständnis ermöglicht im Gegensatz zu den verteilungsorientierten Definitionsansätzen auch die Berücksichtigung qualitativer Aspekte, die gerade bei dem Konzept der Mehrseitigen Sicherheit eine wichtige Rolle einnehmen.

3.2 Risikomanagement

3.2.1 Forderung eines holistischen Risikomanagements

Risikomanagement[24] beschreibt die Analyse und Gestaltung der Risiken eines Unternehmens durch möglichst vollständige Identifikation und Bewertung aller Risiken, die das Unternehmen bedrohen sowie die Entscheidung über entsprechende risikopolitische Maßnahmen zur Handhabung dieser Risiken (Risikobewältigung).[25] Es soll in erster Linie die Sicherheit eines Unternehmens gewährleisten, d.h. die Ruinwahrscheinlichkeit minimieren bzw. unter ein bestimmtes angestrebtes Niveau senken.[26] Neben der reinen Existenzsicherung geht es auch um

---

22 SCHULTE (1997), S. 12.

23 Risiko kann nach Häufigkeit (Schadenseintrittserwartung) und Schadensausmaß bewertet werden. Eine exakte Quantifizierung ist dennoch kaum möglich.

24 Eine Einführung zu Begriff und Geschichte des Risikomanagements gibt bspw. WAGNER (2000), S. 15ff.

25 Vgl. FARNY (1978a), S. 19; HALLER (1986), S. 8ff.; KRYSTEK (1987), S. 127; HELD (1989), S. 199; BRÜHWILER (1994), S. 68; EICKSTÄDT (2001), S. 44. Die Entwicklung der Lehre des Risikomanagements ist vor allem auf die Werke von MEHR/HEDGES (1963) und WILLIAMS/HEINS (1971) zurückzuführen. Diese Ansätze beschränkten sich jedoch auf das reine Insurance Management. Im Folgenden haben v.a. MEHR/HEDGES (1974), HALLER (1975) und BRÜHWILER (1980) die Theorie des Risikomanagements geprägt. In Europa hat das sog. St. Gallener Risiko-Management-Modell Popularität erlangt, das Risiko als Gefahr einer negativen Zielabweichung versteht [vgl. dazu HALLER (1986), S. 18; NIQUILLE (1987), S. 7]. Diese zielorientierte Risikoauffassung liegt auch dieser Arbeit zugrunde (vgl. Abschnitt 3.1).

26 Vgl. HAMPTON (1993), S. 159. Einer amerikanischen Untersuchung zufolge haben zwei Drittel aller Unternehmen, die von einem katastrophalen Ereignis betroffen sind, dieses nicht überlebt [vgl. NÜESCH (1998), S. 2; zitiert nach EICKSTÄDT (2001), S. 47, FN 26].

die Sicherung des Unternehmenserfolges in der Zukunft[27] und um den Schutz der finanziellen Substanz des Unternehmens entsprechend eines Bilanzschutzgedankens. Risikobewältigung bedeutet somit auch, Chancen für das Unternehmen zu erhöhen.[28]

Traditionelles RM beschäftigt sich vorwiegend mit *Insurance Management*, das sich auf die statistisch messbaren und damit versicherbaren Risiken konzentriert.[29] Dieses traditionell geprägte RM misst sich nahezu ausschließlich am Risikotransfer und empfiehlt, dass Unternehmen vom Schadenspotenzial her betrachtete große Risiken versichern *müssen*, mittlere Risiken versichern *sollen* und kleine Risiken *selbst tragen*.[30]

Neue RM-Ansätze müssen sich in Zukunft aber entsprechend eines Bilanzschutzkonzeptes insbesondere mit den schwer oder bisher nicht-versicherbaren Risiken auseinandersetzen. Eine selektive Auswahl einzelner Risiken, die auf einer Abgrenzung von versicherbaren und nicht-versicherbaren Risiken basiert und die dem Insurance Management zugrunde liegt, erscheint somit unzweckmäßig und überholt.[31] Ein Grund dafür ist die geforderte holistische Risikoauffassung, die für eine optimale Risikopolitik die Berücksichtigung aller unternehmensbedrohenden Risiken notwendig werden lässt. Holistisches RM zielt folglich auf die Integration aller Risiken eines Unternehmens. Der zweite Grund liegt in der schweren Abgrenzungsmöglichkeit von versicherbaren und nicht-versicherbaren Risiken, wie in Abschnitt 3.4.4.3.2 deutlich wird.

Um ein ganzheitliches RM in einem Unternehmen zu implementieren, existieren derzeit schon neue Instrumente und Techniken des Risikotransfers (ART-Lösungen), die das herkömmliche Instrument der Versicherung mit alternativen Selbsttragungsmechanismen und dem Risikotransfer auf Finanzmärkte verbindet.

RM muss des Weiteren als Prozess gesehen werden, der ausgehend von einer umfassenden Risikoidentifikation und -bewertung geeignete risikopolitische Instrumente bereitstellt, jeder-

---

27 Vgl. HOFFMANN (1985), S. 15.

28 Vgl. BRÜHWILER (2001), S. 5: BRÜHWILER versteht ein entsprechend ausgestaltetes unternehmensweites RM als Führungsinstrument und Frühwarnsystem für die Unternehmensleitung.

29 Vgl. BRÜHWILER/STAHLMANN/GOTTSCHLING (1999), S. 29: Durch diese Betrachtungsweise der Risikosituation im Unternehmen kann der Risk-Manager nicht über die Optimierung des Versicherungswesens im Unternehmen hinaus tätig werden, indem er die Möglichkeiten des Versicherungsmarktes voll ausschöpft. Diese Auffassung ist in der neueren Risikomanagement-Literatur noch häufig anzutreffen. Bspw. sprechen MUGLER, JOST oder SCHMIDT-LEITHOFF davon, Risikomanagement beziehe sich auf die versicherungstechnische Risikopolitik oder auf versicherbare bzw. versicherungsrelevante Risiken [vgl. MUGLER (1988), S. 679; SCHMIDT-LEITHOFF (1992), S. 145; JOST (1995), S. 92].

30 Vgl. BRÜHWILER/STAHLMANN/GOTTSCHLING (1999), S. 29: Die Problematik bei dieser einfachen Handlungsstrategie ist, dass Risiken nicht nur aufgrund ihres Schadenspotenzials, sondern auch bezüglich ihrer Eintrittswahrscheinlichkeit beurteilt werden müssen. Die zweite Tatsache, die noch problematischer erscheint, ist, dass viele i.d.R. sehr große Unternehmensrisiken gar nicht oder nur ansatzweise versicherbar sind.

31 Vgl. dazu FARNY (1978), S. 324; SÖHLER (1986), S. 1232; HELD (1989), S. 199; KLOMAN (1992), S. 311.

zeit einer Kontrolle unterliegt und ggf. sich ändernden Situationen flexibel angepasst wird. RM sollte folglich in die Geschäftsprozesse eines Unternehmens integriert werden.[32]

Während man sich in Deutschland immer noch sehr stark auf das Insurance Management beschränkt, ist in den USA der Trend zu einem holistischen RM klar zu erkennen. Allerdings befindet es sich noch in einem Anfangsstadium und wird hauptsächlich von wenigen Großunternehmen praktiziert.[33] Die geringe Verbreitung eines holistischen, unternehmensweiten RM-Gedankens ist sicher damit zu begründen, dass dessen Umsetzung mit den bisher üblichen Instrumenten (insbesondere den traditionellen Versicherungen) kaum zu realisieren ist. Inwiefern das in Abschnitt 1.4.2 vorgestellte KonTraG weitere Anstöße in Richtung ganzheitliche Risikobetrachtung liefern wird, bleibt abzuwarten.

3.2.2 Prozessstufen des Risikomanagements

3.2.2.1 Überblick zum Risikomanagement

Der Prozess des RM umfasst alle Aktivitäten des Unternehmens beim Umgang mit seinen Risiken. Hierbei kann zwischen dem *strategischen* und dem *operativen RM* differenziert werden. Das strategische RM bildet die integrative Klammer für den gesamten RM-Prozess und formuliert strategische, risikopolitische Leitlinien, die mit den sonstigen Unternehmenszielen korrespondieren.[34] Das operative RM, auf das nachfolgend detaillierter eingegangen wird, lässt sich als Prozess in teilweise sequenziell ablaufende Prozessstufen unterteilen.

Drei Prozessstufen[35] lassen sich voneinander abgrenzen (vgl. Abbildung 11). Die *Risikoanalyse*[36] beinhaltet die *Identifikation* der spezifischen Risiken und die Abgrenzung der Risikoka-

---

[32] Vgl. ROMEIKE (2000), S. 609. Wichtig ist bei der Implementation eines Risikomanagement-Systems, dass dieses System in der Risikokultur des Unternehmens fest verankert wird. So muss sich bspw. der einzelne Mitarbeiter bewusst sein, welche Konsequenzen das Öffnen eines von unbekanntem Absender verschickten E-Mail Attachements für ein Unternehmen haben kann.

[33] Vgl. MUTH (1997), S. 85; ALBRECHT (1999); SWISS RE (1999a), S. 36; KNEBEL (2001), S. 6.

[34] Vgl. ROMEIKE (2000), S. 609. Die strategische Bedeutung des RM wird insbes. in seiner unternehmensweiten Funktion als Führungsinstrument deutlich. Dieses Verständnis spiegelt sich auch in den regulierenden Einflüssen des KonTraG wider [vgl. BRÜHWILER (2001), S. 90f.].

[35] Es existieren in der einschlägigen Literatur unzählige verschiedene Modelle des RM. Dennoch beinhalten die meisten dieser Ansätze die genannten Phasen. Einige Ansätze unterteilen in vier Phasen [vgl. z.B. EICKSTÄDT (2001), S. 50f.: Risikoanalyse, Risikobewältigung, Risikokontrolle, Risikofinanzierung]. Inhaltlich sind bei den meisten Ansätzen allerdings keine wesentlichen Unterschiede, sondern nur die Verwendung anderer Nomenklaturen oder eine etwas andere Abgrenzung der einzelnen Prozessstufen festzustellen (so werden z.B. häufig die Risikoidentifikation und die Risikobewertung als getrennte Stufen gesehen). Vgl. zu ähnlichen RM-Ansätzen bspw. GERATHEWOHL (1980), S. 138; FARNY (1983), S. 580; BRÜHWILER (1994), S. 24; KPMG (1998a), S. 16; GEBHARDT/MANSCH (2001), S. 151ff.; SCHIERENBECK (2001c), S. 328f. Einen Überblick über verschiedene Phasenschemata gibt MEINECKE (1997), S. 52.

[36] Eine empirische Untersuchung von LAUDA/SAUERWEIN ergab, dass nur etwa 30% der befragten Unternehmen eine systematische Risikoanalyse durchführen [vgl. LAUDA/SAUERWEIN (1998), S. 1196]. Hier besteht somit ein erhebliches Defizit.

tegorien. Neben einer *Risikoursachenanalyse* ist hier ebenso die *Risikobewertung*[37] einzuordnen. Dafür ist es notwendig, Messverfahren zu definieren, mit denen sich das Risikopotenzial beurteilen lässt.

In der nächsten Prozessstufe erfolgt die *Risikosteuerung*. Die hier einzuordnende *Risikobewältigung* erfolgt mittels des risikopolitischen Instrumentariums. Des Weiteren sind zwei zentrale Risikokalküle voneinander abzugrenzen. Das *Risikotragfähigkeitskalkül* legt die maximalen Risikoübernahmen fest. Das *Risiko-Chancen-Kalkül* beinhaltet das bewusste Eingehen von Risiken mit optimierten Risiko-Rendite-Profilen.[38]

Die dritte und letzte Risikoprozessstufe bezieht sich auf die *Risikokontrolle*. Mithilfe der *Risikoüberwachung* werden geeignete Kennzahlenvergleiche durchgeführt. Die Berichterstattung erfolgt durch das *Risikoreporting*.[39]

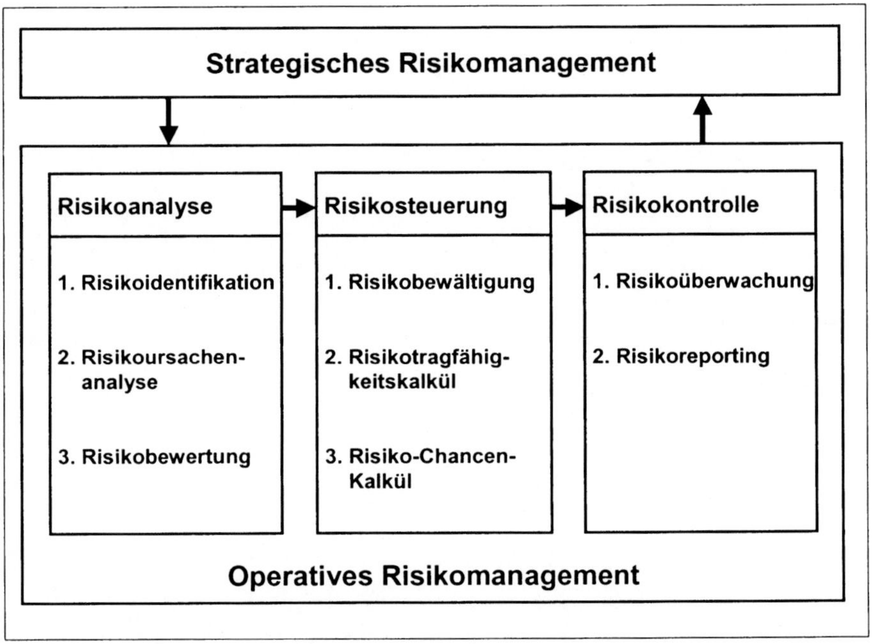

Abbildung 11: Prozessstufen des Risikomanagements

[37] Die Risikobewertung verfolgt eine Quantifizierung hinsichtlich des Erwartungswertes. Da sehr häufig aber eine Quantifizierung nicht möglich ist, sollten die Risiken qualitativ bewertet werden. Das Ziel ist letztlich die Erstellung eines unternehmensspezifischen Risikoprofils.

[38] Vgl. SCHIERENBECK (2001c), S. 329.

[39] Vgl. SCHIERENBECK (2001c), S. 329.

Die Ergebnisse des operativen RM fließen entsprechend eines Kreislaufgedankens wieder in die Ziele und risikopolitischen Leitlinien des strategischen RM ein.[40]

3.2.2.2 Risikoanalyse

Risikoidentifikation

Risiken, die das Unternehmen bedrohen, sollen mithilfe der Risikoidentifikation erkannt und strukturiert erfasst werden.[41] Die Risikoidentifikation liefert idealerweise Detailinformationen über die Arten, Höhen, Eintrittswahrscheinlichkeiten etc. der unternehmensbedrohenden Risiken.[42]

Für die Risikoerfassung stehen spezielle *Analyse- und Prognoseinstrumente* zur Verfügung.[43] Zu den Analyseinstrumenten zählen beispielsweise:

- Führung von Interviews mit Mitarbeitern und externen Beratern,
- Betriebsbesichtigungen bzw. Inspektionen zur Erfassung des besonderen Unternehmenszustandes,
- Checklisten zur Überprüfung von geforderten Kriterien,
- Kreativitätstechniken (z.B. Brainstorming, Brainwriting) zur Erfassung neuartiger Risiken und zur Ergänzung bereits erstellter Checklisten,
- Flussdiagramme (Flow Charts) zur Verdeutlichung unternehmensspezifischer Abläufe und möglichen Engpässen,
- Auswertung interner und externer Informationsquellen (Schadensstatistiken, Ausfallberichte etc.),
- Input-/Outputanalysen von Liefer- und Leistungsbeziehungen,
- Portfolioanalysen,
- Konkurrentenanalysen,
- Frühaufklärungssysteme,
- Sensitivitätsanalysen,
- Simulationen.

Einzusetzende Prognoseinstrumente sind z.B.:

- Heuristische, intuitive bzw. qualitative Prognosemethoden (z.B. Befragungen, Delphi-Methode, Szenario-Techniken, Morphologischer Kasten, Gap-Analysen),

---

40 Vgl. KEITSCH (2000), S. 52: Der regelmäßige Abgleich von Risikosituation (Ist) mit den vorgegebenen Zielen des strategischen RM (Soll) ermöglicht einen Anpassungsprozess der unternehmerischen Risikostrategie, die bei entsprechender Abweichung im Soll/Ist-Vergleich neu zu formulieren ist.

41 Eine umfassende Auflistung von unternehmensinternen und -externen risikoauslösenden Faktoren findet sich bspw. bei MIKUS (1998), S. 193ff.

42 Ziel ist bei Vorliegen einer ausreichenden statistischen Datenbasis die Ermittlung von Schadenseintrittswahrscheinlichkeiten und möglichen Schadenshöhen. I.d.R. reicht die Datenbasis dafür aber selten aus, so dass auf Schätzungen zurückgegriffen werden muss. Diese betrifft insbesondere auch die Berücksichtigung von zukünftigen Risiken [vgl. GERATHEWOHL (1980), S. 140; MUGLER (1988), S. 680].

43 Vgl. z.B. GUTMANNSTHAL-KRIZANITS (1994), S. 293ff.; MIKUS (1998); S. 192ff.; MIKUS/GÖTZE (1999), S. 31; SCHIMMELPFENG (2001), S. 281; WOLF/RUNZHEIMER (2001), S. 33ff.

- Analytische bzw. quantitative Prognosemethoden (z.B. Regressions-, Korrelationsanalysen, Zeitreihen-/Trendrechnungen).

Häufig reicht ein einzelnes Instrument für die vollständige Erfassung der vielfältigen unternehmensbedrohenden Risiken nicht aus. Daher sollten mehrere Analyse- und Prognoseinstrumente kombiniert Anwendung finden.

Risikoursachenanalyse
Die im ersten Schritt identifizierten Risiken werden im Rahmen einer Risikoursachenanalyse hinsichtlich ihrer Ursachen und Auswirkungen untersucht. Als besonders schwierig kann sich dabei die Bestimmung der Eintrittswahrscheinlichkeiten einzelner Ursachen und ihre Wirkungen erweisen (Quantifizierungsproblematik).

Folgende Instrumente stehen dafür beispielsweise zur Verfügung:[44]

- Statistische Instrumente zur empirischen Datenerhebung und -auswertung, die sich auf eine statistische Datenbasis mit Informationen über frühere Schäden stützen,
- Fehlerbaumanalysen, die ausgehend von erkannten Risiken alle Ursachen sowie Abhängigkeiten und mögliche Zusammenhänge in Baumform darstellen,
- Ursachen-Wirkungsdiagramme (Ishikawa-Diagramme),[45]
- Fehler-Möglichkeits- und Einfluss-Analysen, die auf Schwachstellen eines Systems bzw. einzelner Komponenten fußen,
- Zustands- und Ereignisbäume zur graphischen Darstellung von zukünftigen Entwicklungen,
- Ansätze zur Bestimmung von subjektiven Wahrscheinlichkeiten.

Zur Risikomessung und -quantifizierung stehen weitere alternative Methoden zur Verfügung wie z.B. die Konzepte des Value at Risk,[46] Cashflow at Risk, Earnings at Risk, Modelle annualisierter Gesamtschadenserwartungswerte oder das Drei-Werte-Verfahren.[47]

---

[44] Vgl. MIKUS (1998); S. 223ff.; MIKUS/GÖTZE (1999), S. 31; SCHIMMELPFENG (2001), S. 282f.

[45] Das Ishikawa-Diagramm wird auch als Fischgräten-Diagramm bezeichnet. Es dient als Hilfsmittel zur zusammenfassenden Darstellung aller potenzieller Einflüsse auf ein betrachtetes Problem.

[46] Vgl. zu Value at Risk-Methoden z.B. BÜHLER (2000), S. 265ff. Vgl. auch PETER/VOGT/KRAß (2000), S. 670: Für Marktrisiken hat sich das Value at Risk-Konzept als Steuerungsgröße weitestgehend durchgesetzt. Aufgrund fehlender Datenhistorie ist dies bei Kreditrisiken noch nicht der Fall, dennoch wird das Konzept in der Bankenwelt mehr und mehr als Standard Verwendung finden [vgl. dazu BASEL COMMITTEE ON BANKING SUPERVISION (1999)]. Da Markt-, Kredit- und operationelle Risiken integriert betrachtet werden sollen, ist die Vereinheitlichung des herangezogenen Risikomaßes zwingend. Diese Ziel lässt sich folglich nur durch Berechnung eines Value at Risk für operationelle Risiken erreichen. Es ist jedoch zu betonen, dass der Value at Risk als Risikomaß nur für risikoneutrale Entscheider eine angemessene Größe widerspiegelt. Bei Risikoaversion – die in der Praxis die Regel sein dürfte und aus theoretischer Sicht dem RM zugrunde liegt – können bei Verwendung des Value at Risk suboptimale Entscheidungen resultieren [vgl. OEHLER/UNSER (2001), S. 26ff.].

[47] Einen kurzen Überblick bietet bspw. SCHIERENBECK (2001c), S. 338-350. Diese Verfahren befinden sich teilweise erst in einem frühen Entwicklungsstadium und werden hier nicht weiter betrachtet.

Risikobewertung

Gegenstand der Risikobewertung ist die Beurteilung des potenziellen Schadensausmaßes der Risikoauswirkungen. Verbunden mit einer Schadenseintrittserwartung i.S. einer relativen Häufigkeit[48] lässt sich so ein Risikoprofil (vgl. Abbildung 12) erstellen. Risiken werden in diesem Risikoprofil zweidimensional als Funktion von Schadenseintrittserwartung und -ausmaß dargestellt.[49] Jedes Risiko bzw. Risikoszenario, das in das Risikoprofil eingeordnet wird, kann entsprechend seiner Lage in den verschiedenen Risikozonen als kleines, mittleres oder großes Risiko charakterisiert werden. Die in Abbildung 12 beispielhaft dargestellten Risikoszenarien werden in Tabelle 3 angeführt.

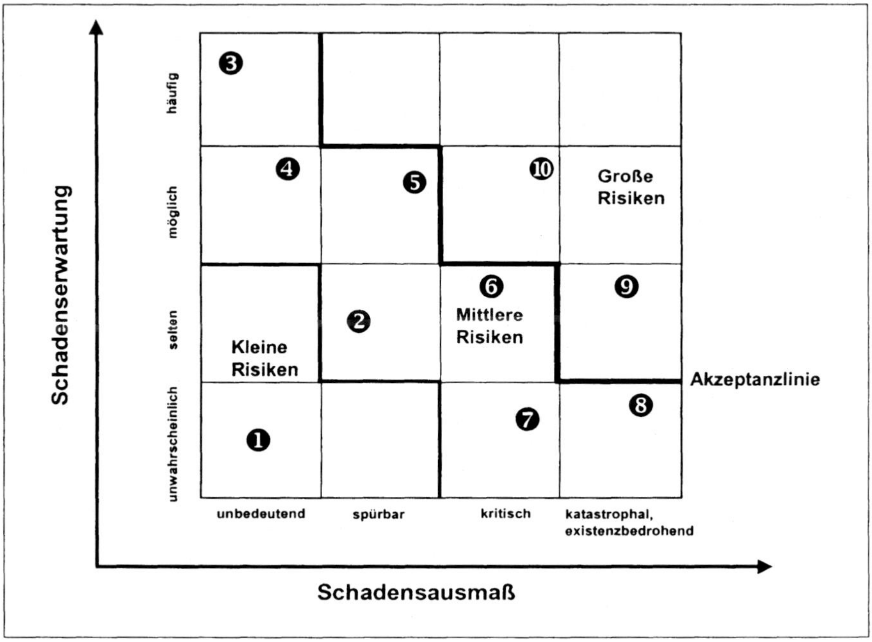

Abbildung 12: Beispiel für ein Risikoprofil[50]

[48] Dies ist keine Wahrscheinlichkeitsverteilung, sondern ein Maß für die Häufigkeit des Szenarios.

[49] Das methodische Vorgehen geht auf den US-Military Standard 882 (MIL-STD-882D) zurück, der als technische Norm des US-Verteidigungsministeriums das Vorgehen und die Methode der Risikoanalyse bei militärischen Systemen vorschreibt. Der US-Military Standard 882, dessen Anfänge in die 50er Jahre zurückreichen, wird laufend, das letzte Mal am 10. Februar 2000, verbessert. Diese Vorgehensweise wurde in Europa erstmals von der *Zürich Versicherung* (Zurich Hazard Analysis) Mitte der 80er Jahre angewandt [vgl. BRÜHWILER (2001), S. 3]. Auch heute ist sie methodische Grundlage des unternehmerischen RM bei der Zürich [vgl. ZÜRICH (2000a)].

[50] Quelle: in Anlehnung an BRÜHWILER/STAHLMANN/GOTTSCHLING (1999), S. 38; BÜCHEL/FAVRE (2000), S. 6; ROMEIKE (2000), S. 609. Ähnliche Darstellungen einer Risk-Map finden sich z.B. in

Szenario	*Ursache*	*Wahrscheinlichkeit*	*Schadenausmaß*
1	Verunstaltung der Homepage (Web-Graffiti)	unwahrscheinlich	unbedeutend
2	Illegale Links auf der Homepage	selten	spürbar
3	Fiktive Bestellung über Online-Shop	häufig	unbedeutend
4	Kreditkartenbetrug im Online-Shop	möglich	unbedeutend
5	Virenimport durch Attachements	möglich	spürbar
6	Software für den Electronic Commerce ist fehlerhaft	selten	kritisch
7	Aktienwertverluste aufgrund eines Imageschadens durch eine DDoS-Attacke	unwahrscheinlich	kritisch
8	Naturkatastrophe zerstört die IT-Infrastruktur	unwahrscheinlich	katastrophal
9	Umsatzeinbruch aufgrund einer DDoS-Attacke	selten	katastrophal
10	Interner Datendiebstahl: Spionage und Weitergabe unternehmenskritischer Daten	möglich	kritisch

Tabelle 3: Beispiel-Szenarien in der Risikomatrix

Das Risiko als Schadensereignis kann aus dem Produkt des Schadensausmaßes (Schadenspotenzial) und der relativen Häufigkeit (Schadenserwartung) gewonnen werden. Dieser Quantifizierung liegt in der Praxis stets ein „Worst Case"-Szenario[51] zugrunde (z.B. Totalschaden bei Großbrand, Betriebsunterbrechung bei Ausfall eines Netzknotens).[52] Das entspricht dem in der Versicherungswirtschaft häufig verwendeten Begriff des Possible Maximum Loss (PML), der den maximalen Höchstschaden charakterisiert.[53] Analog dazu bietet sich als Orientierung für eine qualitative Ordnung von Schadenshöhen die Überlebensfähigkeit des von verschiedenen potenziellen Schäden betroffenen Unternehmens an.[54]

Durch die Risikobewertung werden die identifizierten Risiken hinsichtlich ihres Einflusses auf die Gesamtrisikolage des Unternehmens unter Berücksichtigung der liquiden Mittel, die

SCHIERENBECK (2001b), S. 344 sowie SCHIERENBECK (2001c), S. 351. Das Risikoprofil wird alternativ auch als Risk-Map, Risikolandschaft oder Risiko-Matrix bezeichnet.

[51] Vgl. BRÜHWILER (2001), S. 67ff.: Zu jedem betrachteten System kann es Hunderte von Risiken geben, die zu negativen Zielabweichungen führen können. Die „Worst-Case"-Betrachtung ist eine methodische Prämisse, die die schlimmstmöglichen Schadensereignisse formuliert und so Prioritäten für das Risikomanagement setzt. Durch diese Vorgehensweise werden die systembedrohenden Szenarien erkannt und vordringlich behandelt (Konzentration auf die Wesentlichkeit).

[52] Problematisch im Rahmen der Risikobewertung ist die vorhandene Unsicherheit über zukünftige, das potenzielle Schadensausmaß der Risiken bestimmende Umweltzustände.

[53] Vgl. BRÜHWILER/STAHLMANN/GOTTSCHLING (1999), S. 31f.

[54] Die Terroranschläge des 11. Septembers 2001 haben bewiesen, wie wichtig eine umfassende „Worst-Case"-Betrachtung der potenziellen Schäden der Bereiche Sachversicherung und Betriebsunterbrechung ist. Daher werden die unterstellten Höchstschadensszenarien derzeit gründlich überprüft [vgl. MORTIMER (2002), S. 165].

dem Unternehmen zur Verfügung stehen, dessen Zielen sowie der Risikoeinstellung untersucht. Die Risikoeinstellung des Unternehmens spiegelt sich in der von der Unternehmensleitung festgelegten Akzeptanzlinie[55] wider, über der keine eingegangenen Risiken liegen sollten.[56]

Das entstandene Risikoprofil bietet ein Abbild des Risikoportfolios eines Unternehmens. Es soll der besseren Einschätzung der bestehenden Risikosituation für das Unternehmen dienen und entsprechende risikopolitische Steuerungsimpulse generieren. Dazu wird das gesamte Risikoprofil in verschiedene Teilbereich (Risikozonen) zerlegt. Die zuvor einheitlich quantifizierten und eingetragenen Risikoszenarien[57] werden nacheinander betrachtet.[58]

Durch eine Zuordnung von konkreten risikopolitischen Instrumenten zu den einzelnen Risikoszenarien wird in dem Risikoprofil die Veränderung des Gesamtrisikoportfolios des Unternehmens darstellbar (vgl. Abbildung 13). Die Akzeptanzlinie dient somit als eine Art Erfolgsmaßstab für die Effizienz des Risikomanagements. Bei dieser Vorgehensweise ist es entsprechend des Bilanzschutzgedankens unerheblich, ob die identifizierten Risikoszenarien versicherbar sind oder nicht. Auch schwer oder nicht-versicherbare Risiken werden mit dieser Methode der Risikoanalyse erfasst.

---

55 Die Akzeptanzlinie wird auch als Risikoschwelle bezeichnet. Sie dient dazu, die Frage nach der Akzeptanz spezifischer Risikoszenarien zu beantworten. Risiken, die über der Akzeptanzlinie angeordnet sind, benötigen höchste Aufmerksamkeit der Unternehmensleitung. Hier ist es i.d.R. erforderlich, die Risiken durch geeignete risikopolitische Instrumente so zu bewältigen, dass diese unter die Akzeptanzlinie verschoben werden (Neupositionierung der Risiken).

56 Da sich die Risikobewertung, z.B. anhand eines wie oben vorgestellten Risikoprofils, stets subjektiv an den Risikopräferenzen und Zielen des Unternehmens orientiert, ist zu empfehlen, dass im Gegensatz zur Risikoidentifikation und Risikoursachenanalyse die Risikobewertung nicht an unternehmensexterne Stellen delegiert, sondern direkt von der Unternehmensleitung verantwortet werden sollten.

57 Die Schadenserwartungen werden z.B. mit den Ausprägungen „unwahrscheinlich", „selten", „möglich" und „häufig" angegeben. Auch das Schadensausmaß muss quantifiziert werden. Oftmals werden hier Schätzungen vorgenommen. Für ein Großunternehmen würde bspw. ein Risiko, das bis 5 Mio. EURO Schaden verursacht, als *unbedeutend* eingestuft werden. Ein *spürbares* Risiko läge bei einem Schadenspotenzial zwischen 5 und 25 Mio. EURO; ein *kritisches* Risiko würde ein Schadensausmaß zwischen 25 und 100 Mio. EURO generieren. Ein *katastrophales* Risiko läge dann bei Schadensereignissen mit Schadenspotenzialen größer als 100 Mio. EURO vor. *Kleine Risiken* sind solche, die sowohl bezüglich des Schadensausmaßes als auch bezüglich der Eintrittswahrscheinlichkeit begrenzt sind und die Bilanz bzw. die GuV-Rechnung kaum beeinflussen. *Mittlere Risiken* werden solchen Szenarien zugeordnet, die entweder ein begrenztes Schadenspotenzial oder eine niedrige Schadenserwartung haben, dennoch aber in der Lage sind, die GuV-Rechnung nachhaltig zu beeinflussen. Die *großen Risiken* bestehen für das Unternehmen in solchen Szenarien, die sowohl bezüglich der Eintrittswahrscheinlichkeit als auch in Bezug auf das Schadenspotenzial die Existenz des Unternehmens gefährden können bzw. nachhaltigen Einfluss auf das Eigenkapital und damit auf die Bilanz und den Shareholder Value haben [vgl. BRÜHWILER/STAHLMANN/GOTTSCHLING (1999), S. 37].

58 Bei der Risikoanalyse kommt den Abhängigkeiten zwischen verschiedenen Risikokategorien eine besondere Bedeutung zu. Risiken können sich gegenseitig bedingen, indem sie sich verstärken, abschwächen oder fortpflanzen. Diese Abhängigkeit wird auch als Korrelation bezeichnet. Im Kontext der Risikobewältigung verdienen die positiv korrelierten Risiken besondere Aufmerksamkeit. Eventuell bestehen aber auch Diversifikationspotenziale bei negativ korrelierten Risiken [vgl. SWISS RE (1999a); MÜLLER (1999a), S. 688].

Das in verschiedene Risikozonen eingeteilte Risikoprofil ermöglicht aufgrund der Illustration eine Konzentration auf die Wesentlichkeit. Ein derart ausgerichtetes RM erkennt die wirklich unternehmensbedrohenden Szenarien und weiß diese vordringlich zu behandeln.[59]

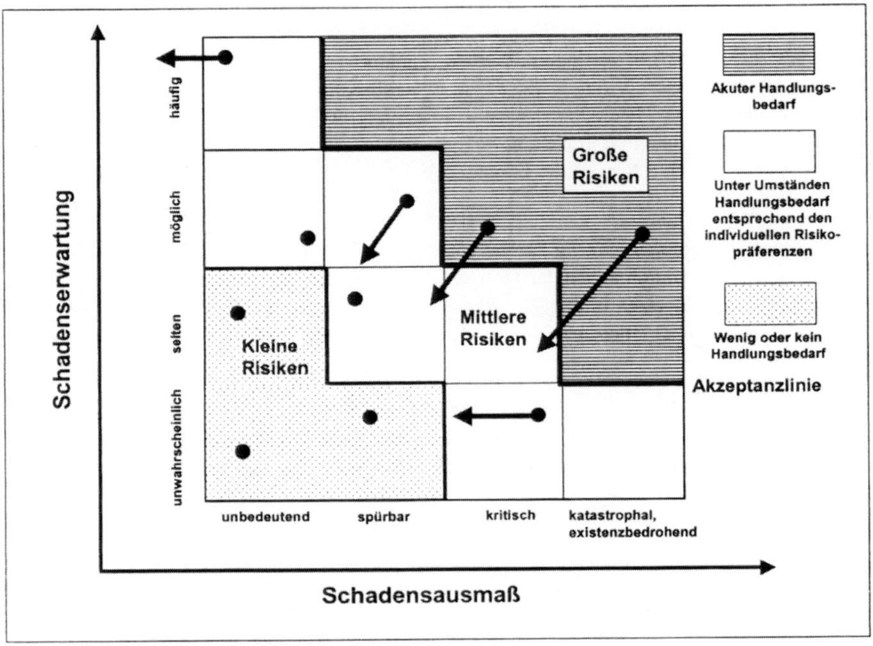

Abbildung 13: Beurteilung der identifizierten Risiken in dem Risikoprofil

3.2.2.3 Risikosteuerung

Risikobewältigung

Die im Rahmen der Risikoanalyse identifizierten und bewerteten Risiken gilt es zu bewältigen. Ökonomische Maßnahmen zur Risikobewältigung lassen sich in die risikopolitischen Instrumente Risikovermeidung, Risikoverminderung, Risikobegrenzung und das Selbsttragen bzw. die Bildung von Risikoreserven klassifizieren. Wie in Abbildung 14 illustriert, sollen Risiken weitestgehend vermieden oder vermindert werden. Das dann verbleibende Risiko kann bis auf ein eventuell verbleibendes Restrisiko weiter begrenzt werden.[60]

---

[59] Vgl. BRÜHWILER (2001), S. 65ff.: Der wesentliche Unterschied zwischen Qualitäts-, Sicherheits- und Umweltmanagement, die sich der Vollständigkeit verschrieben haben, zu Risikomanagement ist folglich dessen Ausrichtung auf die Wesentlichkeit. Zentral ist dabei die „Worst-Case"-Betrachtung.

[60] Im Rahmen der Risikobewältigung werden üblicherweise die verschiedenen risikopolitischen Instrumente simultan eingesetzt.

Risikovermeidung impliziert ein generelles Unterlassen von Aktivitäten, die mit Risiken verbunden sind. Auch die Beseitigung eines bestehenden Risikos fällt in diese Kategorie.[61]

Risikoverminderung bezeichnet Maßnahmen, die die Wahrscheinlichkeit von schadenverursachenden Ereignissen (Self-protection) oder deren Schadenswirkungen (Self-insurance)[62] verringern.[63] Insbesondere sind hier die technischen Sicherungsmaßnahmen bei der Nutzung des Internets zu nennen. Beispielsweise kryptographische Verfahren, die bei der Übertragung von Daten bestehende Risiken verringern, digitale Signaturen und Zertifikate, die der Sicherstellung der Identität dienen, Virenscanner sowie Firewall-Konzepte, welche die Kommunikation zwischen dem internen Unternehmensnetz und dem Internet regulieren und unerlaubte Zugriffe auf das unternehmensinterne Netz abwehren. Ebenso Intrusion Detection-Systeme, die Firewalls sinnvoll durch automatische Erkennung und Abwehr von Angriffen in der Präventivabwehr ergänzen.

Im Rahmen der *Risikobegrenzung* kommt speziell die Überwälzung auf fremde Risikoträger durch Versicherung, durch allgemeine oder spezielle Vertragsbedingungen oder die Überwälzung mithilfe von Gesetzen in Frage. Auch die ART-Lösungen, die später genauer betrachtet werden, lassen sich hier einordnen. Risikostreuung bezieht sich auf die Verteilung der Risiken (Diversifikation).

Wenn Risiken weder durch technische Sicherungsmaßnahmen noch durch ökonomische Instrumente begegnet werden kann oder wenn es ökonomisch nicht sinnvoll ist, derartige Instrumente einzusetzen, wird das *Restrisiko selbst getragen*.[64] Die Bildung von Risikoreserven kann in diesem Kontext sinnvoll sein.

---

61 Risiken mit einer hohen Schadenserwartung (im Extremfall mit einer Eintrittswahrscheinlichkeit von 100%) sollen, auch wenn sie dem Betrage nach noch so gering sind, gar nicht erst eingegangen werden. Evtl. kann dies aber zu einer „Preisgabe von Unternehmenszielen zugunsten der Sicherheit" führen [HALLER (1986), S. 31].

62 Maßnahmen der Self-protection werden auch als *ursachenbezogene Maßnahmen* bezeichnet. *Wirkungsbezogene Maßnahmen* sind dagegen begrifflich gleichzusetzen mit Self-insurance Maßnahmen. Die teilweise in der Literatur genannten *informationsbezogenen Maßnahmen* sollen den Kenntnisstand über Risiken erhöhen [vgl. dazu HOFFMANN (1985), S. 25].

63 Vgl. BRÜHWILER (1980), S. 108: Unternehmensbedrohende Risiken lassen sich allerdings auch nicht mit der besten Kombination präventiver Maßnahmen völlig ausschalten, da es keine absolute Sicherheit gibt.

64 Hierzu zählt auch die bewusste Deckung von Kleinschäden durch den Cash Flow.

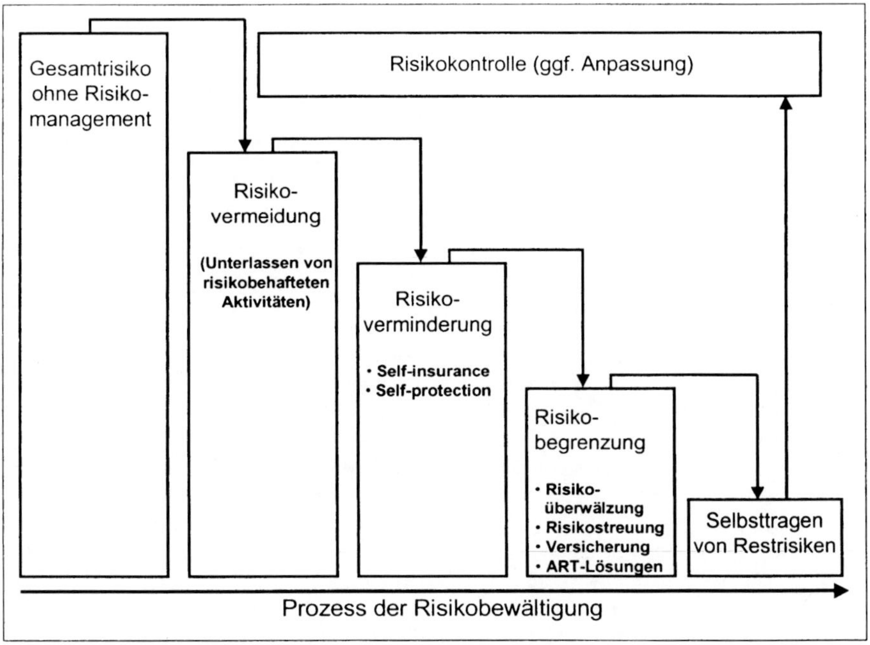

Abbildung 14: Risikosteuerung und -kontrolle

Risikotragfähigkeitskalkül / Risiko-Chancen-Kalkül

Ob sich das Unternehmen mögliche Verluste aus übernommenen Risiken überhaupt leisten kann, stellt das Risikotragfähigkeitskalkül fest, das die maximale Risikoübernahme bestimmt. Die Funktionen der Risikotragfähigkeit liegen darin, Verluste und Liquiditätsengpässe durch die Fixierung von Risikolimits zu begrenzen und den realisierten Schäden vorausschauend genügend Deckungsmittel gegenüberzustellen. Das Risiko-Chancen-Kalkül beinhaltet das bewusste Eingehen von Risiken mit optimierten Risiko-Rendite-Profilen.[65]

3.2.2.4 Risikokontrolle

Die Risikokontrolle bedarf eines speziellen Systems zur Risikoüberwachung, mit deren Hilfe geeignete Kennzahlenvergleiche durchgeführt werden. Das sind z.B. systematische Soll-/Ist-Vergleiche sowie Zeit- und Quervergleiche.[66] Ihren Niederschlag findet die Risikokontrolle im Risikoreporting,[67] das in ein Managementinformationssystem eingebettet sein sollte.

---

[65] Vgl. dazu SCHIERENBECK (2001c), S. 362ff.

[66] Vgl. SCHIERENBECK (2001b), S. 13. Zu Soll-/Ist-Vergleichen vgl. SCHIERENBECK (2001a), S. 625ff.

[67] Vgl. SCHIERENBECK (2001b), S. 13f. sowie S. 604f.; SCHIERENBECK (2001c), S. 329.

3.3 Versicherungstechnisches Risiko

Für einen Versicherer bezeichnet das versicherungstechnische Risiko die mögliche positive oder negative Abweichung des tatsächlich eintretenden Gesamtschadens eines Versicherungsbestands von dem erwarteten Gesamtschaden. Die kollektiven Effektivwerte der versicherten Schäden können von den Erwartungswerten ungünstig abweichen, d.h. dass sie höher sein können als erwartet.[68] Je nach Ursache der Abweichung kann das versicherungstechnische Risiko in verschiedene Unterrisiken (Elemente des versicherungstechnischen Risikos) unterteilt werden. Ein verbreiteter Erklärungsansatz unterscheidet das *Zufallsrisiko*, *Änderungsrisiko* und das *Irrtumsrisiko* als Ursachen für Schadensabweichungen.[69]

Zufallsrisiko
Das Zufallsrisiko besteht in der Unsicherheit, dass der kollektive Effektivwert der Schäden vom geschätzten Erwartungswert abweicht, weil zufällige Schwankungen der Schadensanzahl und der Schadenshöhen eintreten. Aus der Menge der zufallsbedingten Abweichungen des tatsächlichen vom erwarteten Gesamtschaden eines Kollektivs lassen sich Teilmengen abgrenzen und gesondert betrachten. So können aufgrund zufälliger Umstände gleichzeitig Schäden bei mehreren oder vielen versicherten Risiken entstehen (*Kumulrisiko*). Eine Ansteckungsmöglichkeit, die durch ein zufälliges Ereignis nacheinander folgend Schäden bei vielen versicherten Risiken entstehen lässt (*Ansteckungsrisiko*), ist hier ebenso einzuordnen, wie die zufällige Möglichkeit von katastrophalen Schäden aus einzeln versicherten Risiken (*Großschaden- oder Katastrophenschadenrisiko*).

Änderungsrisiko
Weicht der kollektive Effektivwert der Schäden vom geschätzten Erwartungswert ab, weil sich die Wahrscheinlichkeitsverteilung des Gesamtschadens unvorhersehbar nach dem Zeitpunkt der Schätzung, d.h. im Ablauf der Zeit ändert, so wird vom Änderungsrisiko gesprochen.[70]

Irrtumsrisiko
Besteht eine Abweichung der kollektiven Effektivwerte der Schäden vom geschätzten Erwartungswert, da die Wahrscheinlichkeitsverteilungen des Gesamtschadens von vornherein unzutreffend geschätzt wurden, wird vom Irrtumsrisiko gesprochen.[71]

In der Realität vermischen sich diese drei Elemente zu dem versicherungstechnischen Risiko. Eine detaillierte Analyse scheitert oft an Informationsmängeln.[72]

---

68 Vgl. WAGNER (2000), S. 139. Einführende Überblicke zum versicherungstechnischen Risiko geben z.B. ALBRECHT/SCHWAKE (1988), S. 651ff.; KARTEN (1989a); KARTEN (1989b); ALBRECHT (1994), S. 325ff.; BITTL/MÜLLER (1998), S. 383ff.; FARNY (2000), S. 79-94.

69 Vgl. FARNY (2000), S. 85ff.; WAGNER (2000), S. 139f.

70 Die Abgrenzung des Änderungs- vom Zufallsrisiko ist eher theoretisch und weniger praktisch möglich, denn auch mit einer veränderten Schadensverteilung sind die effektiven Schadenseintritte zufällig [vgl. WAGNER (2000), S. 140].

71 Auch hier ist keine trennscharfe Abgrenzung vom Zufallsrisiko möglich [vgl. WAGNER (2000), S. 140].

72 Vgl. FARNY (2000), S. 85.

3.4 Versicherbarkeit

3.4.1 Versicherung als Risikotransfer

Die Entwicklung von modernen Industriegesellschaften ist untrennbar mit der Entstehung von Versicherungsmärkten und einer Deckung neuartiger Risiken durch Versicherer verbunden.[73]

Bei einer Versicherung als Instrument zur Risikobegrenzung liegt ein Transfer[74] eines finanziellen oder zumindest finanziell kalkulierbaren Risikos eines versicherten Individuums, eines Unternehmens oder einer Sache auf einen oder mehrere Versicherer vor.[75] Inhalt des Versicherungsvertrags, der immer ein Bedingungswerk beinhaltet, ist ein Schutzversprechen des Versicherers, nach einem konkreten Schadensfall bestimmte Leistungen zu erbringen. Diese Versicherungsfallleistungen werden durch monetäre Kompensationen erbracht.

Wirtschaftssubjekte sind i.d.R. risikoavers. Sie werden durch den Umstand, dass sie einen Teil der sie betreffenden Risiken auf risikotragende Institutionen wie Versicherer transferieren können, befähigt, in verstärktem Maße Wagnisse einzugehen. Diese Übernahme von Risiken hat positive ökonomische Konsequenzen. Volkswirtschaftlich gesehen wirkt die Bereitstellung von Versicherungsschutz wohlfahrtssteigernd (gesamtwirtschaftlicher Effizienzgewinn).[76] Betriebswirtschaftlich gesehen drückt sich der Effizienzgewinn in der Steigerung der Produktivität durch Bereitstellung von Sicherheit aus.

3.4.2 Definition von Versicherbarkeit

Eine allgemein gültige, präzise Definition für die Versicherbarkeit von Risiken existiert nicht und ist auch nicht möglich.[77] Die Einstufung eines Risikos in die Kategorie „versicherbar“

---

[73] Vgl. NELL (2001), S. 1.

[74] Vgl. dazu ALBRECHT (1992), der neben dem reinen Transfer und der Re-Distribution von Risiken im Kollektiv (Versicherungseffekt 1. Ordnung) den wesentlichen Nutzen der Versicherungsnahme darin sieht, dass Versicherer eine Risikotransformation (Versicherungseffekt 2. Ordnung) bewirken.

[75] Die traditionelle Sicht der *Versicherung als Gefahrengemeinschaft* i.S. von solidarischer Übernahme von Einzelrisiken in einem Kollektiv wurde gerade in jüngerer Zeit kritisiert [vgl. KOCH (1995), S. 38]. Ein moderner Erklärungsansatz für die Versicherung interpretiert Versicherungsschutz als ein Produkt, das von einem Versicherer durch den Einsatz und die Kombination von Produktionsfaktoren hergestellt wird [vgl. FARNY (1988), S. 553 ff; HALLER (1988), S. 561]. Neben dieser sog. *Produktionstheorie der Versicherung* besteht das *Informationskonzept der Versicherung*. Kern dieses Ansatzes ist die durch eine Versicherung gegebene Zustandsgarantie, dass das Vermögen des Versicherungsnehmers während der Vertragslaufzeit keine Verluste durch ex ante definierte Schadensereignisse erleidet. Für dieses „Informationsprodukt“ bezahlt der Versicherungsnehmer mit der Versicherungsprämie einen bestimmten Preis [vgl. EISEN/MÜLLER/ZWEIFEL (1990, S. 13ff.]. Kritiker des Informationskonzeptes sehen gegenüber der Produktionstheorie der Versicherung allerdings keinen Fortschritt [vgl. ALBRECHT (1992), S. 37ff.; CORSTEN (1994), S. 78ff.].

[76] Vgl. dazu SINN (1986); SINN (1988), S. 3ff.; MEYER (1989), S. 194ff.; NELL (1990), S. 275ff. Zu den volkswirtschaftlichen Aufgaben und Funktionen der Versicherung vgl. bspw. ZWEIFEL/EISEN (2000), S. 15-19.

[77] Vgl. BERLINER (1985), S. 322; FARNY (1993), S. 11; LUCIUS (1979), S. 298.

oder „nicht versicherbar“ ist rein theoriegeleitet nicht erreichbar. Ein Erklärungsansatz ist die Existenz der grauen Zone,[78] auf die später genauer eingegangen wird.

Zur Prüfung der Versicherbarkeit wurden im Laufe der Zeit unterschiedliche Kriterienkataloge entwickelt,[79] die eine Aussage über die Versicherbarkeit von Risiken ermöglichen sollen. Diese Kriterien sind jedoch eher theoretisch motiviert und dienen bei der Beurteilung von Versicherbarkeit als Referenz, um Eigenschaften von Risiken einzuschätzen. Versicherbarkeit lässt sich daraus nicht zwingend ableiten, zumal die Grenzen der Versicherbarkeit eher fließend sind und sich im Zeitablauf ändern können.

3.4.3 Methodiken zur Überprüfung auf Versicherbarkeit

Die Thematik der Versicherbarkeit und ihrer Grenzen soll im folgenden nach ESZLER[80] anhand von drei verschiedenen Zugängen dargestellt werden. ESZLER schafft damit einen Rahmen zur Systematisierung vieler heterogener Darstellungen auf diesem Gebiet.[81] Er unterscheidet den *rationalistisch-idealistischen*, den *empirisch-realistischen* sowie den *konstruktivistisch-instrumentalistischen* Ansatz.

3.4.3.1 Rationalistisch-idealistischer Ansatz

Der rationalistisch-idealistische Ansatz versucht, ideale logische Strukturen zu erfassen.[82] Diese sollen durch rationales Denken erhoben werden. Das Kriterium zur Beurteilung dieser Strukturen ist bei diesem Ansatz die logische Richtigkeit. Der Ansatz folgt der *Logik der Versicherbarkeit* und leitet aus spezifischen Annahmen mittels Deduktion Zusammenhänge ab und stellt diese dar.

Die Annahmen selbst sind nicht Untersuchungsgegenstand dieses Zugangs. Beispiele für die Verfolgung diese Ansatzes sind versicherbarkeitsrelevante ideale logische Strukturen im Bereich der Produktionstheorie, der Entscheidungstheorie sowie der Kapitalmarkttheorie.[83]

Bisherige Untersuchungen des rationalistisch-idealistischen Ansatzes ergaben, dass auf der Basis der hier erfassten idealen logischen Strukturen nur Wenn-Dann-Beziehungen bzw. Je-Desto-Beziehungen abzuleiten sind.[84] Nicht möglich ist die Ableitung von absoluten Grenzen der Versicherbarkeit.[85] Werden allerdings bestimmte Größen mit Werten belegt,[86] ermögli-

---

78 Vgl. BERLINER (1982), S. 30.

79 Vgl. LUCIUS (1979), S. 203ff.

80 Vgl. ESZLER (1999); ESZLER (2000).

81 Vgl. ESZLER (2000), S. 299.

82 Vgl. ESZLER (2000), S. 289: *Ideale* Strukturen beschreiben dabei anzunehmende Muster, die unabhängig von historischen und raumzeitlichen Bedingtheiten sowie unabhängig vom Betrachter vorhanden sind. Sie sind *logisch*, wenn sie sich zwingend aus bestimmten Annahmen ableiten lassen.

83 Vgl. hierzu ausführlich und mit Beispielen unterlegt ESZLER (1999), S. 19-36 sowie S. 142-211.

84 Dies bedeutet, dass die Theorie dieses Ansatzes die Wirklichkeit nicht wirklich abzubilden vermag.

85 Vgl. ESZLER (1999), S. 64 sowie ESZLER (2000), S. 292.

chen die zugrunde gelegten Modelle die Ableitung von Grenzen der Versicherbarkeit über entsprechend resultierende Werte.

3.4.3.2 Empirisch-realistischer Ansatz

Mithilfe des empirisch-realistischen Ansatzes sollen reale Strukturen erfasst werden.[87] Das Kriterium zur Beurteilung dieser Strukturen ist die empirische Wahrheit.[88] Die angewandte Methode, um diese Muster zu ermitteln, ist ausschließlich die empirische Wahrnehmung über die Sinne.

Die Untersuchungsobjekte bei dieser Methode sind sowohl die Praxis der Versicherbarkeit selbst, als auch die vorhandenen Darstellungen zur Versicherbarkeit.[89] Empirische Wahrheit ist folglich eine nachvollziehbare Übereinstimmung von Realität und Darstellung.

3.4.3.3 Konstruktivistisch-instrumentalistischer Ansatz

Im konstruktivistisch-instrumentalistischen Ansatz sollen nicht ideal angenommene oder real vorhandene Strukturen erfasst werden. Hier geht es um die Schaffung (Konstruktion) und Darstellung von versicherbarkeitsbezogenen Strukturen, die *instrumental*[90] sein sollen.

Um eine derartige Konstruktion vorzunehmen, sind viele Methoden vorstellbar. Beispielsweise sind Konstruktionen aufgrund von Erfahrungswerten und jahrelanger wissenschaftlicher Beschäftigung mit der entsprechenden Thematik oder über den Versuch der Hypothesenbildung und Überprüfung „an der Realität", um zu generellen Aussagen über die Realität zu kommen, denkbar.[91] Auf diese Weise wird versucht, von der Theorie auf die Realität zu schließen.

Beispiele für das Vorgehen nach diesem Ansatz sind der entscheidungstheoretische Ansatz zur Versicherbarkeit, der in Abschnitt 3.4.4.2 vorgestellt wird, sowie ein konstruierter Bezugsrahmen zur Identifikation von Versicherbarkeitsfaktoren wie der in Abschnitt 3.4.4.3 vorgestellte Ansatz der Versicherbarkeitsdimensionen, welcher der systematischen Einordnung von Risiken dient und auf dem entscheidungsorientierten Ansatz aufbaut.

---

86 Vgl. ESZLER (1999), S. 64: Beispiele für solche Werte sind bestimmte Nutzenvorstellungen von Versicherer bzw. Versicherungsnehmer in der Entscheidungstheorie oder bestimmte geforderte Mindestkapitalrenditen in der Kapitalmarkttheorie.

87 Als *reale* Strukturen werden in diesem Kontext Muster mit raum-zeitlicher Ausdehnung, die durch Sinneswahrnehmung erfasst werden können, bezeichnet.

88 Empirische Wahrheit meint hier die Entsprechung von realen und wahrgenommenen Strukturen.

89 Die Erfassung der Untersuchungsobjekte per se zeigt dabei den *methodisch-formalen Aspekt* auf. So ist nur eine empirische Erhebung von realen, objektiv überprüfbaren Strukturen möglich. Die Analyse des Inhaltes von vorhandenen (theoretischen) Darstellungen auf ihren Realitätsbezug rekurriert auf den *inhaltlich-kritischen Aspekt*.

90 Vgl. ESZLER (2000), S. 289f.: Dies bedeutet, dass die Strukturen hinsichtlich näher zu bestimmender Ziele, Anforderungen, Standards etc. tauglich sein sollen.

91 Vgl. ESZLER (2000), S. 294.

3.4.3.4 *Zusammenfassung der verschiedenen Methodiken*

Die folgende Abbildung 15 stellt die drei verschiedenen Ansätze zusammenfassend dar. Die *Logik der Versicherbarkeit* zielt auf die Erfassung idealer logischer Strukturen ab. Im Bereich der *Realität der Versicherbarkeit* sollen reale Strukturen erfasst und dargestellt werden. Die *Konstruktion der Versicherbarkeit* bezieht sich auf die Schaffung von instrumentalen Strukturen.

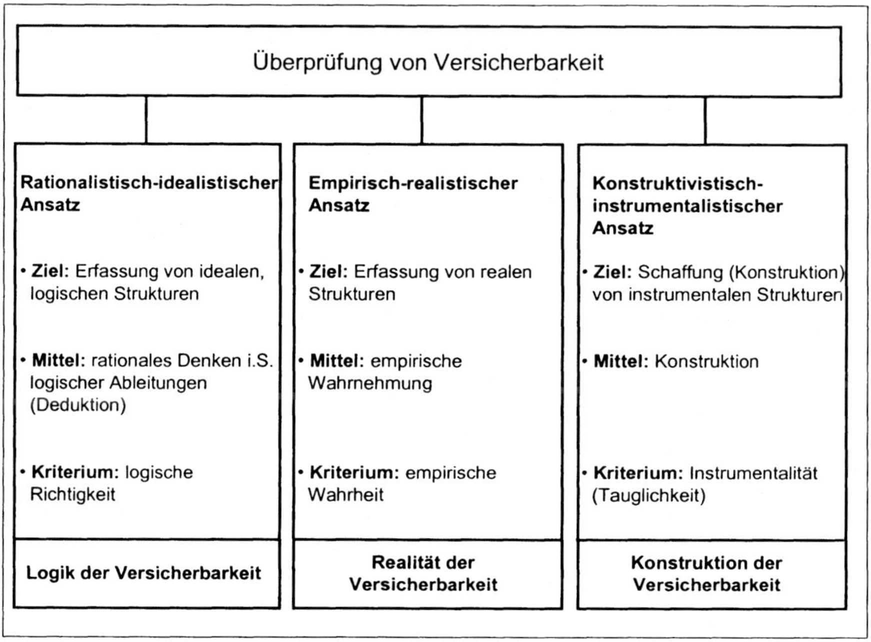

Abbildung 15: Methodiken zur Überprüfung von Versicherbarkeit[92]

3.4.4 *Ansätze zur Analyse von Versicherbarkeit*

Nachfolgend werden drei bedeutende Ansätze zur Versicherbarkeit entsprechend ihrer zeitlichen Entwicklung vorgestellt.[93] Dabei fallen viele Gemeinsamkeiten der verschiedenen Ansätze auf. Detaillierter wird auf den entscheidungsorientierten Ansatz zur Versicherbarkeit

---

92 Quelle: in Anlehnung an ESZLER (2000), S. 288.

93 Weitere Ansätze sind z.B. das offene Modell der Versicherungsnahme [vgl. LUCIUS (1979), S. 219ff.], Kataloge, die Anforderungen an ein ideales Risiko beschreiben [vgl. bspw. REJDA (1992), S. 24ff.], und pragmatisch orientierte Ansätze [vgl. z.B. BORCH/AASE/SANDMO (1990), S. 315ff.], welche die üblichen Kriterienkataloge als zu strikt ablehnen. Auf die explizite Darstellung dieser wenig neue Erkenntnisse generierenden Ansätze wird hier verzichtet.

von KARTEN und auf den praxisorientierten Ansatz der Versicherbarkeitsdimensionen von BERLINER, der den entscheidungsorientierten Rahmen erweitert, eingegangen.

Der entscheidungsorientierte Ansatz dient in Abschnitt 3.4.4.2.6 als Referenz, um beispielhaft Eigenschaften von Internet-Risiken in Bezug auf ihre theoretische Versicherbarkeit einzuschätzen.

3.4.4.1 Katalog der Aktuare von 1954

Der Katalog der Aktuare entstand auf dem 14. Internationalen Kongress der Aktuare. Auf diesem Kongress wurde ausgiebig über Voraussetzungen diskutiert, die ein Risiko erfüllen muss, um versicherbar zu sein.[94] Dieser Katalog, der insgesamt 26 Kriterien umfasst, gibt die Auffassung der klassischen (d.h. nicht kollektiven) Risikotheorie[95] wieder.

Die sieben wichtigsten Kriterien werden nachfolgend kurz vorgestellt. Alle weiteren Forderungen sind bei genauer Betrachtung nur detaillierte Ausprägungen dieser sieben Kriterien. Es ist jedoch anzumerken, dass bei der Anforderung einer vollständigen Erfüllung des Kriterienkataloges als Maßstab für Versicherbarkeit kaum ein Versicherungsangebot mehr zustande kommen würde. So ist dieser Kriterienkatalog weniger als zwingende Anforderung an ein zu versicherndes Risiko als vielmehr für die Ausprägung eines idealtypischen Versicherungsbestands zu interpretieren.[96]

Die sieben wichtigsten Kriterien des Katalogs der Aktuare sind:

- **Zufälligkeit**[97]
- **Ausschluss von Willkür**
  Die Realisierung eines Risikos muss unabhängig von der Willkür des Menschen sein. Dieser Versuch des Ausschlusses von „subjektivem Risiko“ soll den Versicherer davor bewahren, dass ein Versicherungsnehmer einen Schaden absichtlich verursacht.[98]
- **Zukünftiges Eintreffen des Schadensereignisses**
  Das Eintreten eines Versicherungsfalls muss zukünftig sein. Rückwirkende Versicherungen werden damit ausgeschlossen.[99]
- **Risiko muss alle versicherten Elemente gleich stark bedrohen**
  Hier wird auf die Notwendigkeit von homogenen Beständen abgestellt.[100]

---

94 Vgl. dazu LUCIUS (1979), S. 206ff.

95 Zur Unterscheidung von klassischer und kollektiver Risikotheorie siehe HEILMANN (1987) sowie BORCH/AASE/SANDMO (1990), S. 105ff.

96 Vgl. LUCIUS (1979), S. 208.

97 Zufälligkeit wird im Rahmen des entscheidungsorientierten Ansatzes in Abschnitt 3.4.4.2.1 diskutiert.

98 Anzumerken ist, dass Risiko stets subjektiv ist. Die Erfüllung des Kriteriums erweist sich folglich als schwierig. Auch sei auf die Problematik des Moral Hazard verwiesen.

99 Die Forderung erscheint an sich trivial, impliziert jedoch erhebliche Abgrenzungsprobleme, auf die hier nicht näher eingegangen werden sollen. Als Beispiel kann die Rechtschutzversicherung dienen, die zum Zeitpunkt des Abschlusses zwar kein laufendes Gerichtsverfahren deckt, jedoch zukünftige Verfahren, bei denen die Ursachen vor Vertragsabschluss schon vorlagen, übernimmt. Dies bedeutet – streng genommen – einen Verstoß gegen das Kriterium einer ausschließlichen Versicherung von zukünftigen Ereignisse.

- **Ausschluss der Korrelation von Risiken**
  Risiken dürfen nicht miteinander korrelieren, um die Gefährdung durch katastrophenartige Verluste als Folge von versicherten Kumulen zu verhindern.[101]
- **Bereicherungsverbot**
  Das Bereicherungsverbot fordert, dass ein Versicherungsnehmer aufgrund eines erlittenen Schadens nach der Kompensation durch den Versicherer nicht besser gestellt sein darf als vorher.[102]
- **Statistische Messbarkeit**
  Versicherte Ereignisse müssen statistisch messbar sein.[103]

3.4.4.2 Entscheidungstheoretischer Ansatz zur Versicherbarkeit

Im entscheidungsorientierten Ansatz von KARTEN,[104] der sehr häufig in der versicherungsökonomischen Literatur zitiert wird, wird ein Katalog mit fünf Kriterien eingeführt, nach denen Risikoeigenschaften beurteilt werden können.

Diese nachfolgend ausführlicher erläuterten Kriterien sind:

- Zufälligkeit,
- Eindeutigkeit,
- Schätzbarkeit,
- Größe,
- Unabhängigkeit.

Die Kriterien werden oftmals aus ihrem Zusammenhang losgelöst angeführt.[105] Sie sind aber streng genommen in einen entscheidungsorientierten Rahmen eingebettet.

Versicherbarkeit wird in diesem entscheidungsorientierten Ansatz als ein Problem rationaler wirtschaftlicher Entscheidungen aufgefasst. Dies bedeutet, dass die Risikoentscheidung sowohl beim Nachfrager als auch beim Anbieter von Versicherungsleistungen besteht.[106] Ein Versicherungsvertrag wird von beiden Parteien nur dann abgeschlossen, wenn beide einen Nutzen daraus ziehen.

---

[100] Die Anforderung kann allerdings fallengelassen werden, da Homogenität von den subjektiven Entscheidungen des Versicherers determiniert wird. Vgl. dazu auch LUCIUS (1979), S. 207, der eine Forderung nach homogenen Beständen ablehnt, „[...] da die Homogenität eines Bestandes von einer mehr oder weniger beliebigen Abgrenzung der zu erfassenden Risikomerkmale abhängt und somit variabel ist." Vgl. zu dem Missverständnis des Homogenitätserfordernisses ESZLER (1994), das in dieser Arbeit in Abschnitt 3.4.4.2.3 zur Schätzbarkeit angeführt wird.

[101] Diese Forderung kann ebenso nicht als Ausschlusskriterium gelten. So werden in der Praxis viele Kumulrisiken versichert (z.B. Hurrican-Versicherung in den USA).

[102] Dieser Grundsatz ist z.B. in Deutschland durch die zwingende Vorschrift des Bereicherungsverbots des § 55 VVG verwirklicht.

[103] Messbarkeit bzw. Schätzbarkeit wird im Rahmen des entscheidungsorientierten Ansatzes in Abschnitt 3.4.4.2.3 diskutiert.

[104] Vgl. KARTEN (1972a); KARTEN (1984).

[105] Vgl. EZLER (1992), S. 30.

[106] Vgl. KARTEN (1972a), S. 280.

Folglich wird klar, dass neben den Kriterien, die sich auf das zu versichernde Risiko beziehen – und hierbei insbesondere auf die Schadenseintrittswahrscheinlichkeit und die mögliche Schadenshöhe –, auch bestimmte Prämissen des Versicherers maßgeblich sind wie Ziele, individuelle Risikoeinstellungen und die zu erzielende Prämie.[107] Der Ansatz ist somit auch als ein „theoretisches Konzept zur Erklärung von empirischer und praktischer Versicherbarkeit“[108] interpretierbar.

Der Versicherungsnehmer muss bei diesem entscheidungsorientierten Ansatz risikoavers sein,[109] d.h. er muss bereit sein, mehr als den von ihm geschätzten Erwartungswert der Schadensverteilung zu bezahlen. So kommt ein Versicherungsvertrag nur unter der Prämisse zustande, dass kein Versicherer bereit ist, eine Police zum Erwartungswert der Schadensverteilung anzubieten.

Dieser Annahme liegt die kollektive Risikotheorie zugrunde, die zeigt, dass schon risikoneutrales Verhalten eines Risikoträgers langfristig zu einer Ruinwahrscheinlichkeit von Eins führt.[110] Das bedeutet wiederum, dass beide Vertragsparteien (Versicherungsnehmer und Versicherer) risikoavers sein müssen. Um überhaupt zu einem Vertragsabschluss zu kommen, muss eine der beiden Parteien über bessere Informationen[111] verfügen oder der Versicherer kann aufgrund des Risikoausgleichs im Kollektiv das Risiko reduzieren.

Versicherbarkeit ist nach der Auffassung von KARTEN kein prinzipielles, sondern ein Entscheidungsproblem, das von folgenden Daten abhängt:[112]

- vom subjektiven Risikoverhalten der Entscheidungsträger in Versicherungsunternehmen,
- der individuellen Struktur eines Risikogeschäfts (d.h. insbesondere von den vorhandenen Sicherheitsmitteln, der Schadensverteilung und den Prämien des bereits versicherten Kollektivs sowie der bisherigen und zukünftigen Risikopolitik),
- der risikotheoretischen Eigenschaften der zu versichernden Risiken, wie diese der Entscheidende im Versicherungsunternehmen nach seinem Informationsstand einschätzt, und
- der zu erzielenden Versicherungsprämie.

Gerade die risikotheoretischen Eigenschaften sind es, die nach KARTEN durch die fünf Kriterien losgelöst von betriebsspezifischen Zusammenhängen auf versicherbar oder unversicherbar analysiert werden können, um letztlich spezifische Risiken beurteilen zu können.

---

107 Vgl. KARTEN (1984), S. 207; ESZLER (1992), S. 42f.; GREENE (1977), S. 52ff.

108 ESZLER (1992), S. 30.

109 Vgl. auch STIGLITZ (1983), S. 6: „If there is risk, but individuals are not risk averse, so there is no insurance, there is no incentive problem.“ Grundsätzlich kann zwischen risikofreudigem, risikoaversem und risikoneutralem Verhalten unterschieden werden.

110 Vgl. dazu KARTEN (1972a), S. 283.

111 Vgl. hierzu die Problematik asymmetrischer Informationen.

112 Vgl. KARTEN (1972a), S. 285.

Allerdings erkennt auch KARTEN die Schwierigkeit, dass sich anhand von Risikoeigenschaften keine allgemein verbindliche Definition von Versicherbarkeit aufstellen lässt.[113] So werden mit diesen Kriterien keine handhabbaren Grenzen der Versicherbarkeit gezogen. Es wird nur eine theoretische Grenze in dem Sinne markiert, dass die Kriterien im entscheidungstheoretischen Rahmen ein für den Versicherer ideales Risiko beschreiben.

3.4.4.2.1 Kriterium Zufälligkeit

Zur Erfüllung des Kriteriums der Zufälligkeit[114] wird gefordert, dass ein den Versicherungsfall auslösendes Ereignis bei Vertragsabschluß *ungewiss* und *unbeeinflussbar* sein muss.[115] Ungewissheit verlangt bei Vertragsabschluss den gleichen Informationsstand auf beiden Vertragsseiten. Bei asymmetrischen Informationen besteht die inhärente Gefahr der Adversen Selektion.[116]

Die Forderung nach Unbeeinflussbarkeit bezieht sich insbesondere auf die Marktversagen verursachende Moral Hazard-Problematik.[117] Typischerweise gehen von einem bestehenden Versicherungsschutz Anreize zu weniger sorgfältigem Verhalten aus, was bedeutet, dass schadensverhütende Aktivitäten reduziert werden. Sind solche Verhaltensweisen nicht beobachtbar, entsteht das erwähnte Problem des Moral Hazard. Die Möglichkeit einer Verhaltensänderung des Versicherungsnehmers nach Vertragsabschluß soll daher mittels Obliegenheiten ausgeschlossen werden, damit der Versicherer durchschnittliche Schadenswahrscheinlichkeiten berechnen kann.

3.4.4.2.2 Kriterium Eindeutigkeit

Die Forderung der Eindeutigkeit verlangt, dass sowohl das Ereignis (der Eintritt des Schadensfalls) als auch die Schadenshöhe in objektiv nachprüfbarer Weise festgelegt werden können.[118] Die genaue Interpretation des Eintritts eines Schadensfalls und der durch die Versicherungsleistung zu kompensierenden Schadenshöhe erfordert in der Praxis einen erheblichen Umfang an Versicherungsklauseln,[119] auf die sich die Vertragspartner vor Abschluss des Versicherungsvertrags im Bedingungswerk einigen müssen.

---

[113] Vgl. KARTEN (1972a), S. 287.

[114] Eine Definition von Zufall bereitet viele Schwierigkeiten. Auf Definitionsansätze soll hier nicht weiter eingegangen werden. Einige Autoren, wie z.B. LUCIUS (1979), S. 216, sprechen dem Zufall „per se" gar seine Existenz ab. So kann Zufall nur in Bezug auf einen bestimmten Beobachter existieren. Subjektives Empfinden ist somit Bestandteil von Zufall. KARTEN (1988) selbst sieht das Kriterium der Zufälligkeit als wesentlich an, vertritt aber die Auffassung, dass eine Definition von Zufall genauso bedeutungslos ist, wie die Frage nach einer Objektivierung von Zufälligkeit.

[115] Vgl. KARTEN (1972a), S. 287 sowie KARTEN (1988), S. 350.

[116] Zu einer ausführlichen Untersuchung der Adversen Selektion auf Versicherungsmärkten vgl. RICHTER (1995).

[117] Vgl. HOLMSTRÖM (1979); ARROW (1970), S. 142.

[118] Vgl. MUGLER (1980), S. 77; KARTEN (1972a), S. 289; KARTEN (1984), S. 209f.; KARTEN (1988), S. 351.

[119] Vgl. LUCIUS (1979), S. 217.

Allerdings kann es zu Abgrenzungsproblemen kommen, wenn z.B. ein Schaden von mehreren kurzzeitig aufeinander folgenden, nicht versicherten Ereignissen verursacht worden ist.[120] Derartige Zurechnungsprobleme sind auch durch Vertragsklauseln nur schwer in den Griff zu bekommen.

3.4.4.2.3 Kriterium Schätzbarkeit

Das dritte Kriterium der Schätzbarkeit repräsentiert das Problem des unzureichenden Wissens.[121] Ein Versicherer, der sowohl die durchschnittliche Schadenshöhe als auch die Schadenseintrittswahrscheinlichkeit schätzen muss, wird dabei subjektiv urteilen. Auch die Entscheidung, bis zu welchem Informationsgrad ein Risiko für den Risikoträger grundsätzlich noch versicherbar ist, ist von Subjektivität geprägt.

In diesem Kontext wird oft als Grundbedingung der Versicherbarkeit angeführt, dass eine hinreichend große Zahl von Individuen potenziell durch gleichartige Risiken (Homogenität) bedroht sein müssen,[122] damit der Versicherer das Gesetz der großen Zahlen zur Schätzung des Erwartungswertes der Versicherungsleistungen anwenden kann. Dieses häufig in der Versicherungsliteratur angeführte Homogenitätserfordernis wird jedoch für den Risikoausgleich im Kollektiv nicht erforderlich. So ist es unerheblich, wodurch die einzelnen Schadenseintrittswahrscheinlichkeitsverteilungen generiert werden; entscheidend ist ein zustande kommender Ausgleich zwischen Risiken mit Überschäden und Risiken mit Unterschäden im Gesamtkollektiv.[123]

Nach einer solchen Auffassung von Homogenitätserfordernis dürften auch keine Einzelrisiken versichert werden, da weder statistisches Material vorliegt noch das Gesetz der großen Zahlen ex definitionem anwendbar ist. Die Versicherungspraxis zeigt jedoch, dass einzelne Risiken sehr wohl ohne genaue Erfahrungswerte versichert werden. Die Tarifierung erfolgt hier nach „judgement rates". Eine subjektive Schätzbarkeit des Risikos ist in diesen Fällen ebenso unbedingte Voraussetzung der Versicherbarkeit.

In diese Richtung zielt auch die Argumentation, dass eine mangelnde Schätzbarkeit infolge fehlender statistischer Daten kein Ausschlusskriterium für die Versicherbarkeit eines Risikos sein kann, da Versicherbarkeit letztlich eine Frage des Preises ist.[124] Ob dieser dann schließlich von den potenziellen Versicherungsnehmern bezahlt wird, hängt von deren Präferenzen ab. Unbestritten ist, dass ein Versicherungsnehmer auch in der Lage sein muss, die Versiche-

---

120 Vgl. ESZLER (1992), S. 35.

121 Vgl. KNIGHT (1921), S. 233f., der die Schätz- bzw. Messbarkeit bereits 1921 als Voraussetzung für Versicherbarkeit einführte, indem er zwischen (nicht messbarer) Unsicherheit und (messbarem) Risiko differenzierte [vgl. dazu FN 6]. ARROW sieht Schätzbarkeit ebenso als unbedingtes Kriterium für Versicherbarkeit. ARROW stellt fest: „Insurance is applicable only when the risks can be reduced to a statistical basis; otherwise it is the function of speculation to assume the risk." [ARROW (1951), S. 424].

122 Vgl. REJDA (1992), S. 24; BLIND (1996a), S. 185.

123 Vgl. ESZLER (1994), S. 154. Vgl. zum Risikoausgleich im Kollektiv bspw. FARNY (2000), S. 45-50.

124 Vgl. HÄRLEN (1972), S. 273; KARTEN (1972a), S. 291.

rungsprämie zu bezahlen. Dies als eigenständiges Kriterium für eine Versicherbarkeit[125] anzuführen, erscheint jedoch nicht sinnvoll.

3.4.4.2.4 Kriterium Größe

Unter dem Kriterium der Größe wird der höchstmögliche Schaden eines Einzelrisikos verstanden. Die Größe des zu versichernden Risikos ist ein schlecht quantifizierbares Kriterium, da die Versicherbarkeit von der Zeichnungskapazität der Versicherungswirtschaft und der Zeichnungspolitik des Versicherers abhängt.[126] Allerdings kann der maximal mögliche Schaden immer durch Deckungsabgrenzungen oder die Bereitschaft des Versicherers, nur einen bestimmten Prozentsatz der Gesamtschadenssumme in Deckung zu nehmen, eingeschränkt werden.

Der Versicherer kann die Zeichnungskapazität mittels Rückversicherer zusätzlich ausweiten. Der Rückversicherer nimmt dem Erstversicherer gegen entsprechende Prämienzahlungen die übermäßigen Belastungen ab, die ein bestimmtes Gesamtschadensausmaß übertreffen. Ein Risiko per se als unversicherbar einzustufen, nur weil es dem Kriterium der Größe nicht genügt, macht demnach wenig Sinn.

3.4.4.2.5 Kriterium Unabhängigkeit

Die letzte Forderung der Unabhängigkeit[127] bezieht sich auf positiv korrelierte Risiken, die ausgeschlossen werden sollen, um einen Zufallsprozess der versicherten Schadensereignisse im Versicherungsbestand zu gewährleisten. Negativ korrelierte Risiken sind wünschenswert und werden daher nicht weiter betrachtet.

Hinreichend stochastische Unabhängigkeit der einzelnen versicherten Risiken ist zentrale Voraussetzung für den Effekt des Risikoausgleichs im Kollektiv. Erleidet im Schadensfall ein großer Teil der Versicherten gleichzeitig einen Schaden, stellen die individuellen Schadensfälle keine unabhängigen Ereignisse mehr dar (Kumulierung von Schäden). Solche Anhäufungen von Schadensereignissen, Kumule genannt, gefährden die Zahlungsfähigkeit des Versicherers im Schadensfall, wenn auf einmal fällige hohe Schadenssummen die individuellen Kapazitätsgrenzen des Versicherers deutlich übersteigen.

Unabhängigkeit liegt nie polarisiert vor; weder existiert sie überhaupt nicht, noch kann sie vollständig gewahrt sein. Unabhängigkeit tritt immer in Ausmaßen auf. Dies verdeutlicht die Praxis, die viele abhängige Risiken versichert.[128] Bestimmte Grenzen der Abhängigkeit sollten jedoch nicht überschritten werden.

---

[125] Vgl. REJDA (1992), S. 26. Vgl. dazu auch die Ausführungen in FN 141.

[126] Vgl. MUGLER (1980), S. 77.

[127] Unabhängigkeit lässt sich wie folgt beschreiben: „Zwei Zufallsphänomene sind voneinander unabhängig, wenn das Ergebnis des ersten keine nützlichen Informationen über das zweite liefert, also die Wahrscheinlichkeitsverteilung des zweiten nicht von der ersten beeinflusst wird“ [SWISS RE (1999b), S. 38].

[128] Beispiele sind Versicherungen von Elementarereignissen wie die Hurrican-Versicherung in den USA, die Sturmschadenversicherung oder die Erdbebenversicherung [Vgl. ESZLER (1992), S. 41; HERBRICH (1992)].

3.4.4.2.6 *Eigenschaften von Internet-Risiken*

Unabhängig davon, ob eine Nachfrage nach internetspezifischen Versicherungen besteht, ist es notwendig, die Bedingungen der Entstehung eines Versicherungsangebots bezüglich der Risiken des Internets zu untersuchen. Anhand der entscheidungsorientierten Kriterien der Versicherbarkeit lassen sich Eigenschaften von Internet-Risiken in Bezug auf ihre theoretische Versicherbarkeit einschätzen. Dies wird im Folgenden beispielhaft für ausgewählte Internet-Risiken versucht.[129]

Schäden entstehen im Internet vorwiegend durch beabsichtigte Hackerangriffe Dritter oder durch technische Defekte. Zufälligkeit ist somit häufig nicht gegeben. Es kann außerdem nie völlig ausgeschlossen werden, dass ein Versicherungsnehmer versucht, Vorteile aus seiner Versicherung zu ziehen, indem er einen Schadensfall absichtlich verursacht, um die Versicherungsleistung zu erhalten. Um dem Versicherungsnehmer den Anreiz zu nehmen, Schadensfälle absichtlich herbeizuführen bzw. seine Sorgfalt bezüglich der Sicherheit zu vernachlässigen, verwenden Versicherer bestimmte Obliegenheiten und Versicherungsvertragskomponenten (z.B. die Selbstbeteiligung des Versicherungsnehmers oder die Deckungssummenbegrenzung), um die Versicherungsleistung im Schadensfall zu begrenzen.

Erhebliche Probleme können auftreten, wenn bei bestimmten Schäden, die durch die Nutzung des Internets möglich sind, das Vorliegen eines Schadensfalls nicht objektiv nachweisbar ist. Daneben kann die Festlegung der Schadenshöhe ebenfalls problematisch sein. Eindeutigkeit ist daher in einigen Fällen nicht gegeben. Ein Beispiel dafür ist die Verletzung der Vertraulichkeit, z.B. bei Industriespionage durch Hackerangriffe oder Trojaner, für die es i.d.R. nur dann eine Beweismöglichkeit gibt, wenn ein objektiv nachweisbarer Folgeschaden entsteht, der einen unmittelbaren kausalen Zusammenhang zur Vertraulichkeitsverletzung erkennen lässt.[130] Derartige Schäden, die sich infolge der Dominanz immaterieller Werte bei Business Assets zum einen nur sehr schlecht quantifizieren lassen, können zum anderen sehr wohl materielle Schäden nach sich ziehen. Ein mögliches zeitliches Auseinanderfallen der Vertraulichkeitsverletzung und des erlittenen Vermögensschadens verschärft außerdem das Problem der Beweisbarkeit.

Eine weitere Schwierigkeit bei Schäden, die einen immateriellen Charakter aufweisen, ergibt sich durch die unterschiedliche Wahrnehmungsintensität dieser Schäden durch verschiedene Individuen bzw. Unternehmen. Dies macht die Bestimmung einer objektiven Schadenshöhe nahezu unmöglich. Die ex ante-Festlegung einer bestimmten monetären Entschädigungsleistung ist hier zwar ein Lösungsansatz; für eine sinnvolle Versicherungslösung erfordert dies jedoch die Kenntnis der konkret möglichen Schadensereignisse und -höhen. Diese skizzierte Problematik verdeutlicht, warum durch verletzte Vertraulichkeit von Kommunikationsinhalten und durch Diebstahl von unternehmenskritischen Daten ausgelöste Schäden nur bedingt versicherbar sind.

---

[129] Vgl. dazu auch LESCH/RICHTER (2000a), S. 623-629.

[130] Vgl. BLIND (1996), S. 185.

Das Kriterium der Schätzbarkeit kann ebenso ein Problem darstellen. Bei Internet-Risiken liegt bisher keine oder nur eine ungenügende statistische Datenbasis vor. Einige Angriffsszenarien sind außerdem nicht oder nur teilweise bekannt.

Das Kriterium der Unabhängigkeit, das sich insbesondere auf positiv korrelierte Risiken bezieht, ist bezüglich bestimmter Internet-Risiken von erheblicher Brisanz. Virenangriffe bzw. Fehler oder Lücken in weit verbreiteter Software können bei vielen Anwendern, die diese Software nutzen, als Beispiele angeführt werden, die hochkorrelierte Einzelschäden verursachen (sog. Ansteckungsrisiken). Die möglicherweise enormen Schadensbelastungen betreffen auch das Kriterium der Größe. Aber auch DDoS-Angriffe, die zeitgleich viele Systeme treffen, können eine Kumulierung von Schäden nach sich ziehen.[131]

Des Weiteren lässt sich auch eine mangelnde Unabhängigkeit durch den spezifischen strukturellen Aufbau des Internets begründen. So können zufällige Störungen, die nicht aufgrund von Angriffen auftreten, gleichzeitig viele Versicherungsfälle auslösen. Wichtige Infrastruktur-Elemente wie externe Netzwerke von Providern, externe Netzknoten oder zentrale Internetrechner sind hier zu nennen. Der größte Teil des Datenverkehrs im Internet konzentriert sich auf nur wenige Verbindungen. Untersuchungen ergaben, dass der Ausfall von nur 10% der wichtigsten Netzwerkknoten die grenzenlose Kommunikation des Internets zusammenbrechen lässt.[132] Angriffe auf Netzwerkknoten, die eine entscheidende Rolle für die Sicherstellung der Konnektivität des gesamten Internets spielen, verdeutlichen die extreme Verletzlichkeit des gesamten Systems.[133]

Die folgende Tabelle 4 versuchte eine Einschätzung der theoretischen Versicherbarkeit ausgewählter Internet-Risiken vorzunehmen. Dabei ist zu erkennen, dass bei keiner Risikokategorie alle entscheidungsorientierten Kriterien der Versicherbarkeit vollständig erfüllt sind.

---

[131] Vgl. MEINEL (2001), S. 57ff.: Der Web-Wurm „Code Red" infiltrierte im Juli 2001 innerhalb weniger Stunden weltweit hundertausende Internet-Server und verlangsamte das Netz spürbar. Das Stopfen der Sicherheitslücken durch Patches sowie die Reparatur des angerichteten Schadens kostete mehrere Mrd. US-$. Forscher vermuten, dass Code Red ein Test für Computerprogramme gewesen ist, mit denen Staaten das Internet in Kriegszeiten lahm legen können (Information Warfare, vgl. FN 7).

[132] Vgl. O.V. (2001, Cybergeographie), BACHMANN (2001), S. 57. Ein weltweit sehr bedeutender Netzknoten ist bspw. das Rechenzentrum von *AboveNet* in San Jose, USA.

[133] Vgl. O.V. (2000, Fehlertoleranz); RÖTZLER (2000): Die topologische Schwäche des gegenwärtigen Internets, die auf der inhomogenen Konnektivitätsverteilung beruht, kann sich schwerwiegend auf das Überstehen von Angriffen auswirken. Hacker-Attacken auf die entsprechenden Router können immense Schäden anrichten.

Risiko	*Zufälligkeit*	*Eindeutigkeit*	*Schätzbarkeit*	*Größe*	*Unabhängigkeit*
Industriespionage durch Hacker-Angriff	o	-	-	o	++
Virenangriffe	+	o	+	-	- -
Umsatzausfall durch DDoS-Angriffe	+	++	+	+	o
Imageverlust durch DDoS-Angriff	+	-	- -	-	o
BU durch mutwilliges Löschen unternehmenskritischer Daten	-	+	+	o	++
Störung der IuKT-Infrastruktur durch Ausfall externer Netzknoten	+	o	+	- -	- -

Tabelle 4: Theoretische Versicherbarkeit ausgewählter Internet-Risiken[134]

3.4.4.3 Kriterien als Versicherbarkeitsdimensionen

3.4.4.3.1 Kriteriensystem

Der Ansatz von BERLINER,[135] der auf dem entscheidungsorientierten Ansatz aufbaut, versucht, die Frage nach Versicherbarkeit nicht mehr in einem theoretischen Kontext zu beantworten. Vielmehr bezieht sich dieser Ansatz auf die Versicherungspraxis und interpretiert ein spezifisches Kriteriensystem weniger zur Bestimmung von Versicherbarkeit, sondern mehr als Checkliste zur systematischen Einordnung eines Risikos.

Da diese Anforderungen den entscheidungsorientierten Kriterienkatalog erweitern, werden nachfolgend nur die ergänzenden Kriterien näher erläutert.

---

134 Die verwendete fünfstufige Abstufung reicht von „nicht gegeben“ (- -), „kaum gegeben“ (-) über „teilweise gegeben“ (o), „eher gegeben“ (+) zu „gegeben“ (+ +).

135 Vgl. BERLINER (1982); BERLINER (1988).

Folgende neun Versicherbarkeitskriterien, die quantifiziert[136] auch *Versicherbarkeitsdimensionen* genannt werden, führt BERLINER zur Einordnung eines Risikos bei der Versicherbarkeitsbeurteilung an:[137]

- **Zufallsgrad (des Schadenseintritts)**[138]
- **Größtmöglicher Schaden**[139]
- **Mittlere Schadenshöhe bei Schadenseintritt**
- **Mittleres Zeitintervall zwischen zwei Schadensereignissen**[140]
- **Versicherungsprämie**[141]
- **Manipulierbarkeit**
  Das Kriterium der Manipulierbarkeit interpretiert das Verhalten des Versicherungsnehmers als zusätzliches Risiko. Risiken sind grundsätzlich vor und nach Vertragsabschluss manipulierbar. Die Manipulation nach Vertragsabschluss ist allerdings deutlich problematischer.[142] BERLINER führt zur Verdeutlichung der Manipulierbarkeit einen Manipulierbarkeitsgrad ein. Dieser zielt auf das Verhalten des Versicherers ab und wird umso geringer, je mehr Versicherer das Risiko für versicherbar halten.
  Manipulierbarkeit kann zwar zur Unversicherbarkeit eines Risikos führen, ist aber kaum quantifizierbar und zu operationalisieren. Aus diesem Grund dient dieses Kriterium zwar der Schärfung des entsprechenden Problembewusstseins, hilft bei der Beurteilung von Versicherbarkeit allerdings kaum weiter.

---

136 Zur Quantifizierung der Versicherbarkeitskriterien siehe die Ausführungen in Abschnitt 3.4.4.3.2.3.

137 Vgl. BERLINER (1982), S. 13; BERLINER (1988), S. 953; BERLINER/BÜHLMANN (1986), S. 95.

138 Der Zufallsgrad erstreckt sich auf zwei Ausprägungen. Einerseits auf den *Voraussagbarkeitsgrad infolge versicherungsfremder Faktoren*, andererseits auf den *Abhängigkeitsgrad von anderen Zufallsereignissen*. Hierzu wird auf die Ausführungen zur Zufälligkeit sowie auf das Kriterium der Unabhängigkeit des entscheidungstheoretischen Ansatzes verwiesen.

139 Diese Anforderung wurde ebenso bereits als Kriterium der Größe im entscheidungsorientierten Ansatz angeführt und erläutert.

140 Die Kriterien der mittleren Schadenshöhe bei Schadenseintritt und des mittleren Zeitintervalls zwischen zwei Schadensereignissen können unter der Forderung der Schätzbarkeit des entscheidungstheoretischen Ansatzes subsummiert werden. Eine nähere Erläuterung beider Kriterien an dieser Stelle führt zu keinem weiteren Erkenntnisgewinn.

141 Vgl. dazu die Ausführungen in Abschnitt 3.4.4.2.3 zur Schätzbarkeit. Anzumerken ist, dass die Versicherungsprämie nicht nur von den Schadensgesetzmäßigkeiten determiniert wird, sondern Gegenstand einer bestimmten Prämienpolitik des Versicherers ist [vgl. z.B. FARNY (2000), S. 650ff.]. Die Versicherungsprämie setzt sich aus der reinen Risikoprämie, spezieller Risikozuschläge, Zuschläge für Vertriebs- und Verwaltungskosten sowie der Versicherungssteuer zusammen. Auch ist zu erwähnen, dass Versicherungsprämien i.d.R. Marktpreise widerspiegeln, die sich aus einem wechselseitigen Zusammenspiel von konkurrierenden Prämienforderungen der Versicherer auf der Angebotsseite und Prämiengebote der Versicherungsnehmer auf der Nachfrageseite ergeben. Die „richtige Versicherungsprämie" wird es folglich nie geben. Entsprechend ist das Kriterium „Versicherungsprämie" zur Beurteilung der Versicherbarkeit wenig dienlich.

142 Vgl. dazu die Forderung nach Unbeeinflussbarkeit des Kriteriums der Zufälligkeit im entscheidungstheoretischen Rahmen.

- **Versicherungswürdigkeit**
  Die Versicherungswürdigkeit dient als eine Art Auffangkriterium, das alle Risiken zu erfassen versucht, bei denen die anderen Anforderungen nicht greifen. Motiviert durch die Versicherungsethik werden hier versicherungsunwürdige Risiken subsummiert.[143]
  Die Beurteilung von Versicherungswürdigkeit ist stets subjektiv. Bei der Quantifizierung von Versicherungswürdigkeit treten die gleichen Schwierigkeiten wie bei der Manipulierbarkeit auf. Folglich ist die Forderung der Versicherungswürdigkeit eher als eine Richtlinie für die Geschäftspolitik eines Versicherers zu verstehen als der Versicherbarkeitsbeurteilung dienlich.
- **Gesetzliche Schranken**
  Deckungsverbote werden vom Gesetzgeber z.B. aus Gründen mangelnder Kapazität der Versicherungswirtschaft erlassen.[144] Solche gesetzlichen Schranken verfolgen das Ziel, den Versicherer vor dem Ruin zu bewahren. Dieses Kriterium ist rein objektiv und als einziges von keiner subjektiven Beurteilung abhängig.
- **Deckungsabgrenzungen**
  Deckungsabgrenzungen ermöglichen, bestimmte Risiken versicherbar zu machen. Deckungsabgrenzungen sind beispielsweise Versicherungsvertragskomponenten wie eine Deckungssummenbegrenzung, die Festlegung einer Selbstbeteiligung oder der Deckungsausschluss bei Vorsatz oder Fahrlässigkeit.
  Auch bestimmte vom Versicherungsnehmer zu erfüllende Obliegenheiten lassen sich hier einordnen. Gerade bei qualitativen Obliegenheiten (Klauseln, Bestimmungen etc.) wird die inhärente mangelnde Quantifizierbarkeit dieses Kriteriums deutlich.

Von den oben aufgeführten Versicherbarkeitskriterien fallen die ersten fünf im wesentlichen in den versicherungstechnisch-mathematischen Bereich, die Manipulierbarkeit in den Erfahrungsbereich, die Versicherungswürdigkeit in den geschäftsethisch-moralischen Bereich und die letzten beiden in den juristischen Bereich.[145]

3.4.4.3.2 Versicherbarkeitsbereich und graue Zone

Der Ansatz von BERLINER, der die Versicherbarkeitskriterien als Versicherbarkeitsdimensionen interpretiert, verdeutlicht die Nichtexistenz eines eindeutigen Versicherbarkeitsbereichs. Dieses Fehlen wird mit der Existenz einer sog. *grauen Zone*, die auch *objektive Übergangszone* genannt wird, begründet. Dieser Übergangsbereich besteht zwischen dem *objektiven Versicherbarkeits-* und *Unversicherbarkeitsbereich* und enthält alle Risiken, die von einigen Risikoträgern (hier: Versicherern) gedeckt werden, von anderen aber nicht.

Dieser nachfolgend genauer dargestellten prinzipiellen Überlegung folgt der Schluss, dass als Analysegrundlage für Versicherbarkeit von Risiken ausschließlich die Risikoeinstellung der

---

143 Vgl. BERLINER (1982), S. 108, der bspw. Bagatellschäden als versicherungsunwürdig auffasst, da diese einerseits eine relativ hohe Prämie infolge hoher administrativer Kosten implizieren und andererseits aufgrund dieser hohen Versicherungsprämie Anreize zur Manipulation geben. Entsprechend eines Bilanzschutzgedankens macht eine Versicherung von Bagatellschäden ebenso keinen Sinn.

144 Staatliche Versicherungsmonopole, die keine Konkurrenz privater Versicherungsangebote zulassen, haben den gleichen Effekt.

145 Vgl. BERLINER (1988), S. 953.

an dem spezifischen Risiko interessierten Risikoträger zu betrachten ist.[146] Der Ansatz bezieht sich somit ausschließlich auf die Versicherungspraxis.[147]

3.4.4.3.2.1 Subjektiver Versicherbarkeitsbereich

Der *subjektive Versicherbarkeitsbereich* umfasst alle Risiken, die ein bestimmter Versicherer in seinem spezifischen Risikoportefeuille bei seiner monetären Situation akzeptiert und in Deckung nimmt. Da ein Risiko entweder akzeptiert oder abgelehnt wird, gibt es einen subjektiven Trennungsbereich zwischen Versicherbarkeits- und Unversicherbarkeitsbereich. Risiken, die nicht in Deckung genommen werden, kennzeichnen somit den Ablehnungs- oder Unversicherbarkeitsbereich.

3.4.4.3.2.2 Objektiver Versicherbarkeitsbereich

Wenn alle subjektiven Versicherbarkeitsbereiche zusammengeführt werden, repräsentiert die Schnittmenge den *objektiven Versicherbarkeitsbereich*. Alle in diesem objektiven Versicherbarkeitsbereich liegende Risiken werden folglich von der Gesamtheit der Versicherer gedeckt.

Der objektive Unversicherbarkeitsbereich dagegen beinhaltet alle Risiken, die von keinem Versicherer getragen werden.[148]

3.4.4.3.2.3 Existenz der grauen Zone

Zwischen dem objektiven Versicherbarkeits- und Unversicherbarkeitsbereich befindet sich die *graue Zone*, die solche Risiken enthält, welche von einigen Risikoträgern gedeckt werden, von anderen aber nicht. Die vorne vorgestellten Versicherbarkeitskriterien dienen der Analyse der Bedingungen, die ein Risiko erfüllen muss, um in einen der Bereiche bzw. der grauen Zone eingeordnet zu werden. Dies trägt zu einer systematischen Ansicht über die Versicherbarkeit bei.[149]

Die systematische Abgrenzung von subjektivem und objektivem Versicherbarkeitsbereich ermöglicht die grafische Darstellung der grauen Zone. Dabei ist eine Quantifizierung der einzelnen Versicherbarkeitskriterien zu Versicherbarkeitsdimensionen erforderlich, die jedoch, wie in Abschnitt 3.4.4.3.1 ansatzweise gezeigt wurde, mit vielen Schwierigkeiten behaftet ist.

---

[146] Vgl. BERLINER (1983).

[147] Die Kritik bei diesem Vorgehen bezieht sich auf die mangelnde Innovationsfähigkeit diese Ansatzes. So reagiere die Versicherungswissenschaft hier lediglich auf die Entwicklungen der Praxis und beschreibe diese. Hinsichtlich Versicherbarkeit neuartiger Risiken leiste sie keinen Beitrag. Dazu lässt sich anmerken, dass dieser Ansatz auf dem entscheidungsorientierten Ansatz aufbaut und sich die Analyse dabei auf den subjektiven Versicherbarkeitsbereich konzentriert. Folglich befindet sich jeder Versicherer bezüglich der Deckung von Risiken in einer subjektiven Entscheidungssituation. Dies wird natürlich auch neuartige Risiken betreffen.

[148] Vgl. BERLINER (1982), S. 20; BERLINER (1988), S. 951.

[149] Vgl. BERLINER (1982), S. 11.

Die Probleme ergeben sich insbesondere aufgrund der starken Subjektivität in der Beurteilung von Risiken durch einzelne Versicherer aber auch durch gegenseitige Abhängigkeiten der einzelnen Kriterien.[150] Entsprechend der nur schwer möglichen Quantifizierung der Kriterien selbst, ist die Quantifizierung bestehender Abhängigkeiten kaum möglich. Dies ist dann letztlich der Grund dafür, in diesem Ansatz zwischen objektivem und subjektivem Versicherbarkeitsbereich zu trennen und die Beurteilung der Versicherbarkeit praxisorientiert anhand von subjektiven Entscheidungen einzelner Versicherer vorzunehmen.

3.4.4.3.2.4 Grafische Darstellung der grauen Zone

Die Versicherbarkeitskriterien müssen zur grafischen Darstellung der grauen Zone quantifiziert werden.[151] Dabei werden die einzelnen neun Kriterien auf insgesamt neun orthogonalen Achsen aufgetragen und als Versicherbarkeitsdimensionen interpretiert. Durch geeignete Achsenbezeichnungen kann eine Normierung erfolgen.

Die Darstellung des Versicherbarkeitsbereichs und der grauen Zone kann im 9-dimensionalen euklidischen Raum erfolgen, der sich aber grafisch nicht illustrieren lässt. Abbildung 16 zeigt daher einen 3-dimensionalen Raum, der drei der Kriterien auf den Achsen symbolisiert.[152]

---

[150] Vgl. BERLINER (1988), S. 953: Diese gegenseitigen Abhängigkeiten einzelner Kriterien erschweren eine allgemeine Versicherbarkeitsanalyse. Gegenseitige Abhängigkeiten sind der Grund, Kriterien nicht mehr ausschließlich als *erfüllt* oder *nicht erfüllt* anzusehen. Die Abhängigkeiten verdeutlichen die bestehende Möglichkeit, dass einzelne Kriterien *bedingt nicht erfüllt* sind. Ist ein Kriterium für einen Versicherer nicht erfüllt, bedeutet dies die subjektive Unversicherbarkeit dieses Risikos. Ein Kriterium ist dann bedingt nicht erfüllt, wenn es als Folge der Werte, die andere quantifizierte Kriterien annehmen, nicht erfüllt werden kann. Oder anders formuliert: Das Kriterium ist dann bedingt nicht erfüllt bzw. dann bedingt nicht versicherbar, wenn es durch quantitative bzw. qualitative Änderungen anderer Kriterien erfüllt werden kann. Zur grafischen Veranschaulichung der Abhängigkeit von Kriterien und der Auswirkungen dieser Abhängigkeiten vgl. BERLINER (1982), S. 31 sowie BERLINER (1982), S. 36.

[151] Vgl. zur Vorgehensweise bei der Quantifizierung BERLINER (1982), S. 23.

[152] Vgl. BERLINER (1982), S. 25.

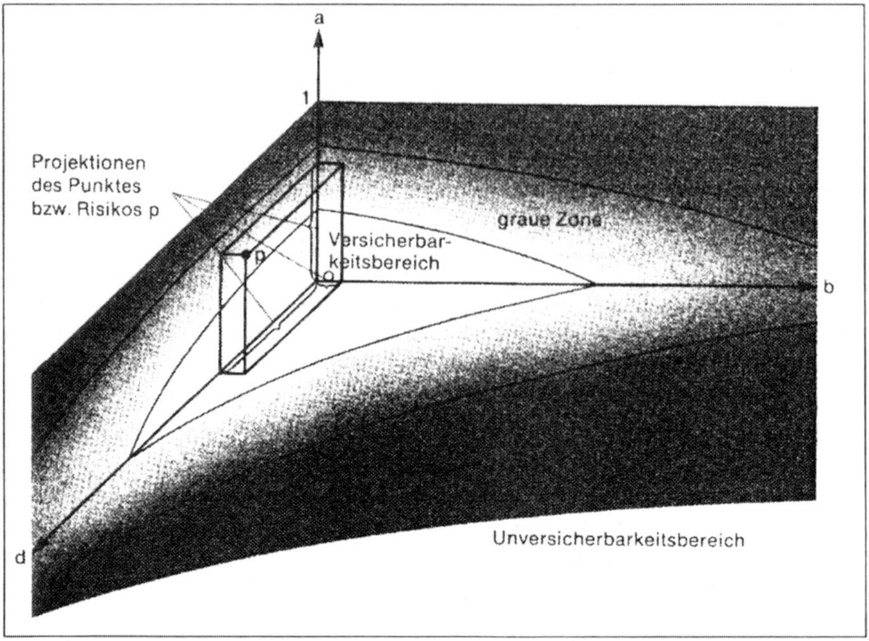

Abbildung 16: Versicherbarkeitsbereich und graue Zone[153]

Jedem Risiko kann in einer solchen Darstellung ein Punkt zugeordnet werden, der im objektiven Versicherbarkeits-, im objektiven Unversicherbarkeitsbereich oder in der grauen Zone liegt. Die Projektionen dieses Punktes auf die Versicherbarkeitsachsen entsprechen den *Risikokomponenten* des spezifischen Risikos.[154]

Ein Punkt, der in der Nähe des Ursprungs des Koordinatensystems angesiedelt ist, zeigt folglich ein Risiko, bei dem:

- Schadensereignisse mit hohem Zufallsgrad auftreten,
- der größtmögliche Schaden sehr begrenzt ist,
- die mittlere Schadenshöhe bei Schadenseintritt klein ist,
- das mittlere Zeitintervall zwischen zwei Schadensereignissen klein ist (Schadensereignisse treten häufig ein),
- die Versicherungsprämie hoch ist,
- die Möglichkeit einer Manipulierbarkeit kaum gegeben ist,
- Versicherungswürdigkeit besteht und
- das Gesetz Deckung gestattet.[155]

---

[153] Quelle: BERLINER (1982), S. 25.

[154] Vgl. BERLINER (1988), S. 956.

[155] Vgl. BERLINER (1982), S. 26.

Die Tönung in der grauen Zone (graduelle Verdunkelung) nach außen in Richtung Unversicherbarkeitsbereich gibt den Prozentsatz der Versicherer an, die die Risiken in diesem Bereich nicht decken würden.[156] Der kritische Bereich der Unversicherbarkeit wird so optisch erfasst.

Als Essenz konstatiert BERLINER: „Die geometrische Deutung veranschaulicht, was prinzipiell eine allgemeine Definition der Versicherbarkeit von Risiken verunmöglicht. Es ist die Existenz der grauen Zone."[157]

3.4.5 *Versicherungsnachfrage als Determinante*

Nach Überprüfung auf zumindest ansatzweise Erfüllung der Kriterien der Versicherbarkeit, die ein Versicherungsangebot implizieren, ist es wichtig zu wissen, ob auch eine Nachfrage nach entsprechenden Versicherungen besteht. Eine Untersuchung der Versicherungsnachfrage ist nicht Thema dieser Arbeit.[158] Dennoch sei folgendes am Rande zusammenfassend erwähnt.

Die einschlägige Versicherungsliteratur liefert bezüglich der Versicherungsnachfrage wichtige Erkenntnisse: Unter der Voraussetzung einer fairen Versicherungsprämie (die Prämie entspricht der Schadenswahrscheinlichkeit multipliziert mit der Kompensationszahlung), die bei theoretischen Untersuchungen unterstellt wird, wird sich ein rationales Wirtschaftssubjekt bei reinen Vermögensschäden immer voll absichern. Hinsichtlich Vermögensrisiken, die aus dem Verlust immaterieller Werte resultieren,[159] wird analog eine Vollversicherung nachgefragt. Lediglich Risiken mit einem immateriellen Charakter, die keine Vermögenseinbußen nach sich ziehen, werden nicht versichert.[160]

Generell hängt die Nachfrage nach Versicherungsschutz entscheidend davon ab, ob es gelingt, die zahlreichen erhältlichen Versicherungsangebote so zu gestalten, dass ein optimaler Versicherungsschutz für die individuellen Pläne der Unternehmen überhaupt zu realisieren ist.[161]

3.4.6 *Zusammenfassung und weiteres Vorgehen*

Generell betrachtet gibt es keine eindeutigen Grenzen der Versicherbarkeit bzw. sog. nichtversicherbare Risiken. Ein Grund dafür ist beispielsweise das Einbeziehen bestimmter Oblie-

---

[156] Vgl. BERLINER (1983) sowie BERLINER (1988), S. 951: Die Tönung ist umso heller, je größer dieser Prozentsatz ist, d.h. je mehr Versicherer dieses Risiko tragen würden.

[157] BERLINER (1982), S. 30.

[158] Vgl. zu einer Einführung in die Ansätze zur ökonomischen Analyse der Versicherungsnachfrage bspw. SCHULENBURG (1992).

[159] Der Verlust immaterieller Werte kann sich bei einzelnen Individuen in der Verletzung der Privatheit und Identität widerspiegeln (z.B. durch Missbrauch persönlicher Daten und mögliche Profilbildung). Ein entsprechendes Risiko besteht bei Unternehmen, die der Manipulation und dem Diebstahl spezifischer Unternehmensinformationen (z.B. Kundendaten, Forschungsdaten) oder Imageschäden ausgesetzt sind.

[160] Vgl. BLIND (1996a), S. 193f.; BLIND (1996b), S. 91.

[161] Vgl. MÄNNER (1984), S. 289.

genheiten wie notwendige technische Sicherungsmaßnahmen, die erfüllt werden müssen. Dies wird im Laufe dieser Arbeit deutlich werden. Weitere Gestaltungsinstrumente sind bestimmte Vertragskomponenten wie Selbstbeteiligungen, Deckungsabgrenzungen, Schadensfreiheitsrabatte oder Prämienrückerstattungen bei Schadensfreiheit,[162] durch deren Einsatz Risiken versicherbar gemacht werden können. Schwierigkeiten, die sich bei der Versicherbarkeit spezifischer Internet-Risiken ergeben, wurden in Abschnitt 3.4.4.2.6 exemplarisch anhand von Eigenschaften ausgewählter Internet-Risiken skizziert. Der an dieser Stelle verwendete entscheidungsorientierte Ansatz erlaubt allerdings nur eine theoretische Einschätzung der Versicherbarkeit.

Des Öfteren werden Risiken im Zusammenhang mit der Versicherbarkeitsdiskussion in *reine* und *spekulative* Risiken unterteilt.[163] Bei reinen Risiken (Wahrscheinlichkeitsverteilungen von Schäden) ist nur eine negative Abweichung vom erwarteten Ergebnis möglich. Tritt tatsächlich ein Schaden ein, liegt damit eine ungünstige Abweichung vor.[164] Im Gegensatz dazu können sich bei spekulativen Risiken zusätzlich zu den negativen auch positive Abweichungen ergeben.[165] Häufig wird behauptet, dass lediglich reine Risiken versicherbar seien, obwohl dies durch die Realität mittlerweile oft widerlegt wurde.[166] Unabhängig davon, ob reine oder spekulative Risiken ein Unternehmen bedrohen, muss entsprechend eines holistischen RM-Ansatzes der Schutz vor Risiken aller Art zentrale Aufgabe sein.[167] Allerdings lässt sich beobachten, dass nicht für jedes Risiko eine Versicherung angeboten wird.

Eine Erklärung dafür versucht der vorgestellte Ansatz von BERLINER zu liefern, der die Nichtexistenz eines eindeutigen Versicherbarkeitsbereich mit der Existenz einer grauen Zone begründet, die zwischen dem objektiven Versicherbarkeits- und Unversicherbarkeitsbereich liegt. Diese graue Zone umfasst die Risiken, die aufgrund unterschiedlicher Risikoaversionen nicht alle potenziellen Versicherer decken wollen, aber durchaus von einigen policiert werden. Die Existenz der grauen Zone macht somit eine allgemeine Definition der Versicherbarkeit von Risiken unmöglich.

[162] Vgl. dazu auch STRASSL (1988), S. 114ff.

[163] Vgl. FARNY (2000), S. 31. Ein Beispiel für ein reines Risiko ist das Brandrisiko eines Gebäudes (erwartet wird, dass sich kein Feuer ereignet); ein Beispiel für ein spekulatives Risiko sind Wechselkursschwankungen.

[164] Die Möglichkeit einer günstigen Abweichung vom Erwartungswert wird hingegen als *Chance* bezeichnet [vgl. FARNY (1989), Sp. 1751; STREITFERDT (1973), S. 10f.].

[165] Vgl. NIQUILLE (1987), S. 8.

[166] Vgl. FARNY (1978a), S. 21; FARNY (1978b); S. 324; KARTEN (1978), S. 311; HOFFMANN (1985), S. 11; EICKSTÄDT (2001), S. 46. Eine Unterscheidung in reine und spekulative Risiken macht demnach wenig Sinn und wird im Rahmen dieser Arbeit nicht vorgenommen.

[167] Vgl. MC MAHON (1998), S. 110; MÜLLER/RAPPARD (1999), S. 13.

Versicherbarkeit lässt sich folglich am besten mithilfe eines empirisch-realistischen Ansatzes beurteilen, der quasi die Realität der Versicherbarkeit abbildet. Ziel einer solchen Untersuchung sind Aussagen zur praxisorientierten Versicherbarkeit, die in Abschnitt 5.3.2 hinsichtlich der Sicherheitsrisiken gemacht werden.

4 Internet-Risiken und Mehrseitige Sicherheit

Den Chancen des Internets sowie des Electronic Commerce im Besonderen stehen Risiken gegenüber, die einerseits nur eine Projektion altbekannter Risiken (z.B. Betriebsunterbrechung, Umsatzeinbußen) darstellen, andererseits aber auch einen neuen internetspezifischen Charakter aufweisen bzw. im Internet aufgrund der Globalität eine deutliche Verschärfung erfahren können.[1] Unter dem plakativen Begriff „Internet-Risiken" lassen sich verschiedenartige Risiken subsummieren.

Ziel dieser Arbeit ist es nicht, die Vielfalt der möglichen Angriffe über das Internet darzustellen oder die unterschiedlichen Facetten der Computerkriminalität zu beleuchten. Ebenso wird keine Fallsammlung realisierter Angriffe und deren ökonomischer Auswirkungen erstellt.[2] Vielmehr ist das Ziel dieser Arbeit, internet-spezifische Risiken bezüglich ihrer Versicherbarkeit zu untersuchen. Daher ist es ausreichend, Risiken im Hinblick auf ihre Auswirkungen zu kategorisieren.

Anhand einer modellhaften Darstellungsform werden die vielfältigen Risiken des Internets auf unterschiedliche Risikoebenen abstrahiert (vgl. Abschnitt 4.1). Dabei bilden die aus technischer Sicht abgeleiteten Sicherheitsrisiken das Fundament für viele weitere Risiken. Diese Sicherheitsrisiken stellen sich als Bedrohung der Schutzziele der Mehrseitigen Sicherheit, die in 4.2.1 angeführt werden, dar. Ausgehend von in 4.2.3 vorgestellten Angriffsszenarien, die nach den Sicherheitsrisiken unterteilt werden, sind in 4.2.4 entsprechende ökonomische Auswirkungen exemplarisch angeführt.

Technisch erreichbare Sicherheit ist das Thema in Abschnitt 4.3. Die Unter-Abschnitte stellen die wichtigsten in der Praxis eingesetzten technischen Sicherungsmaßnahmen und -techniken für Unternehmen vor, mit denen Bedrohungen durch Internet-Risiken begegnet werden kann. Neben ergänzenden organisatorischen und physischen Sicherheitsmaßnahmen existieren in der wissenschaftlichen Diskussion weitere Mechanismen. Die technischen Sicherheitsmechanismen zur Realisierung der Schutzziele der Mehrseitigen Sicherheit werden in Tabelle 6 zusammenfassend dargestellt.

Abschnitt 4.3.3 verdeutlicht, dass absolute Sicherheit technisch nicht erreichbar ist. Ergänzende vertrauensbildende Mechanismen sind daher ein zusätzliches zur technischen Sicherheit komplementäres Erfordernis. Entsprechende vertrauensunterstützende Institutionen werden in 4.4.2 vorgestellt.

---

1 Konstitutive Merkmale für spezifische Internet-Risiken sind insbes. die potenziellen Schadensdimensionen. Sind Schäden i.d.R. *lokal begrenzt*, können sie im Internet *global* auftreten. Die möglichen *Schadenshöhen*, die bei herkömmlichen Risiken *begrenzt* sind, können bei Internet-Risiken *Richtung unendlich* erwachsen (z.B. durch sich weltweit in Kürze verbreitende Computerviren). Sind herkömmliche Schäden *einzeln identifizierbar*, können bei Internet-Risiken sehr häufig Ansteckungs- und Rückwirkungsschäden auftreten, die eine *Kumulproblematik* nach sich zieht.

2 Publikationen, die sich mit Computerkriminalität generell auseinandersetzen und realisierte Angriffe und Sicherheitsverletzungen sammeln sind bspw. BARRETT (1996); GÜNTER (1998); GIESEKE (2001); HARTMANN (2001); POWER (2001).

4.1 Risikoebenen zur Klassifikation von Internet-Risiken

Eine modellhafte Darstellungsform und Einteilung ist die in Abbildung 17 vorgenommene Abstraktion auf unterschiedliche Risikoebenen. Sie soll eine Klassifikation ermöglichen, in der unterschiedliche Dimensionen aufgezeigt werden.[3] Dabei werden vier Risikoebenen unterschieden: die sich aus technischer Sicht ableitende technische Risikoebene, die individuelle Risikoebene, die ökonomische Risikoebene, die sich auf ökonomische Auswirkungen insbesondere auf Unternehmen aber auch auf die gesamte Volkswirtschaft bezieht, sowie die gesellschaftliche Risikoebene.

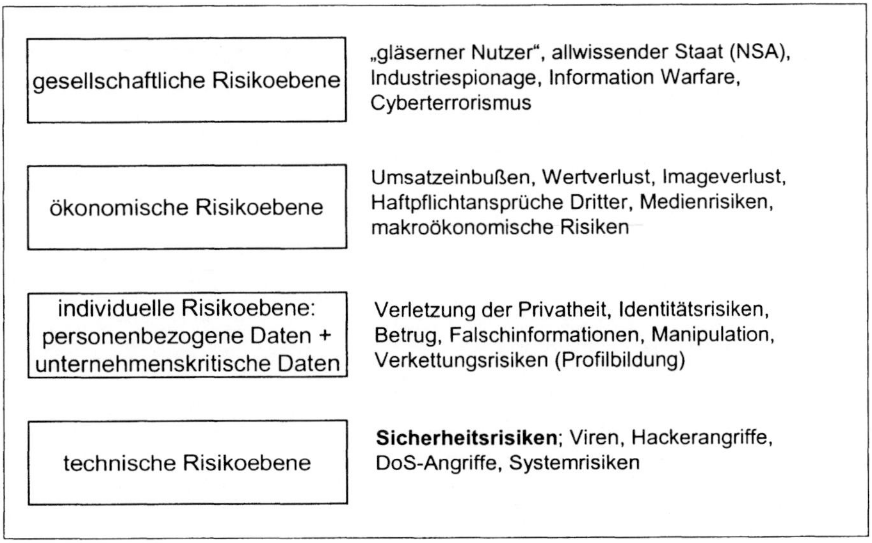

Abbildung 17: Modell der Risikoebenen[4]

4.1.1 Technische Risikoebene

Die technische Risikoebene zeigt Risiken aus einer technischen Perspektive auf. Auf dieser Ebene untersuchen Angreifermodelle die Wirksamkeit spezieller Schutzmechanismen unter Berücksichtigung der Stärken und Fähigkeiten, die einem potenziellen Angreifer unterstellt werden.[5] Hier sind die Sicherheitsrisiken, die in Abschnitt 4.2.2 erläutert werden, zu nennen.

---

3 Andere Klassifizierungen von Internet-Risiken finden sich z.B. in QUACK-GROBECKER (1998); QUACK-GROBECKER/FUNKE (1999); LESCH/RICHTER (2000a); LESCH/RICHTER (2000b).

4 Vgl. GRZEBIELA (2001); GRZEBIELA (2002).

5 Vgl. PFITZMANN (1990).

Ebenso lassen sich Hacker-, Viren-, oder DoS- bzw. DDoS-Angriffe aber auch fundamentale Systemrisiken auf dieser Ebene einordnen.

4.1.2 Individuelle Risikoebene

Die individuelle Risikoebene stellt insbesondere die Risiken der potenziellen Verletzung der Privatheit und des Diebstahls der Identität in den Vordergrund. Hier lassen sich zwei Dimensionen erkennen: zum einen ist der einzelne Nutzer z.B. durch Missbrauch seiner persönlichen Daten und mögliche Profilbildung in seiner Privatheit bedroht. Privatheit wird hier als die Gesamtheit der Eigentumsrechte an den eigenen, personenbezogenen Daten und deren selbstbestimmten Verfügung aufgefasst.[6]

Zum anderen existiert ein ähnliches Risiko auch bei Unternehmen, die einer Manipulation oder einem Diebstahl von spezifischen Unternehmensinformationen, deren Business Assets (z.B. Kundendaten, F+E-Daten), ausgesetzt sind. Derartige Daten sind oftmals kritische Erfolgsfaktoren der Unternehmung, die deren Überleben bestimmen. Die Privatheit, die in diesem Kontext die proprietären Rechte der Unternehmung an ihren spezifischen Informationen darstellt, zu erhalten, ist folglich ein Ziel, das für Unternehmen und Organisationen von höchstem Stellenwert ist.

4.1.3 Ökonomische Risikoebene

Die ökonomische Risikoebene benennt die wirtschaftlichen Auswirkungen, die sich beispielsweise unmittelbar in Umsatzeinbußen oder mittelbar in Imageverlust widerspiegeln. Hier sind zum einen die genannten mikroökonomischen Risiken zu nennen, zum anderen auch die makroökonomischen Risiken, die sich auf die gesamte Volkswirtschaft beziehen.

4.1.4 Gesellschaftliche Risikoebene

Die gesellschaftliche Risikoebene verdeutlicht die gesellschaftliche Dimension, die durch moderne IuKT und insbesondere durch das Internet besteht. Cyberterrorismus, Information Warfare[7] und der „gläserne Nutzer" sind Stichworte, welche die Gefahren umreißen. Aber auch ein „allwissender Staat", eine international agierende National Security Agency (NSA)[8] sowie Industriespionage sind Gefahren, die gesellschaftliche Auswirkungen haben.

---

6 Vgl. EGGS (2001).

7 Information Warfare bezeichnet die elektronische Kriegsführung im Informationszeitalter. Diese hat in jüngster Zeit zunehmend Beachtung gewonnen. Geheimdienste sehen Information Warfare als sehr ernstzunehmende Bedrohung, die nicht nur eine Vision der Zukunft widerspiegelt, sondern schon angewendet wird. Eine gute Übersicht zu der Thematik mit Beispielen und Bedrohungsszenarien liefert DENNING (1999) sowie der Online-Themenschwerpunkt der Zeitschrift *Telepolis* unter http://www.heise.de/tp/deutsch/special/info/default.html, Abruf am 12.4.2002. Insbes. die USA entwickeln offensive Strategien zur elektronischen Kriegsführung. Ziel ist es, die gegnerischen Infrastrukturen zu manipulieren und funktionsunfähig zu machen [vgl. KREMPL (2001)].

8 http://www.nsa.gov/, Abruf am 12.3.2002.

4.1.5 Betrachtete Risikoebene in dieser Arbeit

Die beschriebenen Risikoebenen lassen sich nicht eindeutig voneinander abgrenzen. So gibt es Rückkoppelungen und Interdependenzen zwischen den einzelnen Ebenen. Der Abgrenzung dient vornehmlich das Kriterium der Auswirkung. Betrachtet werden hierbei beispielsweise die ökonomischen Auswirkungen des Verlustes spezifischer Daten oder gezielter Hackerangriffe.

Entsprechend dem Focus dieser Arbeit, Internet-Risiken für Unternehmen aufzuzeigen und deren Handhabung entsprechend eines holistischen RM-Gedankens zu skizzieren, wird im Weiteren vornehmlich die ökonomische Risikoebene betrachtet. Wie in Abschnitt 4.2.2 verdeutlicht wird, bilden dabei die Sicherheitsrisiken der technischen Risikoebene das Fundament weiterer Betrachtungen. Makroökonomische Risiken, die die gesamte Volkswirtschaft betreffen, bleiben in der Untersuchung außen vor.[9]

4.2 Mehrseitige Sicherheit im Electronic Commerce

Für die Untersuchung spezifischer Internet-Risiken bietet sich das Konzept der *Mehrseitigen Sicherheit* an.[10] In einem offenen Kommunikationssystem wie dem Internet kann nicht davon ausgegangen werden, dass sich alle Parteien (Kommunikationspartner, Diensteanbieter, Netzbetreiber, Systemproduzenten, Erbringer von Wartungsarbeiten etc.) gegenseitig kennen oder gar vollständig vertrauen.[11] So bedarf es bei der Analyse der Sicherheit neben der Betrachtung externer Angreifer auch der Einbeziehung aller anderen beteiligten Parteien als potenzielle Angreifer.[12]

Mehrseitige Sicherheit ermöglicht die Berücksichtigung der Sicherheitsanforderungen aller beteiligten Parteien.[13] So soll möglichst jeder gegen jeden geschützt sein.[14] Dies wird insbesondere bei einer Absicherung von Transaktionen über das Internet deutlich. Hier gilt es sowohl die Interessen des Anbieters als auch des Nachfragers zu wahren. Mehrseitige Sicherheit eignet sich als Referenz für die Untersuchungen dieser Arbeit insbesondere dadurch, da sie von der Prämisse ausgeht, dass alle beteiligten Parteien eigene Ziele verfolgen, allerdings nicht davon ausgegangen werden kann, dass jeder seine Ziele vollständig durchsetzen kann.

---

9 Ebenso werden in dieser Arbeit keine rechtlichen Aspekte des Internets betrachtet. Zu diesem weiten Feld vgl. bspw. HOEREN (2002).

10 Vgl. MÜLLER/PFITZMANN (1997); MÜLLER/STAPF (1998); MÜLLER/RANNENBERG (1999a).

11 Vgl. MÜLLER/KOHL/SCHODER (1997), S. 305.

12 Vgl. RANNENBERG/PFITZMANN/MÜLLER (1996); RANNENBER/PFITZMANN/MÜLLER (1997).

13 Die Beachtung des Prinzips der Mehrseitigkeit ermöglicht einen eigenverantwortlichen Umgang mit Risiken. Damit wird z.B. die Voraussetzung für Vertrauen in Kommunikationstechnik und -dienste geschaffen [Vgl. dazu MÜLLER (1997)].

14 Traditionelle, *einseitige* Sicherheitsansätze sehen Netzbetreiber und miteinander kommunizierende Parteien als Einheit, die vor Außenstehenden zu schützen ist. Sicherheit ist eine reaktive Technologie, die dem technologischen Fortschritt folgt. Drei Technikparadigmen lassen sich nach EGGS/MÜLLER (2001), S. 28-30 erkennen, die jeweils unterschiedliche Sicherheiten erfordern. Traditionelle, einseitige Sicherheitsansätze lassen sich dem *Mittelalter-Paradigma der Vergangenheit* (zeitlich gesehen: erstes Paradigma) zuordnen.

4.2.1 Schutzziele der Mehrseitigen Sicherheit

Die *Schutzziele* ergeben sich entsprechend der Anforderung auf Einbezug der Sicherheitsanforderungen aller beteiligten Parteien. Die Gliederung der Schutzziele des Konzepts der Mehrseitigen Sicherheit knüpft an die Einteilung der Schutzziele der Kommunikationstechnik an, die seit den 80er Jahren in Vertraulichkeit, Integrität und Verfügbarkeit unterteilt werden.[15] Diese Dreiteilung wurde im Laufe der Zeit überarbeitet und von MÜLLER, PFITZMANN und RANNENBERG um das Schutzziel der Zurechenbarkeit erweitert.[16] Nachfolgend werden die Schutzziele vierfach gegliedert dargestellt.[17]

4.2.1.1 Vertraulichkeit (Confidentiality)

Unternehmensspezifische Daten oder persönliche Daten einzelner Nutzer dürfen Unbefugten nicht zur Kenntnis kommen:

- Nachrichteninhalte sollen vor allen Instanzen außer dem Kommunikationspartner vertraulich bleiben (c1),
- Kommunikationspartner sollen voreinander anonym bleiben können und Unbeteiligte sollen nicht in der Lage sein, sie zu beobachten (c2),
- Weder potenzielle Kommunikationspartner noch Unbeteiligte sollen ohne das Einverständnis der Kommunikationsbeteiligten deren Standort erfahren können (c3).

4.2.1.2 Integrität (Integrity)

Nachrichten dürfen von Unbefugten nicht unbemerkt veränderbar sein:

- Fälschungen des Nachrichteninhalts sowie Fälschungen des Absenders sollen erkannt werden (i1).

4.2.1.3 Zurechenbarkeit (Accountability)

Zurechenbarkeit von Handlungen oder Kommunikationsvorgängen ist unabdingbar für eine – zur Vermeidung von Externalitäten – notwendigen Internalisierung von Handlungsfolgen. Verantwortlichkeiten und Haftung, effektive Anreizschemata, Definitionen von Eigentumsrechten und deren Transaktionen sind sonst nicht zu etablieren.[18]

- Gegenüber einem Dritten soll der Empfänger nachweisen können, dass ein bestimmter Kommunikationspartner eine Nachricht gesendet hat (a1),

---

15 Vgl. z.B. VOYDOCK/KENT (1983).

16 Vgl. PFITZMANN (1993); RANNENBERG/PFITZMANN/MÜLLER (1996); RANNENBERG/PFITZMANN/MÜLLER (1997). Eine ausführliche Diskussion verschiedener Schutzzielgliederungen findet sich bei RANNENBERG (1998).

17 Vgl. RANNENBER/PFITZMANN/MÜLLER (1997), S. 26 sowie GOLD (1999), S. 71f. Vgl. ebenso REICHENBACH (2001a), S. 43-65, der die einzelnen Schutzziele in großer Detailtiefe beispielhaft für elektronische Zahlungssysteme behandelt. Zu diversen Wechselwirkungen zwischen den Schutzzielen vgl. WOLF (2000), S. 30-37 sowie JENDRICKE/GERD TOM MARKOTTEN (2000).

18 Vgl. EGGS (2001), S. 55f.

- Der Absender der Nachricht soll das Absenden, möglichst sogar den Empfang, mit korrektem Inhalt beweisen können (a2),
- Niemand kann dem Netzbetreiber bzw. dem Online-Dienstleister Entgelte für erbrachte Dienstleistungen vorenthalten – sie erhalten zumindest bei Leistungsinanspruchnahme entsprechende Beweismittel. Umgekehrt können nur für korrekt erbrachte Leistungen Entgelte gefordert werden (a3).

4.2.1.4 Verfügbarkeit (Availability)

Eine eingeschränkte Verfügbarkeit kann negative materielle oder immaterielle Auswirkungen haben:

- Das Kommunikationsnetz ermöglicht Kommunikation zwischen allen Partnern, die dies wünschen und denen dies nicht verboten ist (v1).

4.2.2 Mehrseitige Sicherheit als Referenz

Die aus technischer Sicht abgeleiteten Sicherheitsrisiken, die gemäß den Risikoebenen in Abbildung 17 das Fundament für weitere individuelle, ökonomische oder gesellschaftliche Risiken bilden, ergeben sich entsprechend obiger Anforderungen als Bedrohungen der Schutzziele der Mehrseitigen Sicherheit.[19]

Bezogen auf den Untersuchungsgegenstand dieser Arbeit lassen sich folgende Sicherheitsrisiken entsprechend konkretisieren. Sie werden in Abbildung 18 noch einmal zusammenfassend dargestellt:

- **Verlust der Vertraulichkeit (Risiko des unbefugten Informationsgewinns):** Informationen über die Identität und die Präferenzen einzelner Nutzer, vertrauliche Unternehmensdaten (z.B. Informationen aus Forschung und Entwicklung, kritische Geschäftsdaten wie Kundendateien etc.) oder Kommunikationsdaten müssen vor unbefugter Einsicht bzw. Diebstahl sicher sein. Angriffe auf die Vertraulichkeit haben folglich zum Ziel, Informationen zu erhalten, ohne diese zu verändern (passive Angriffe).
- **Verlust der Integrität (Risiko der unbefugten Modifikation oder des Löschens von Informationen und Daten):** Fälschungen von Daten oder Nachrichteninhalten wie z.B. Unternehmensangebote oder Bestellungen, sollen erkannt werden.
- **Verlust der Zurechenbarkeit (Risiko der unzulässigen Unverbindlichkeit):** Die Möglichkeit der Nachweisbarkeit, dass ein Absender eine Nachricht gesendet hat, soll für den Empfänger gegenüber einem Dritten bestehen. Vorgänge, die nicht eindeutig einem Initiator zurechenbar sind, können zu betrügerischem Handeln und zu nicht nachweisbaren Schadensersatzansprüchen, z.B. aufgrund der Verbreitung von Falschinformationen, führen.

---

19 Vgl. RANNENBERG (1998); RANNENBERG (2000), S. 195.

- **Verlust der Verfügbarkeit (Risiko der unbefugten Beeinträchtigung der Funktionalität):**
  Der Verlust der Verfügbarkeit des Online-Auftritts eines Unternehmens im Internet, der allen nutzungsberechtigten Partnern jederzeit eine Kommunikation bzw. einen Informationszugriff ermöglichen soll, wirkt geschäftsschädigend.

... eine eher technische Sicht:

Sicherheitsrisiken: Bedrohung der Schutzziele der Mehrseitigen Sicherheit

- ***Verlust der Vertraulichkeit***
  Risiko des unbefugten Informationsgewinns
- ***Verlust der Integrität***
  Risiko der unbefugten Modifikation von Informationen und Daten
- ***Verlust der Zurechenbarkeit***
  Risiko der unzulässigen Unverbindlichkeit
- ***Verlust der Verfügbarkeit***
  Risiko der unbefugten Beeinträchtigung der Funktionalität

Abbildung 18: Sicherheitsrisiken

4.2.3 Angriffsszenarien

Die nachfolgend vorgestellten Angriffsszenarien sind nur eine Auswahl von vielen. Auf eine umfassende Vorstellung und Sammlung von Hacker-Attacken und ökonomischen Auswirkungen wird hier bewusst verzichtet.[20] Die genannten Angriffsszenarien werden nach den oben erläuterten Sicherheitsrisiken unterteilt angeführt. Diese Unterteilung kann nicht trennscharf erfolgen, da einige Angriffe mehrere Schutzziele gleichzeitig betreffen können. Vorwiegend werden Angriffe, die sich auf die Datenübertragung über das Internet beziehen, vorgestellt.

4.2.3.1 Angriffe auf die Vertraulichkeit

Angriffe auf die Vertraulichkeit verfolgen das Ziel, Informationen unbefugt zu erhalten, ohne diese zu verändern. Bei diesen Angriffen werden Daten nicht manipuliert, sondern lediglich abgehört (passive Angriffe).

---

[20] Zu einer Vorstellung verschiedener Hacker-Angriffe mit Verweisen auf konkrete Fälle vgl. bspw. GIESEKE (2001), S. 15-65.

In diese Angriffskategorie lässt sich neben gezielten *Hacking-Attacken* spezielle Software, die sog. *Packet-Sniffer*, einordnen, die bei der Datenübertragung unverschlüsselte Nachrichteninhalte abhören können.[21] Packet-Sniffer (z.B. „SNOOP" oder „SpyNet") werden insbesondere zum Abhören von Login-Ids, Passwörtern oder Kreditkartendaten eingesetzt. Neben der Ermittlung von Zugangsdaten lassen sich auf diese Weise viele vertrauliche Informationen ausspionieren. *Lauschangriffe* konzentrieren sich nicht nur auf Nachrichteninhalte, sondern auch auf die Struktur der Kommunikationsströme, um Kommunikationsbeziehungen zwischen einzelnen Akteuren zu identifizieren.[22] Neben dem Abhören der Teilnehmer-Identitäten (Absender und Adressat) werden Verkehrsdaten gespeichert und ausgewertet (Verkehrsflussanalyse). Auf diese Art ist es einem Angreifer sogar bei verschlüsselten Daten möglich, gewisse Informationen zu erhalten.

Trojanische Pferde (z.B. „Back Orifice", „Sub7" oder „NetBus 1.7")[23] stellen eine Gefahrenquelle dar. Das Ausspähen von Informationen wird oft durch die Installation solcher Trojaner bei dem ahnungslosen Angriffsziel vorbereitet. Da sich Trojaner nicht replizieren, gehören sie nicht direkt zur Gruppe der Viren. Es handelt sich dabei um Programme, die eine für den Anwender nützliche Funktion enthalten und vorgeben, diese Aktivität durchzuführen (Täuschung des Angegriffenen). Gleichzeitig startet das Programm aber im Hintergrund noch weitere Funktionen und führt diese aus. Davon bemerkt der Angegriffene i.d.R. nichts.

Trojaner bieten für einen Angreifer aus der Ferne nahezu unbegrenzte Möglichkeiten. So ist z.B. die systematische Suche nach unternehmenskritischen Daten, das Auslesen von Passwörtern und Systeminformationen oder eine Überwachung der Tastatureingabe des Angegriffenen möglich.

Administratoren von Web-Seiten können bestimmte Informationen der Web-Seiten-Besucher festhalten (z.B. IP-Adresse des Besucher-Rechners, Browsertyp, Session-Identifikation, aufgerufene Seiten mit Zeitangabe). Mithilfe dieser Daten lassen sich Nutzerprofile erstellen.[24] Die sog. *Cookies*[25] ermöglichen über mehrere Besuche einzelner Web-Seiten zusätzlich eine zeitliche Aggregation dieser Profile.

Mittels *DNS-Spoofing* attackieren Hacker ganze Web-Seiten und leiten den Verkehr von der eigentlichen Domain auf einen anderen Server um. Auf diese Weise können über vorgetäuschte Onlineshop-Systeme Kreditkartendaten für einen späteren Missbrauch eingesammelt werden.

---

21 Vgl. z.B. DENNING (1999), S. 184f.; SCHULTZ/LONGSTAFF (1998).

22 Vgl. DENNING (1998), S. 32f.

23 Trojanische Pferde werden häufig auch als „Trojaner" bezeichnet. Derartige Programme sind im Internet frei erhältlich. Verfügbar sind auch „Bastelkits", um sich seinen eigenen Wunsch-Trojaner zu bauen. Ebenso existieren käufliche CDs mit Hacker-Tools und entsprechenden Anleitungen [vgl. z.B. VÖLL (2000) oder „Steganos Hacker Tool-CD" des Sicherheits-Software Anbieters *Steganos*, http://www.steganos.de/, Abruf am 8.5.2002]. Eine ausführliche Beschreibung zu Aufbau, Funktion und Infizierung durch Trojaner gibt ADAM (2000), S. 38-134.

24 Vgl. z.B. DENNING (1999), S. 85.

25 Cookies sind kleine Datenpakete, die ein Server auf einem Client speichert. Diese werden z.B. von einem Online-Shop eingesetzt, um den Warenkorb eines Kunden zu speichern. Des Weiteren können sie dazu dienen, Benutzer bei einem erneuten Besuch zu identifizieren.

4.2.3.2 *Angriffe auf die Integrität*

Angriffe auf die Integrität haben zum Ziel, Nachrichteninhalte oder Daten zu modifizieren oder zu löschen (aktive Angriffe). Solche Angriffe sind bei der Datenübertragung durch *Man in the middle-Attacken* zu führen, bei denen ein Angreifer zwei Kommunikationspartnern jeweils den anderen Partner vortäuscht.[26]

IP-Spoofing[27] ist eine Bedrohung für jede Web-Seite. Dabei wird eine fremde IP-Adresse vorgetäuscht, um sich unberechtigten Zugang per Remote-Access-Service zu einem Unternehmensnetz zu verschaffen. Zur Durchführung des Angriffs wird der Host, für den sich der Angreifer ausgeben will, ausgeschaltet (z.B. per DoS-Attacke). Anschließend wird die IP-Adresse übernommen oder vorgetäuscht und mit dieser Adresse eine Verbindung zum eigentlichen Angriffsziel aufgebaut. Das Ziel antwortet dann mit einer Reihe von Sequenznummern. Dieser Datenverkehr wird vom Angreifer genau protokolliert, bevor er die Verbindung wieder trennt. Die anschließende Analyse der Sequenznummern ermöglicht es dem Angreifer in den meisten Fällen, den Algorithmus, der zur Authentifikation verwendet wird, zu erkennen.[28] Darauf aufbauend kann der Einbruch in das Unternehmensnetz erfolgen. Derartige Angriffe können de facto alle Sicherheitsmaßnahmen umgehen, solange diese keine sichere Authentifikation der Kommunikationspartner bieten.[29]

Mittels *DNS-Spoofing* oder durch Veränderung von Routing-Tabellen in Verbindung mit IP-Spoofing können Zugriffe auf einen bestimmten Server (z.B. den einer Bank) auf den angreifenden Server umgeleitet werden. Nun führt der angreifende Server die spezifische Anfrage beim Bank-Server durch, wobei er die angeforderten Kundendaten verwendet. Die von der Bank erhaltenen Daten leitet der Angreifer an den Kunden weiter, diese können dann nach Belieben modifiziert werden.[30]

4.2.3.3 *Angriffe auf die Zurechenbarkeit*

Angriffe auf die Zurechenbarkeit werden durch sog. *Maskerade-Angriffe* getätigt, bei der falsche Identitäten vorgetäuscht werden.[31] So lassen sich beispielsweise falsche E-Mail-Absender vortäuschen.[32] Auch können mittels Maskerade-Angriffe Web-Seiten „gekidnappt" werden, um wie in Abschnitt 4.2.3.2 beschrieben, die Zugriffe auf den eigenen Rechner umzuleiten.

---

[26] Es handelt sich hierbei um eine Fortführung des IP-Spoofings. Mit Spoofing wird eine Angriffstechnik bezeichnet, die eingesetzt wird, um adressenbasierte Authentifikation zu unterwandern und auf diese Weise unberechtigten Zugriff auf ein bestimmtes Netzwerk zu erlangen [vgl. UTECH (2000), S. 29].

[27] Vgl. DENNING (1998), S. 35.

[28] Vgl. UTECH (2000), S. 30: Wenn dies nicht zum Erfolg führt, reicht i.d.R. eine einfache Auswertung der Zahlenwerte, um die Sequenznummer zu erraten, die zur erfolgreichen Authentifikation nötig ist.

[29] Aufgrund des kaum verbreiteten Einsatzes von digitalen Signaturen bzw. von Public-Key-Infrastrukturen lassen sich diese Angriffsmethoden selten vermeiden.

[30] Denkbar ist z.B. eine „Erweiterung" einer Sammelüberweisung zugunsten des Angreifers.

[31] Vgl. bspw. DAMKER/FEDERRATH/SCHNEIDER (1996).

[32] Beispiele hierzu finden sich in DENNING (1999), S. 248-251.

In diesem Kontext ist auch hier die Gefahr des IP-Spoofings zu nennen, bei dem ein Angreifer Pakete mit falscher IP-Adresse generiert und sich so als anderer Rechner ausgibt. IP-Spoofing wird vor allem dort eingesetzt, wo die IP-Adresse Grundlage der Authentifikation ist.

4.2.3.4 Angriffe auf die Verfügbarkeit

Angriffe auf die Verfügbarkeit verfolgen nicht das Ziel, wertvolle Informationen zu erhalten. Das Ziel ist hier vielmehr die mutwillige Absicht, die Systembereitschaften des Angegriffenen negativ zu beeinflussen.

Die Verfügbarkeit von Servern und Diensten im Internet wird durch DoS- oder *DDoS-Angriffe* gestört.[33] Eher einfache DoS-Angriffe (z.B. Smurf,[34] SYN-Flooding, Ping of Death, Ping Flooding)[35] können über das Internet ausgeführt werden, ohne dabei in geschützte Systeme eindringen zu müssen.[36]

Entsprechend verteilte Attacken, sog. DDoS-Angriffe,[37] greifen gleichzeitig von unterschiedlichen Quellen aus.[38] Gemeinsam werden solange Datenpakete an einen Ziel-Server gesendet, bis dieser völlig überlastet seine Systembereitschaft aufgibt. Durch ein solches Netzwerk von angreifenden Rechnern (Flood-Netzwerk)[39] ist es möglich, auch große Server mit sehr hohen Kapazitätsreserven erfolgreich zu attackieren,[40] da der angegriffene Server nicht zwischen realen Anfragen und den durch das Flood-Netzwerk generierten Anfragen unterscheiden kann.

4.2.4 Ökonomische Auswirkungen von Angriffen

Angriffen über das Internet können vielfältige ökonomische Auswirkungen haben. Zusätzlich besteht bei IT-Systemen eine Gefährdung durch Bedienungsfehler oder Softwarefehler. Tabelle 5 ordnet beispielhaft einigen Angriffskategorien mögliche ökonomische Auswirkun-

---

33 Vgl. z.B. NEUMANN (2000); CERT/CC (2001).

34 Vgl. CERT/CC (1998).

35 Einen kurzen Überblick zu verschiedenen DoS-Angriffen geben bspw. UTECH (2000), S. 23-28 sowie VÖLL (2000), S. 90ff.

36 Die Systemfunktionalität kann beeinträchtigt werden, wenn der Umfang von eingefügten oder unterdrückten Daten zu groß wird oder zeitkritische Daten zu lange verzögert werden. Die Attacke des *Mail Bombing* bspw. überlastet den Mail-Server mit häufig wiederholt versandten, übergroßen E-Mails.

37 Viele weitergehende Informationen und Links zu DDoS-Angriffen finden sich unter http://staff.washington.edu/dittrich/misc/ddos/, Abruf am 2.5.2002.

38 Eine ausfürliche Darstellung von DDoS-Angriffen und Verhaltensempfehlungen für Systemadministratoren finden sich in CERT/CC (1999).

39 Vgl. DITTRICH (1999).

40 Bei derartigen DDoS-Angriffen finden Programme (z.B. „Stacheldraht", „Trinoo", „Tribe Flood Network" [vgl. z.B. VÖLL (2000), S. 95-100] Verwendung, die beide Vorgehensweisen kombinieren. Nach unbemerkter Installation von Angriffssoftware auf verschiedenen, unwissenden Servern (sog. Zombies), werden von dort aus verteilte Attacken gestartet. Der angegriffene Ziel-Server wird dabei durch die Datenflut lahmgelegt, ohne in ihn einzudringen.

gen zu und gliedert diese nach den potenziellen Verletzungen der Schutzziele der Mehrseitigen Sicherheit.

Schutzziele	Angriffe	Ökonomische Auswirkungen
Vertraulichkeit Diebstahl von Informationen und Daten	Lauschangriffe, Zugangsmissbrauch, Hacker-Angriffe, Industriespionage, Virenangriffe, Maskerade-Angriffe, Social Hacking	Verlust von Wettbewerbsvorteilen (z.B. im Bereich F+E, Patente), Verlust von Know-how-Vorsprung, Vertrauens- und Imageverlust, Erpressungsversuche, Haftpflichtansprüche Dritter, Strafen etc.
Integrität Manipulation bzw. Löschen von Informationen und Daten	Sabotage, Bedienungsfehler, Softwarefehler, Lauschangriffe, Hacker-Angriffe, Manipulation des Web-Auftritts („Web-Graffiti"), IP-Spoofing, DNS-Spoofing, Man in the middle-Attacken, Social Hacking	Datenverlust, folgende Wiederherstellungskosten, Betriebsunterbrechung, Umsatzausfall, Vertrauens- und Imageverlust, Verlust der Wettbewerbsposition, Verletzung von Urheberrechten, Copyrights, fremder Markenrechte, Haftpflichtansprüche Dritter etc.
Zurechenbarkeit Nicht-zurechenbare Vorgänge, Verbreitung von Falschinformationen	Angriffe mit falscher Identität, Täuschung (Maskerade-Angriffe), IP-Spoofing, mangelnde Zugriffs- und Zutrittsrechte, Social Hacking	Auswirkungen von Betrugsdelikten, Imageschäden, Haftpflichtansprüche Dritter, Strafen, Betriebsunterbrechungen etc.
Verfügbarkeit Web-Seiten nicht verfügbar, kein Zugang, Beeinträchtigung der Systemfunktionalitäten	DoS- oder DDoS-Angriffe (Störung der Uptime), Überlastung, Ausfall von Netzknoten, Stromausfälle, Überspannung, Virenangriffe, Hacker-Angriffe, zerstörerische Programmteile, Hardwarefehler	Betriebsunterbrechung, Wiederherstellungskosten, Umsatzausfall, Verlust von Kunden und Marktanteilen, Vertrauens- und Imageverlust, Haftpflichtansprüche Dritter, Aktienkursrückgänge etc.

Tabelle 5: Ökonomische Auswirkungen von Angriffen und Fehlfunktionen

4.3 Technisch erreichbare Sicherheit

4.3.1 Ausgewählte technische Sicherungsmaßnahmen

Viele Sicherheitsprobleme, die bei der Übertragung von Daten existieren, lassen sich durch den Einsatz von kryptographischen Verfahren reduzieren. Insbesondere wenn ein Netzwerk nicht vollständig physisch geschützt werden kann (dies ist i.d.R. der Fall), ist der Einsatz von Kryptographie ein effizientes Hilfsmittel, um dennoch Vertraulichkeit, Integrität und Zurechenbarkeit zu gewährleisten.

Nachfolgend wird eine Auswahl der wichtigsten Sicherheitsmechanismen und Sicherheitstechniken für Unternehmen vorgestellt, mit denen die Schutzziele der Mehrseitigen Sicherheit erreicht werden können, um den Bedrohungen durch Internet-Risiken zu begegnen.

Kryptographische Verfahren sind das Fundament sehr vieler Sicherheitsmechanismen. Zum Schutz der Vertraulichkeit werden die deutlich schnelleren symmetrischen Verschlüsselungsverfahren eingesetzt. Eine bekannte Anwendung, die auf asymmetrischen Verfahren fußt, ist die digitale Signatur. Um eine eindeutige Identifikation eines Akteurs vornehmen zu können, werden zusätzlich digitale Zertifikate benötigt. Diese werden durch Zertifizierungsstellen im Rahmen von Public-Key-Infrastrukturen bereitgestellt.

Die Grundlage, um sicher Electronic Commerce betreiben zu können bzw. die drohenden Gefahren von spezifischen Internet-Risiken zu mindern, ist eine sichere Unternehmensnetz-Anbindung an das Internet. Spezielle Virenscanner sind ebenso wichtig wie Firewalls, die das interne Unternehmensnetz gegen Angriffe aus dem Internet schützen. Einbruchserkennungssysteme können Firewalls in der Präventivabwehr ergänzen. Eine sichere Internetanbindung ist auch die Basis für ein Virtuelles Privates Netzwerk, das räumlich getrennte interne Unternehmensnetze über das Internet verbinden kann.

4.3.1.1 Kryptographische Verfahren

4.3.1.1.1 Symmetrische Kryptographie

Das bekannteste und älteste kryptographische Verfahren ist die symmetrische Verschlüsselung. Bei diesem in der Anwendung sehr schnellen Verfahren verwenden sowohl Sender als auch Empfänger den gleichen Schlüssel zum Verschlüsseln bzw. Entschlüsseln. Dieser darf nur den Berechtigten bekannt sein, um insbesondere die Erfüllung des Schutzzieles Vertraulichkeit zu gewährleisten.[41] Symmetrische Verschlüsselungsverfahren, die auch als Secret-Key-Verfahren bezeichnet werden, haben jedoch alle das gleiche Problem der sicheren Übergabe eines geheimen Schlüssels (k) vom Absender zum Empfänger,[42] ohne den keine gehei-

---

41 Vgl. STALLINGS (1999). Für die Überprüfung der Authentizität des Senders und zur Sicherstellung von Zurechenbarkeit eignen sich symmetrische Verfahren nur bedingt. Hierzu dürfte ein bestimmter Schlüssel immer nur von einem bestimmten Teilnehmer eingesetzt werden [vgl. dazu GRIMM (1996), S. 28].

42 Vgl. bspw. BEUTELSPACHER (2000), S. 49ff.; BEUTELSPACHER (2001), S. 10f.

me Kommunikation möglich ist.[43] Da der Schlüssel über einen sicheren Kanal übergeben werden muss, besteht ein Schlüsselaustauschproblem. Das Internet stellt grundsätzlich keinen sicheren Kanal dar (vgl. Abbildung 19).

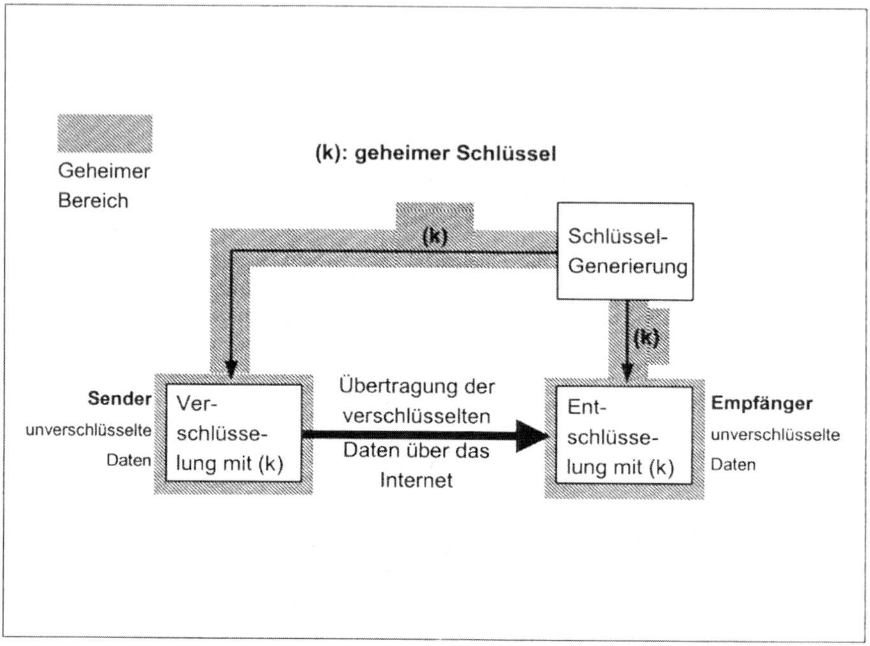

Abbildung 19: Schlüsselaustausch bei der symmetrischen Kryptographie[44]

Mit modernen symmetrischen kryptographischen Algorithmen können Schlüssel erzeugt werden, die aufgrund ihrer mathematischen Komplexität gut gegen Analysemethoden gerüstet sind.[45] Die verwendeten Algorithmen müssen dabei nicht geheimgehalten werden. Unabdingbar ist allerdings die Geheimhaltung des eingesetzten Schlüssels.[46]

---

43 Dies verstärkt sich umso mehr, je größer die Anzahl der Teilnehmer ist, die verschlüsselt miteinander kommunizieren wollen. Da für jeden Kommunikationspartner ein solcher Schlüssel erstellt und zugestellt werden muss, bringt dies bei einer anwachsendenden Zahl an Kommunikationspartnern ein Verteilungsproblem mit sich.

44 Quelle: KÖLTZSCH (2002), S. 24; in Anlehnung an FEDERRATH/PFITZMANN (1997), S. 88.

45 Das wohl bekannteste symmetrische Verfahren ist der *Data Encryption Standard (DES)* [vgl. bspw. DEWDNEY (2001); PÖPPE (2001)], der Mitte der 70er Jahre unter Mitwirkung der einflussreichen *NSA* von *IBM* entwickelt wurde. Der DES setzte Maßstäbe: Lange Zeit waren Kryptoanalytiker auf der Suche nach Schwachstellen nicht erfolgreich. Das Haupteinsatzgebiet des DES liegt im Finanzdienstleistungsbereich, wie z.B. bei der Verschlüsselung der Daten auf der EC-Karte. DES gehört zu der Familie der *Blockchiffren*, die eine gleichbleibende mathematische Operation auf Blöcken fester Länge in der Originalnachricht ausführt. DES bedient sich in der Ursprungsversion einer Schlüssellänge von 64Bit (56Bit und 8 Pari-

4.3.1.1.2 Asymmetrische Kryptographie

Die Schlüsselaustauschproblematik kann als das zentrale Dilemma der symmetrischen Kryptographie bezeichnet werden. Irgendwann muss der Schlüssel kryptographisch ungeschützt übertragen werden. Werden Daten lediglich für den eigenen Gebrauch verschlüsselt, ist das Secret-Key-Verfahren angebracht. Sendet man jedoch eine verschlüsselte Nachricht über ein unsicheres, d.h. abhörbares Datennetz wie dem Internet, so stellt der Transport des Schlüssels ein ernstzunehmendes Problem dar. Wird der Schlüssel auf dem gleichen Weg wie die Nachricht übertragen, so liefert man Angreifern gleich die Informationen zum Entschlüsseln mit. Außerdem ist bei einer größeren Anzahl von Akteuren die Schlüsselverteilung organisatorisch sehr schwierig bis unmöglich.

Als Ausweg aus dem Transportdilemma wurde im Jahre 1976 von DIFFIE und HELLMAN eine neue Vorgehensweise vorgestellt, bei der Sender und Empfänger für die Kommunikation untereinander Schlüsselpaare einsetzen.[47] Die asymmetrische Verschlüsselung, auch als Public-Key-Verfahren bezeichnet, verwendet zwei komplementäre, mathematisch miteinander in Bezug stehende Schlüssel. Dieses Schlüsselpaar besteht aus einem *privaten Schlüssel* (Private Key; Secret Key) und einem *öffentlichen Schlüssel* (Public Key). Der private Schlüssel unterliegt der Geheimhaltung und darf nur seinem Eigentümer bekannt sein. Der öffentliche Schlüssel ist im wahrsten Sinne des Wortes öffentlich, d.h. frei zugänglich und kann somit gefahrlos vor den Augen von Mitlesern transportiert werden (vgl. Abbildung 20). Ist ein Sender (A) im Besitz des öffentlichen Schlüssels eines Kommunikationspartners, kann er mit diesem öffentlichen Schlüssel eine Nachricht verschlüsseln, aber nur der Empfänger (B bzw. Besitzer des entsprechenden privaten Schlüssels) kann die Nachricht auch wieder entschlüsseln. Die Verfahrensweise bei der asymmetrischen Verschlüsselung basiert auf der theoretischen Überlegung, dass bestimmte mathematische Vorgänge einfach durchzuführen sind, deren Umkehrung jedoch so gut wie unmöglich ist.[48]

---

tätsbits). Der ursprüngliche Klartext wird nach der Blockchiffriermethode in 64Bit-Blöcke aufgeteilt und durch wiederholte Anwendung einer Reihe von logischen Operationen verschlüsselt, wobei der Schlüssel bestimmt, in welcher Reihenfolge welche Operationen ausgeführt werden. Durch die rasante Entwicklung in der IuKT gilt heute das Verschlüsselungsverfahren für sehr sensible Daten als überholt. DES-Schlüssel mit einer Länge von 64Bit sind in letzter Zeit mehrfach gebrochen worden. Z.B. wurden dafür im Jahr 1998 56 Stunden mit einem speziellen Rechner benötigt [vgl. LENSTRA/VERHEUL (1999a); LENSTRA/VERHEUL (1999b)]. Im Militär- und Geheimdienstbereich werden jedoch Spezialrechner vermutet, die diese Marke noch deutlich unterbieten. Eine Weiterentwicklung des DES ist der unter dem Namen *Triple-DES (3DES)* bekannte Algorithmus, der die Verschlüsselung dreimal hintereinander ausführt. Zum Nachfolger des DES wurde im Oktober 2000 der *Advanced Encryption Standard (AES)* gekürt, der 128 Bit-Datenblöcke mit Schlüsseln von 128, 192 oder 256Bit Länge verschlüsselt. Damit ist der AES mindestens so sicher wie Triple-DES, chiffriert aber wesentlich schneller [vgl. BEUTELSPACHER (2001), S. 10; ZIMMERMANN (2001), S. 80].

[46] Ausführliche Beschreibungen der symmetrischen Kryptographie und verschiedener symmetrischer Algorithmen wie DES, IDEA oder RC4 finden sich bspw. in SCHNEIER (1999), S. 309ff. und BEUTELSPACHER (2000).

[47] Vgl. DIFFIE/HELLMAN (1976).

[48] Bei allen asymmetrischen Verfahren liegen mathematische Probleme zugrunde, wie z.B. die Primfaktorenzerlegung. Die Sicherheit entsprechender Verfahren stützt sich auf folgende Aussage: „Es ist einfach, zwei große Primzahlen miteinander zu multiplizieren; es ist aber praktisch unmöglich, aus dem Produkt wieder die beiden Primfaktoren zu ermitteln". Für die Sicherheit ist die Größe der Zahlen entscheidend, die in der Praxis gerade noch faktorisierbar sind. 512 Bit gelten als unsicher, und auch 768 Bit sind noch bedenklich.

Auf diese Weise ist es möglich, dass eine vertrauliche Kommunikation zustande kommt, ohne dass die Kommunikationspartner zuvor – wie bei der symmetrischen Kryptographie – ein vorab vereinbartes gemeinsames Geheimnis (geheimer Schlüssel) austauschen müssen.

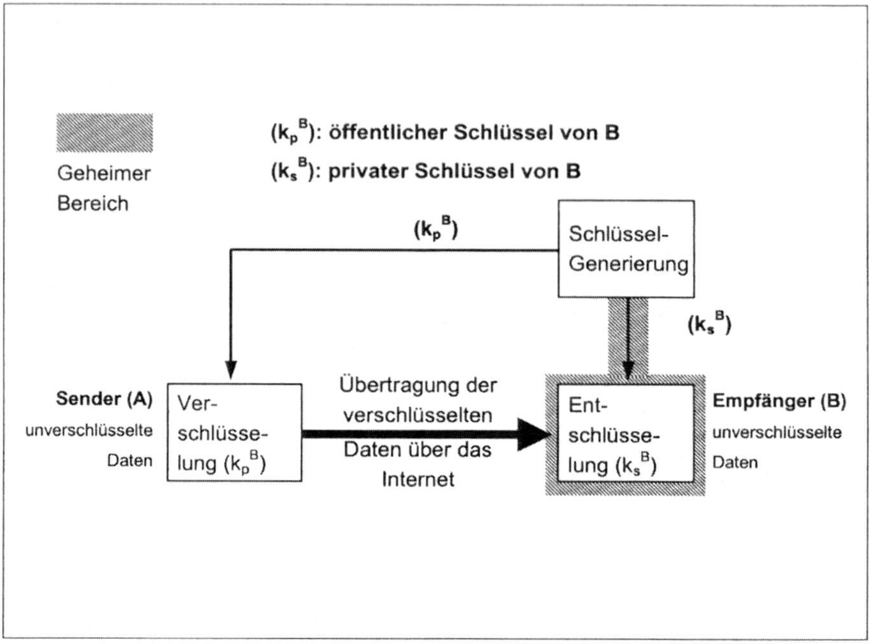

Abbildung 20: Schlüsselaustausch bei der asymmetrischen Kryptographie[49]

Basierend auf der theoretischen Vorarbeit von DIFFIE/HELLMAN entwickelten RIVEST, SHAMIR und ADLEMAN den nach den Anfangsbuchstaben ihrer Namen benannten *RSA-Algorithmus.*[50] Dieser erste und bis heute wichtigste Public-Key-Algorithmus ermöglicht es, Nachrichten einerseits zu verschlüsseln und andererseits digital zu signieren sowie diese integritätsgeschützt zwischen Sender und Empfänger auszutauschen. Mithilfe dieser *digitalen Signatur* kann der Empfänger dann die Authentizität des Senders feststellen.[51]

1024-Bit-Schlüssel werden im Lauf der nächsten Jahre möglicherweise leicht zu brechen sein. Ein Schlüssel mit einer Länge von 2048 Bit bringt deutlich mehr Sicherheit.

49 Quelle: KÖLTZSCH (2002), S. 26; in Anlehnung an FEDERRATH/PFITZMANN (1997), S. 90.

50 Vgl. RIVEST/SHAMIR/ADLEMAN (1978); RIVEST/SHAMIR/ADLEMAN (1983). Einschätzungen zu in Zukunft benötigten Schlüssellängen finden sich bspw. in LENSTRA/VERHEUL (1999a) und LENSTRA/VERHEUL (1999b).

51 Vgl. SMITH (1998), S. 217f.

Der zweite bekannte Vertreter asymmetrischer Verschlüsselungsverfahren ist das Verfahren von EL GAMAL.[52] Der entscheidende Nachteil dieses Verfahrens liegt darin, dass der Chiffretext die doppelte Länge des Klartextes aufweist.

Der komplexe Ablauf aller asymmetrischen Verschlüsselungsverfahren macht diese Systeme allerdings deutlich langsamer im Vergleich zu symmetrischen Verschlüsselungsverfahren.[53]

4.3.1.1.3 Hybride Verschlüsselungsverfahren

Vor allem die langsamere Verarbeitungsgeschwindigkeit von asymmetrischen Verschlüsselungsverfahren wirkt sich negativ auf die Leistungsfähigkeit aus. Aus diesem Grund kommt z.B. im Internet nach wie vor die symmetrische Verschlüsselung von großen Datenmengen zum Einsatz, der Austausch der dazu notwendigen Schlüssel erfolgt hingegen über das Verfahren der asymmetrischen Verschlüsselung. Die Vorteile beider Verfahren werden demnach miteinander kombiniert, indem man mit dem symmetrischen Verfahren die Originaldaten chiffriert und nur den dafür verwendeten symmetrischen Schlüssel mit der aufwendigeren asymmetrischen Verfahrensweise verschlüsselt.[54] Beide (verschlüsselte Originaldaten und chiffrierter Schlüssel) können so gesichert übertragen werden. Auf diese Weise werden die guten Eigenschaften beider Verfahren vereint: Die hohe Leistungsfähigkeit der symmetrischen Verschlüsselung einerseits und die sichere Schlüsselverteilung mithilfe des Verfahrens der asymmetrischen Verschlüsselung andererseits.[55]

Generell bleibt festzuhalten, dass bisher keine beweisbar sicheren, praktikablen kryptographischen Verfahren für die Praxis in Sicht sind.[56] Alle bisher existierenden und praktisch an-

---

[52] Vgl. EL GAMAL (1985). Das Verfahren eignet sich wie der RSA-Algorithmus dazu, Daten zu verschlüsseln oder digitale Signaturen zu generieren. Anders jedoch als bei RSA beruht die Sicherheit des ElGamal-Verfahrens nicht auf der Primfaktorenzerlegung von großen Zahlen, sondern auf der Schwierigkeit, einen diskreten Logarithmus zu berechnen [vgl. OPPLIGER (1997), S. 110ff.].

[53] Vgl. bspw. TANENBAUM (1997), S. 39. Das RSA-Verfahren ist mindestens um den Faktor 100 langsamer als DES. Einen Überblick zum Brechen von RSA mit verschiedenen Schlüssellängen in der Vergangenheit gibt BUCHMANN (2001a); BUCHMANN (2001b). Bisher existieren nur sehr wenige bekannte Public-Key-Verfahren. Derzeit werden dringend grundsätzlich andere asymmetrische Algorithmen gesucht, um einerseits die Verarbeitungsgeschwindigkeit zu erhöhen und um andererseits die Abhängigkeit von dem dominanten RSA-Verfahren zu reduzieren. Z.Zt. wird intensiv an einem Verfahren zum Schlüsselaustausch auf physikalischem Weg geforscht (Quanten-Kryptographie) [vgl. BENNETT/BRASSARD/EKERT (2001)].

[54] Ein prominentes Beispiel für ein hybrides Verschlüsselungsverfahren ist das PGP-Verfahren [http://www.pgpi.org/ Abruf am 23.3.2002], mit dem E-Mails und Dateien verschlüsselt werden können.

[55] Hybride Verschlüsselungsverfahren sind folglich der Grund, warum sich Secret-Key- und Public-Key-Verfahren keine Konkurrenzkämpfe liefern.

[56] Vgl. bspw. BEUTELSPACHER (2001), S. 11. Über die Sicherheit der heute verwendeten Verfahren wird heftig und kontrovers diskutiert. Einigkeit herrscht allerdings darüber, dass die Sicherheit eines Verschlüsselungsverfahrens nur von der Geheimhaltung des Schlüssels abhängen darf. *Prinzipiell* kann behauptet werden, dass sowohl die symmetrischen als auch die asymmetrischen Verfahren zu brechen sind. *Praktisch* sind die meisten modernen Verschlüsselungsverfahren *mit angemessenem Rechenaufwand* heute allerdings nicht zu knacken. Praktisch sicher sind also Verfahren, die nur mit einem *unverhältnismäßig hohen Aufwand* erfolgreich zu knacken sind. D.h. eine Entschlüsselung würde Jahre dauern und leistungsfähige Superrechner erforderlich machen, die sukzessive alle Schlüssel ausprobieren würden. Das einzige Verfahren, das mathematisch als sicher eingestuft werden kann, ist das *Vernam-Verfahren*. Dieses ist aber aufgrund seiner Technik (der Schlüssel hat die gleiche Länge wie der zu verschlüsselnde Text) nicht praktikabel.

wendbaren Verfahren bieten nur einen Schutz auf Zeit.[57] So besteht Forschungsbedarf auf allen Gebieten der Kryptographie.[58]

4.3.1.2 Digitale Signatur

Digitale Signaturen[59] basieren auf Kombinationen von kryptographischen Prüfsummen und asymmetrischen Verschlüsselungsverfahren mit einem sich ergänzenden Schlüsselpaar, das aus einem privaten und einem öffentlichen Schlüssel besteht. Sie wurden ursprünglich nicht zur Verschlüsselung von Nachrichten entwickelt, sondern sollen sicherstellen, dass eine Nachricht tatsächlich von einem bestimmten Sender stammt und auf dem Weg zum Empfänger nicht verändert wurde (Integrität der Daten). Mithilfe der digitalen Signatur werden folglich wirtschaftliche Handlungen wie Bestellungen, Zahlungsanweisungen oder der Abschluss von Verträgen ohne handschriftliche Unterzeichnung über das Internet möglich.

Die Verschlüsselung erfolgt bei der digitalen Signatur nicht mit dem öffentlichen, sondern mit dem privaten Schlüssel.[60] Mit dem dazugehörigen öffentlichen Schlüssel wird folglich dechiffriert.[61] Das zur Signatur vorgesehene Dokument (die Datei) wird durch eine mathematische Einwegfunktion (*Hashfunktion*) auf wenige Bytes verdichtet.[62] Es entsteht eine *Prüfziffernzeichenfolge (Hashwert)*.[63] Der Hashwert wird anschließend mit dem privaten Schlüssel des Senders chiffriert und auf diese Weise die digitale Signatur generiert.[64] Zur Überprüfung der digitalen Signatur liegen dem Empfänger das Dokument sowie die angehängte digitale Signatur vor. Der Empfänger berechnet selbst den Hashwert der Nachricht aus diesem Dokument (nach der gleichen Funktionsvorschrift wie der Senders) und dechiffriert mit dem öffent-

---

57 So wird auch der derzeit stärkste symmetrische Algorithmus, der AES, nicht für alle Zeit als Referenz gelten. Sollte er sich allerdings wie der DES ein Vierteljahrhundert bewähren, wäre dies ein großer Erfolg [vgl. BEUTELSPACHER (2001), S. 11].

58 Insbesondere ist zu erwähnen, dass neuartige Quantenrechner evtl. bisher als praktisch sicher geltende Verschlüsselungsverfahren brechen können. Durch die schnellen Quanten-Algorithmen werden dann aber auch neue kryptographische Systeme möglich.

59 Ausführlich werden digitale Signaturen, deren Gültigkeit, Stabilität und Nachhaltigkeit in BERTSCH (2001) behandelt.

60 Die in Deutschland für SigG-konforme Lösungen einzusetzenden Algorithmen und Schlüssellängen werden regelmäßig überprüft und veröffentlicht [vgl. RegTP (2000)]. Der private Schlüssel wird im SigG als Signaturschlüssel bzw. privater Signaturschlüssel bezeichnet [vgl. BUNDESTAG (1997); BUNDESTAG (2001)].

61 Da das Verschlüsseln eines ganzen Dokuments (Originaltext) zur Wahrung der Integrität aufgrund der Komplexität asymmetrischer Verfahren sehr zeitaufwendig ist, werden zur Erhöhung der Verarbeitungsgeschwindigkeit sog. Hashfunktionen eingesetzt.

62 Die Hashfunktion zeichnet sich dadurch aus, das sie eine Nachricht beliebiger Länge auf eine Datei fester Länge, z. Zt. auf typischerweise 128Bit (bei MD5 [vgl. RIVEST (1992)]) oder 160Bit (bei SHA-1 [vgl. NBS (1995)]), reduziert, aus der sich die Originaldatei nicht reproduzieren lässt.

63 Voraussetzung dafür ist die *Eindeutigkeit* und *Unumkehrbarkeit* der Hashfunktion. Es darf nicht möglich sein, ein zweites Dokument zu generieren, das sich auf den selben Hashwert abbilden lässt. Auch darf sich aus dem Hashwert das zugrunde liegende Dokument nicht ermitteln lassen. Der Hashwert, der ein Kondensat des Dokuments darstellt, kann mit einem digitalen Fingerabdruck verglichen werden. Mathematische Werkzeuge dafür sind die Algorithmen SHA-1, RIPEMD-160 und MD5 [vgl. ZIMMERMANN (2001), S. 77].

64 Vgl. z.B. NUSSER (1998), S. 60; BEUTELSPACHER (2000), S. 70ff.

lichen Schlüssel des Unterzeichners die digitale Signatur. Nun vergleicht er beide Werte (siehe Abbildung 21). Stimmen beide Werte überein, sind folgende Aussagen möglich:

- Das elektronische Dokument wurde bei der Übertragung nicht verändert.
- Die digitale Signatur ist eindeutig an das übertragene Dokument gebunden.[65]

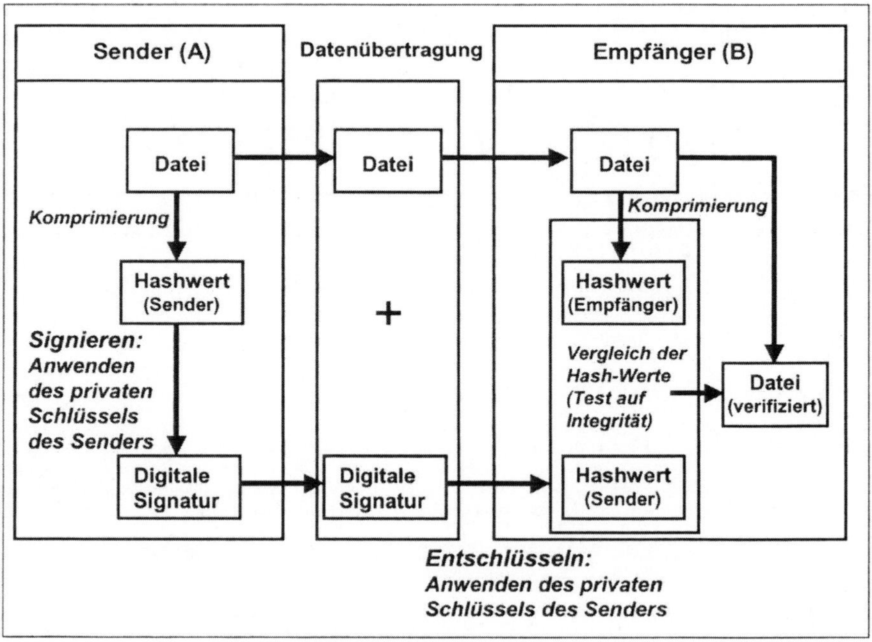

Abbildung 21: Verifikation einer Datei mit einer digitalen Signatur[66]

4.3.1.3 *Schlüsselaustausch mit Zertifikaten*

Die Frage, ob die wichtige Forderung nach eindeutiger Identifikation des Senders durch die digitale Signatur erfüllt ist, führt zur Schwachstelle der asymmetrischen Kryptographie, die dafür keinen Lösungsvorschlag bereithält. Die mögliche fehlerhafte Zuordnung des öffentlichen Schlüssels zu seinem Besitzer bzw. Informationen über die Identität des Senders kann durch den Einsatz von *digitalen Zertifikaten* gelöst werden.

Um Gewissheit über die Authentizität der öffentlichen Schlüssel zu haben, wird ein Dienstleister benötigt, der den persönlichen Austauschvorgang vertrauenswürdig ersetzt. Vertrauenswürdigkeit bedeutet in diesem Kontext, dass dieser Dienstleister seriös die authenti-

---

[65] Ein anderer Inhalt hätte einen anderen Hashwert erzeugt.

[66] Quelle: Darstellung in Anlehnung an DEUTSCHE POST (2001), S. 9.

sche und eineindeutige Zuordnung des Schlüssels zum Besitzer mittels Zertifikat[67] garantiert. Diese Art Notariatsfunktion übernehmen im Kontext des Internets *Zertifizierungsstellen* und im erweiterten Sinne *Public-Key-Infrastrukturen*.[68]

4.3.1.4 Public-Key-Infrastrukturen

Kryptographische Verfahren, digitale Zertifikate, Zertifizierungsstellen und Zertifizierungsrichtlinien sind Elemente von sog. *Public-Key-Infrastrukturen (PKI)*.[69] PKI-Modelle unterscheiden sich darin, welche Instanzen nach welchen Regeln die Aufgabe der Zertifizierung wahrnehmen und in welchem Verhältnis die Zertifizierungsstellen zueinander stehen können.[70] Verbreitete Organisationsformen für PKI-Infrastrukturen sind das „Web-of-Trust" und die hierarchische PKI.[71] Diese können weiter in offene, gesetzlich regulierte PKI und geschlossene PKI differenziert werden.

In einem dezentralen Web-of-Trust lassen Teilnehmer ihre selbst generierten Schlüsselpaare von anderen Teilnehmern zertifizieren, die damit die Rolle einer Zertifizierungsstelle wahrnehmen.[72] Bei der hierarchischen Zertifizierung erzeugt ein Akteur i.d.R. sein Schlüsselpaar nicht selbst. Typischerweise übernimmt dies eine Zertifizierungsstelle. Sie generiert ein individuelles Schlüsselpaar und zertifiziert anschließend den öffentlichen Schlüssel.[73]

---

67 Digitale Zertifikate sind Datensätze, die identifizierende Merkmale über den Besitzer eines öffentlichen Schlüssels beinhalten – also seine Identität mit einem bestimmten öffentlichen Schlüssel verknüpfen – und von vertrauenswürdigen Dritten ausgestellt sind [vgl. BSI (1999), S. 4 sowie die Legaldefinition von Zertifikaten in §2 Nr. 6 und Nr. 7 in BUNDESTAG (2001)]. Für die Datenstruktur digitaler Zertifikate ist der Standard X.509 weit verbreitet [vgl. BSI (1999), S. 4f.]. Er beschreibt Richtlinien für die Strukturierung von Public-Key-Zertifikaten und deren Anwendung. Dabei erhält jeder Teilnehmer für sein Zertifikat einen eindeutigen und vor allem einmaligen Namen, den sog. Distinguished-Name [vgl. SCHNEIER (1999), S. 652]. Eine Übersicht der Angaben in Zertifikaten gemäß Standard X.509 findet sich in KÖLTZSCH (2002), S. 29.

68 Auch als *Trust-Center* oder in der englischsprachigen Literatur als *Certification Authority (CA)* bezeichnet. Um die Seriosität der Zertifizierungsstellen durchzusetzen, ist im SigG detailliert festgehalten worden, welche Voraussetzungen eine Zertifizierungsstelle erfüllen muss [vgl. §12, §16 SigV]. Eine detaillierte Darstellung von Aufgaben und Richtlinien von Zertifizierungsstellen gibt KÖLTZSCH (2002), S. 30-52. Alternativ zu einer zentralen Zertifizierungsstelle existiert die Variante eines *dezentralen Vertrauensnetzes (Web of Trust)*, wie es in PGP realisiert ist.

69 Eine ausführliche Darstellung von PKIs – insbes. aus technischer Sicht – unter Berücksichtigung der nicht zu vernachlässigenden Investitionskosten findet sich in NASH/DUANE/JOSEPH (2002).

70 Vgl. KÖLTZSCH (2002), S. 52.

71 Ein Vergleich hierarchischer PKI-Infrastrukturmodelle findet sich in KÖLTZSCH (2002), S. 57-89.

72 Wird ein öffentlicher Schlüssel eines Absenders von möglichst vielen vertrauenswürdigen Teilnehmern zertifiziert, steigt für den Empfänger einer digital signierten Nachricht die Wahrscheinlichkeit, dass dieser Schlüssel wirklich zu dem Absender gehört. Über das Prinzip „Deine Freunde sind auch meine Freunde" wird eine Vertrauenskette zwischen Teilnehmern aufgebaut. Wird dieses Prinzip akzeptiert, können unterschiedliche Teilnehmer verhältnismäßig einfach und mit wenig Vorbereitung geschützte Nachrichten untereinander austauschen [vgl. GRIMM (1997); ADAMS (2000); KIRSCH (2000)]. Die Software PGP ist ein bekanntes Beispiel für die Realisierung eines solchen Web-of-Trust [vgl. ZIMMERMANN (1995); http://www.pgpi.org/, Abruf am 23.3.2002].

73 Eine detaillierte Darstellung zur PKI nach deutschem SigG gibt KÖLTZSCH (2002), S. 60ff. Eine Auflistung der in Deutschland genehmigten bzw. akkreditierten Zertifizierungsstellen ist über die Web-Seiten der RegTP erhältlich unter http://www.regtp.de/tech_reg_tele/in_06-02-02-00-00_m/06/index.html, Abruf am 2.5.2002.

Der Aufbau einer breit akzeptierten offenen, gesetzlich regulierten PKI mit weit verbreitetem Einsatz von digitalen Signaturen ist mit hohen Kosten insbesondere für die Betreiber und für die Nutzer verbunden.[74]

4.3.1.5 Virenscanner

Viren wie „I LOVE YOU", „Melissa", „Code Red", „Anna Kournikova" oder andere „Malicious Codes", wie z.B. Trojaner, richteten enorme weltweite Schäden an. Für den Schutz vor solchen Bedrohungen werden Viren- bzw. Mailscanner benötigt. Sie überprüfen Dateien (z.B. Attachements) und E-Mails auf enthaltene Viren und sollten möglichst häufig aktualisiert werden.[75]

Des Weiteren gibt es zusätzliche Varianten zum Schutz von Desktop-PCs, Web- und Fileservern oder Mailsystemen.[76] Sinnvoll ist eine Kombination aus Desktop-Scannern und Serverschutz. Die Schutzwirkung wird ebenfalls durch den Einsatz mehrerer Scan-Engines erhöht.

Virenscanner bieten allerdings kaum Schutz gegen Hacker-Attacken, Spoofing oder den Diebstahl unternehmenskritischer Daten. Hier werden weitere Sicherheitsmechanismen benötigt, die im Folgenden angeführt werden.

4.3.1.6 Firewall-Konzepte

Die Anbindung des internen Unternehmensnetzes an das Internet birgt die Gefahr, dass aufgrund der Offenheit des Internet das Unternehmensnetz verwundbar wird: Hacker können in das Netz eindringen und auf vielerlei Arten Schäden anrichten. Denn einerseits ist ein Zugriff vom internen Netz auf das Internet, andererseits jedoch auch vom Internet auf das Unternehmensnetz grundsätzlich möglich. Als passiver Abwehrmechanismus dienen *Firewalls* entsprechend ihrem Namen als „Brandschutzmauern" zwischen dem zu schützenden internen Netz und dem Internet.

Grundsätzlich sind Firewalls Schutzsysteme an der Schnittstelle eines inneren zu einem äußeren Netzbereich. Sie schützen das innere Netz durch Filterung und Protokollierung des Datenverkehrs. So können Firewalls auch innerhalb von Unternehmen sinnvoll eingesetzt werden, um verschiedene Netzbereiche mit unterschiedlichen Sicherheitsanforderungen gegeneinander abzugrenzen.[77] Der wesentliche Schutzmechanismus von Firewalls besteht in der

---

74 Die Kosten für die Nutzer sind sicher auch ein wichtiger Grund für die geringe Akzeptanz [vgl. WELSCH (1999), S. 520]. Einer Schätzung zufolge wurden bis zum Frühjahr 2001 bundesweit maximal 20.000 Zertifikate ausgegeben [vgl. ESSLINGER/KÖLTZSCH (2001), S. 60].

75 Die regelmäßige Aktualisierung sollte am besten täglich erfolgen. Sobald weltweit neue Viren bekannt werden, dauert es i.d.R. nur Minuten, bis die großen Anbieter von Virenscannern ihre Virendefinitions-Dateien (Scan-Pattern) angepasst haben, um den Virus entsprechend identifiziert zu können. Bereits ein Virenscanner mit einer 14 Tage alten Engine bietet keinen wirklichen Schutz mehr.

76 Sog. Desktop-Scanner reduzieren die Gefahr, sich über Web-Seiten, Disketten oder CDs Spionage-Software (Trojaner) einzufangen.

77 Firewalls können auf verschiedene Arten realisiert werden. Hierzu existiert eine Fülle von Literatur und Produkten. Beispielhaft sollen an dieser Stelle CHESWICK/BELLOVIN (1996); STROBEL (1999); OPPLIGER (2001); ZWICKY/COOPER/CHAPMAN (2001) genannt werden, die eine gute Übersicht und Einführung in die Thematik geben.

Kontrolle des Netzverkehrs zwischen dem inneren und dem äußeren Bereich. I.d.R. liegt dabei der Schwerpunkt in der Reglementierung des Zugriffs von außen nach innen. Dies liegt an der Prämisse, dass das höhere Gefährdungspotenzial im äußeren Bereich lokalisiert wird, wohingegen dem inneren Bereich größeres Vertrauen geschenkt wird.

Wichtige Ziele der Einrichtung einer Firewall sind beispielsweise:[78]

- Schutz des internen Unternehmensnetzes gegen unbefugte Zugriffe von außen,
- Schutz der Vertraulichkeit, Integrität und Verfügbarkeit der intern übermittelten und gespeicherten Daten,
- Schutz der Integrität und Verfügbarkeit der internen Netzkomponenten (z.B. Informationsserver),
- Schutz vor Attacken, die neue sicherheitsrelevante Schwachstellen – insbesondere in Betriebssystemen – ausnutzen, durch Reduktion der Anzahl exponierter Rechner.[79]

Firewalls gestatten den Mitarbeitern des Unternehmens das Internet zu nutzen, halten aber gleichzeitig Angreifer und andere Nutzer aus dem Internet ab, Zugang zum internen Unternehmensnetz zu bekommen. Firewalls sind Hardware-/Software-Kombinationen, die aus Routern, Servern und unterschiedlichen Programmen aufgebaut werden. Es gibt viele verschiedene Firewall-Arten, von denen die meisten aber gemeinsame Elemente aufweisen.[80]

Technisch betrachtet existieren zwei verschiedene Konzepte, nach denen Firewalls realisiert werden: *Paketfilter* und *Application Gateways*. Im wesentlichen unterscheiden sie sich durch die Protokollebene, auf der die Zugriffskontrolle durchgeführt und eine Entscheidung getroffen wird und ob die Verbindungen unverändert durch die Firewall geleitet oder getrennt werden. Grundsätzlich gilt: je weiter oben die Firewall im Schichtenmodell angesiedelt ist, desto größer ist ihre Schutzwirkung.

Firewalls, die in der Praxis meist beide verschiedenen Konzepte kombinieren, lassen sich in beliebiger Weise zusammenbauen, so dass sie unterschiedlichen Sicherheitsanforderungen genügen können. Damit sind die Zeiten einfacher Paketfilter, die Datenpakete nach Quell- und Zieladresse sowie dem gewünschten Dienst untersuchten, vorbei. Aktuelle Firewall-Lösungen beinhalten z.B. Content-abhängige Filter und VPN-Funktionen.[81]

Verschiedene Firewall-Konzepte können natürlich auch mehrfach angewendet werden. Der in diesem Kontext verwendete Begriff der *„Kaskadierenden Firewalls"* bzw. *Mehrfachfirewalls* beschreibt Lösungen, die vom Standpunkt der Sicherheit aus gesehen die besten Ergebnisse

---

78 Vgl. RANNENBERG (2000), S. 201.

79 Dieses Ziel ist von besonderer Bedeutung, da im Internet die Zahl potenzieller Angreifer und deren Kenntnisstand sehr hoch ist.

80 Es existieren allgemeine Anforderungen an Firewalls, auf die an dieser Stelle nicht weiter eingegangen wird. Wichtig ist die Firewall-Grundregel: Jeder Filter sollte so konfiguriert sein, dass jedes Paket verworfen bzw. jede Verbindung verboten wird, die nicht explizit durch spezielle Regeln erlaubt ist. *(Grundregel: Alles ist verboten, was nicht ausdrücklich erlaubt ist!)*.

81 Firewalls können sogar gewissen Schutz gegen DoS-Attacken bieten. Mithilfe separater DoS-Filtern, die verschiedene DoS-Muster ausfindig machen, und durch temporäres Blocken bestimmter IP-Adressen, kann solchen Attacken zumindest teilweise begegnet werden. Gegen Viren und andere Malicious Codes bieten Firewalls nur unzureichenden Schutz. Zusätzliche Virenscanner sind unbedingt zu empfehlen.

liefern. Allerdings können hier Geschwindigkeitsprobleme auftreten. Des Weiteren benötigen diese sehr komplexen Firewall-Konzepte, die in der Lage sein müssen, die kompletten Datenströme eines Unternehmensnetzes zu filtern – abgesehen von der ziemlich aufwendigen Erstkonfiguration – eine sehr intensive Wartung. Firewalls sollten laufend betreut und aktualisiert werden.[82]

Der Einsatz von Firewalls ist bezüglich potenzieller Angreifer nicht unproblematisch. So kontrolliert derjenige, der die Firewall administriert den gesamten Verkehr zwischen internem Unternehmensnetz und Internet. Dieser hat auch Zugriff auf die Protokolldaten. Aus diesem Grund ist eine Abstufung und Verteilung von Aufgaben der Systemadministratoren ratsam.[83]

Dass man sich mit der Implementierung einer Firewall aller sicherheitsrelevanter Sorgen entledigt, ist ein Irrglaube. So wurden selbst große, renommierte Unternehmen, die über ausgeprägte IT-Kompetenz verfügen, schon des Öfteren Opfer von Angreifern von außen. Firewalls bieten keinen absoluten Schutz.

Der Gefahr von internen Angreifern können Firewalls ebenfalls nicht begegnen. Auch eine unzureichend konfigurierte Firewall (z.B. aufgrund eines wenig sicherheitsbewussten Systemadministrators) ist nahezu überflüssig.

4.3.1.7 Einbruchserkennung

Einbruchserkennungssysteme (Intrusion Detection Systems, IDS)[84] ergänzen sinnvoll Firewalls in der Präventivabwehr. Einerseits sollen Sie interne Angriffe aufspüren, gegen die Firewallsysteme und Authentifikationsverfahren[85] machtlos sind, andererseits warnen, wenn ein externer Angreifer die Firewall zu überwinden versucht. Darauf aufbauend existieren Systeme zur automatischen Abwehr (Intrusion Response, IRS).

Einbruchserkennungssysteme als aktive Abwehrmechanismen beobachten und protokollieren Aktivitäten in Netzen und Rechnern in Echtzeit, um auf diese Weise Einbrüche möglichst frühzeitig zu erkennen. Diese primär auf der Grundlage von Auditdaten und Logfiles erfol-

---

82 In diesem Kontext wird häufig von einer „gemanagten Firewall" gesprochen.

83 Vgl. RANNENBERG (2000), S. 201. Als Lösung bieten sich sog. *Screened Subnets* an. Ein Screened Subnet (geschütztes Teilnetz) ist ein zusätzliches Netz zwischen dem zu schützenden Unternehmensnetz und dem externen Internet. Zwischen diesen beiden Netzen befinden sich zwei Screening-Router (Paketfilter) und ein dazwischenliegender Bastion-Host (zentraler Host, der für die Netzwerksicherheit entscheidend ist). Aufgrund seiner isolierten Lage, die der Bastion-Host einnimmt, spricht man hier von einer *„demilitarisierten Zone"*. Screened Subnets beherbergen Funktionalität, die weder ganz intern noch ganz extern ist und erlauben auf diese Weise eine Staffelung des Schutzes. So kann ein WWW-Server, auf den nur bestimmte Zugriffe erlaubt sein sollen, durch einen Paketfilter geschützt werden; das unternehmensinterne Netz durch einen zweiten wesentlich schärferen. Ein gelungenes Überwinden der Firewall legt so nicht das ganze Netz bloß. Des Weiteren erlauben Screened Subnets die Trennung und Auslagerung komplexer (meist rechen- oder wartungsintensiver) Funktionalität aus der Firewall (vgl. Abbildung 22). Ein Beispiel dafür ist ein zentraler Virenscanner zur Kontrolle von E-Mail-Attachements oder aus dem Internet transferierter Dateien.

84 Vgl. bspw. DENNING (1987); ESCAMILLA (1998); NORTHCUTT (1999); SOBIREY (1999); NORTHCUTT/NOWAK (2001). Eine kurze Beschreibung von IDS und IRS findet sich bspw. in KYAS/ A CAMPO (2000), S. 359-370.

85 Sichere Authentifikationsverfahren sind z.B. die Verwendung von Einweg-Passwörtern, tokenbasierten Verfahren, Challenge-Response-Verfahren oder biometrischer Systeme.

gende Erkennung von Sicherheitsverletzungen arbeitet im Netzwerk ähnlich einer Durchgangsstation völlig passiv: Die Software überwacht den Durchsatz von Datenpaketen und vergleicht sie mit bekannten Angriffsmethoden. IDS versuchen, für Netzeinbrüche typische Verkehrsprofile zu entdecken[86] und schlagen Alarm, sobald sie verdächtiges Verhalten auf einem einzelnen Rechner oder in einem Netzwerk beobachten.[87]

Bei einer verdächtigen Aktivität alarmieren sie sofort den Systemadministrator und informieren über die Angriffsart. So können unverzüglich Gegenmaßnahmen eingeleitet werden. Beispielsweise ist eine sofortige automatische Unterbrechung der Verbindung zum Angreifer oder eine genaue Aufzeichnung seiner Schritte möglich, um letztlich auf seine Identität schließen zu können. Im Idealfall verfügen diese Programme über die gleichen Kenntnisse wie ein guter Administrator. Zwei Systemkategorien lassen sich grundsätzlich unterscheiden:

- Missbrauchserkennende Systeme:
  Bestimmte Charakteristika von Angriffen werden entdeckt (z.B. spezifische Kommandofolgen zur Erlangung von Administratorrechten).
- Anomalieerkennende Systeme:
  Nach einer gewissen „Lernphase" werden Abweichungen vom üblichen Nutzerverhalten entdeckt.[88]

IDS sind aufgrund ihrer umfangreichen Datenerfassung sowie intensiven Auswertung von Nutzerdaten und Generierung von Profilen nicht unproblematisch. Derzeit wird auf den Gebieten IDS und IRS intensiv geforscht. So wird z.B. an Systemen gearbeitet, die Protokolldaten verschlüsselt erheben und diese nur im Alarmfall dem Systemadministrator zur Verfügung stellen.[89]

Zu betonen ist auch an dieser Stelle, dass es im Netzwerkbereich keine hundertprozentige Sicherheit gibt. Dies gilt auch für Einbruchserkennungssysteme.[90]

4.3.1.8 Virtuelle Private Netzwerke

Räumlich getrennte interne Netze eines Unternehmens und deren Verbindung sind vor Angriffen zu schützen. Um z.B. die internen Netze verschiedener Filialen eines Unternehmens zu verbinden, werden klassisch Leitungen angemietet, für deren Sicherheit der entsprechende Telekommunikationsanbieter verantwortlich ist. Will man sich allerdings nicht auf einen sol-

---

86 Logfiles, die Status- und Fehlermeldungen protokollieren, sind dabei eine wichtige Informationsquelle. So kann z.B. bei häufig erfolgten Login-Versuchen der Rückschluss auf eine mögliche Brute-Force-Attacke zum Erraten von Passwörtern gezogen werden.

87 Es existieren bereits IDS, die einen eingebauten DDoS-Detection Filter enthalten und DDoS-Angriffe erkennen sollen.

88 Vgl. KYAS/ A CAMPO (2000), S. 360ff.; RANNENBERG (2000), S. 201.

89 Vgl. SOBIREY (1999).

90 Zwei Klassen von Fehlfunktionen lassen sich bei IDS unterscheiden: *Falsche Positive* bezeichnen klassische Fehlalarme. *Falsche Negative* beziehen sich auf Angriffe, die nicht erkannt werden [vgl. AXELSSON (1999); KYAS/A CAMPO (2000), S. 367f.].

chen Anbieter verlassen oder aus Kostengründen das Internet nutzen, besteht die Möglichkeit, das „öffentliche" (und damit unsichere) Internet zu „durchtunneln".

Virtuelle Private Netzwerke (VPN)[91] können Unternehmen ein Instrumentarium liefern, das Ihnen für Ihre Geschäftsvorgänge unter Sicherheitsaspekten den Weg durch das Internet ebnet. VPN bezeichnen ganz allgemein ein Verfahren, um abgeschlossene Firmennetze über Festverbindungen und öffentliche Wählnetze zu realisieren.[92] Aufgrund der notwendigen Authentifizierung und Verschlüsselung können Außenstehende aus den übermittelten Netzwerkpaketen keinerlei Informationen entnehmen.

Ein VPN ermöglicht somit sichere „private" Verbindungen für Netzapplikationen. Die wichtigste Funktionalität ist dabei der Schutz vor dem Abhören der übertragenen Daten. VPN über das Internet sind somit eine kostengünstige Alternative zu den bisherigen Konzepten der Vernetzung von verteilten Standorten über exklusiv angemietete Leitungen eines bestimmten Telekommunikationsanbieters.

Ein weiterer positiver Effekt neben der Kostenersparnis besteht bei der Verwendung des Internets darin, dass bei Ausfall eines Routers eine Alternativroute zur Verfügung steht. Der Nachteil liegt allerdings darin, dass keine garantierte Bandbreite zur Verfügung steht.

Eine zentrale Bedeutung bei VPN kommt dem *Tunneling* zu, das häufig auch als VPN-Tunneling bezeichnet wird.[93] Diese Technologie packt jedes Datenpaket mit einer weiteren Protokollschicht ein (quasi wie in einen Umschlag) und verschiebt es verschlüsselt über das Internet. Die Verschlüsselungsfunktion kann dabei in einer Firewall untergebracht werden (vgl. Abbildung 22). Der VPN-Tunnel entspricht somit einer „virtuellen Standleitung" durch das Internet. Um einen solchen Tunneling-Mechanismus zu etablieren, müssen Anfangs- und Endpunkte einer Verbindung definiert werden.

Unabdingbar für die Errichtung eines VPN ist, dass alle Beteiligte ein kompatibles System einsetzen. Die Tunnel-Software arbeitet dann im geschützten Netzbereich an beiden Endpunkten der Kommunikation. Für alle dazwischen liegenden Stationen ist der Datenfluss ohne Kenntnis der Schlüssel nicht einsehbar. Der Einsatz eines Tunnels deckt folglich die Anforderungen des Datenschutzes. Da die übertragenen Daten verschlüsselt werden, wird die Geheimhaltung gewährleistet.

---

91 Vgl. z.B. SCOTT/WOLFE/ERWIN (1999); BUCKBESCH/KÖHLER (2001); DETKEN/EREN (2001). Eine kurze Beschreibung von VPNs und deren Funktionsweise findet sich in MURHAMMER et al. (1998), S. 3-21.

92 Als Standardprotokoll für die Datenübertragung hat sich *IPsec* etabliert. Das einheitliche Protokoll ermöglicht die Kopplung von Produkten verschiedener Hersteller.

93 Tunnel durch das Internet lassen sich auf der Basis unterschiedlicher Protokollstandards realisieren. Hier wurde bspw. die PPTP-Technologie (Point-to-Point Tunneling Protocol) von *Microsoft* entwickelt. Ein alternatives Tunneling-Protokoll, das sich L2F (Layer 2 Forwarding) nennt, stammt von *Cisco*.

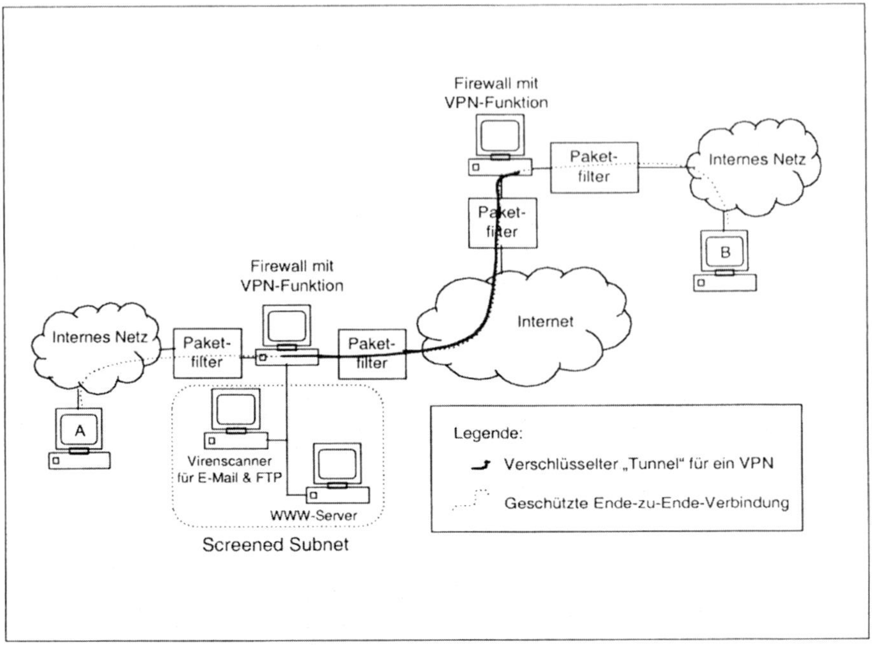

Abbildung 22: Elemente einer sicheren Unternehmensnetz-Anbindung an das Internet[94]

4.3.1.9 Organisatorische und physische Sicherheitsmaßnahmen

Neben den technischen Sicherheitsmaßnahmen ist es ebenfalls unerlässlich, bestimmte organisatorische und physische Maßnahmen umzusetzen. Diese betreffen vor allem den Schutz der Hardware, bauliche Maßnahmen, Schulungen der Mitarbeiter, Notfallplanungen für IT-Störungen, Backup-Konzepte, redundante Netzwerkkonfigurationen, regelmäßige Aktualisierungen der Betriebs- und Anwendungssoftware (Patches), Quotasysteme sowie Regelungen für die Verantwortlichkeiten. In diesem Zusammenhang kann auch die Verwendung von evaluierter und zertifizierter Hard- und Software angeführt werden.[95]

4.3.2 Mechanismen zur Realisierung der Schutzziele

Die zur Realisierung der Schutzziele der Mehrseitigen Sicherheit existierenden diversen technischen Sicherheitsmechanismen werden in Tabelle 6 zusammengefasst. Die Übersicht ist

[94] Quelle: RANNENBERG (2000), S. 201.

[95] Die genannten Aspekte sind nur einige von vielen. Eine umfassende Übersicht bietet BSI (2001).

ergänzt um Mechanismen, die sich derzeit in der wissenschaftlichen Diskussion befinden aber bisher von Unternehmen kaum genutzt werden.[96]

Schutzziele	*Technische Sicherheitsmechanismen*
Vertraulichkeit	(c1): Symmetrische und asymmetrische Kryptographie; Firewalls; VPN; Steganographie[97] (c2): Mix-Netzwerke;[98] Anonymizer/Remailer;[99] **Sender-Anonymität:**[100] DC-Netze;[101] Onion Routing;[102] Crowds;[103] Ortsadressierung;[104] **Empfänger-Anonymität:** Broadcast; Multicast[105] (c3): Broadcast; Multicast; Freiburger Kommunikationsassistent[106]

96 Diese Unterteilung ist allerdings nicht überschneidungsfrei. Die Wirksamkeit von Sicherheitsmechanismen einer Kategorie hängt oftmals von Sicherheitsmechanismen einer anderen Kategorie ab. So ist etwa eine Verschlüsselung nur dann effektiv, wenn auch eine ordnungsgemäße Authentifizierung der Akteure gewährleistet ist.

97 Vgl. bspw. WESTFELD (1997); WESTFELD (1999); KATZENBEISSER/PETITCOLAS (1999). Bei der Steganographie werden geheimzuhaltende Nachrichten in unverdächtige Nachrichten (z.B. digitale Bilder oder Audiodateien) eingebettet.

98 Vgl. CHAUM (1981). Mix-Netzwerke ermöglichen unbeobachtbare Kommunikation. Der Weg von Nachrichten wird bei Mix-Konzepten durch geschicktes Umleiten und Bündeln der Datenpakete verschleiert. Mixe erhalten von Teilnehmern einer Anonymitätsmenge Nachrichten, verändern diese in ihrem Aussehen und senden diese in veränderter Reihenfolge weiter. Mit Mixen kann also neben der Anonymität des Senders und des Empfängers auch die Anonymität von Verbindungen erreicht werden. Vgl. ebenso FEDERRATH/JERICHOW/PFITZMANN (1996) sowie zu einer Weiterentwicklung von Mix-Konzepten z.B. *Web-Mixe* [vgl. BERTHOLD/FEDERRATH/KÖPSEL (2001)].

99 http://www.anonmizer.com/, Abruf am 30.4.2002. Der Anwender bleibt im Internet anonym, nicht jedoch gegenüber dem Anonymizer bzw. Remailer.

100 Vgl. zu einer Erläuterung und Vorstellung verschiedener hier zuzuordnender Mechanismen ebenso BORNING/KESDOGAN/SPANIOL (2001).

101 Vgl. CHAUM (1988). Mithilfe von DC-Netzen kann ein Absender anonym auftreten, indem die gesendeten Nachrichten aller Akteure überlagert werden.

102 Vgl. GOLDSCHLAG/REED/SYVERSON (1996); SYVERSON/GOLDSCHLAG/REED (1997). Onion-Routing ist eine Spezialisierung des Mix-Konzeptes mit Echtzeitverkehr.

103 Vgl. REITER/RUBIN (1998).

104 Vgl. ZUGENMAIER/KREUTZER/MÜLLER (2001).

105 Soll der Empfänger einer Nachricht anonym bleiben, so kann die Nachricht an alle Teilnehmer im Netz (Broadcast) oder Teilnehmergruppen (Multicast) ausgesendet werden, wobei sich der Empfänger in der entsprechenden Teilnehmergruppe befinden muss.

Integrität	(i1): Digitale Signaturen (mit Hashfunktionen); Virenscanner; IDS; Message Authentication Codes (MACs)[107]
Zurechenbarkeit	(a1), (a2): Digitale Signaturen; digitale Zertifikate; Public-Key-Infrastrukturen; Watermarking; Ortsstempeldienst;[108] spezielle Notariatsdienste[109] (a3): Digitale Signaturen; Public-Key-Infrastrukturen; spezielle Signaturverfahren (blinde Signaturen);[110] anonyme und unbeobachtbare Abrechnungsverfahren[111]
Verfügbarkeit	(v1): diversitäre Netze mit möglichst geringer Entwurfskomplexität; redundante Netzwerkkonfigurationen; Vermeidung von Engpässen; Firewalls mit Router-Filter; Patches; Quotasysteme; IDS; Backup-Systeme; physikalischer Schutz[112]

Tabelle 6: Schutzziele der Mehrseitigen Sicherheit und Sicherheitsmechanismen[113]

4.3.3 Maximal erreichbare technische Sicherheit

Viele sog. Cyberattacken oder Hackerangriffe sind vermeidbar. So nutzen Angreifer häufig bekannte Sicherheitslücken, für die bereits Patches verfügbar sind oder Sicherheitslösungen existieren. Viele der Angriffe könnten vermieden werden, wenn Unternehmen im Rahmen ihres Risikomanagements eine konsequente IT-Sicherheitspolitik verfolgen würden. Eine regelmäßige Überprüfung und Aktualisierung der technischen Sicherungsmaßnahmen ist zwingend. Verbleibende Restrisiken können dann transferiert (z.B. versichert) werden.

106 Vgl. STOLL (1995); MÜLLER/STOLL (1995); MÜLLER/STOLL (1996); GOLD (1999).

107 Vgl. SCHNEIER (1999), S. 37. MACs sind Einweg-Hashfunktionen mit zusätzlichem, geheimen Schlüssel. Bei symmetrischen Verfahren wird an ein Dokument der MAC als Prüfteil angehängt. Bei Kenntnis des Schlüssels kann die Integrität der Dokuments überprüft werden.

108 Vgl. ZUGENMAIER/KABATNIK (2001); ZUGENMAIER/KREUTZER/KABATNIK (2001); KREUTZER/ZUGENMAIER (2001).

109 Ein Beispiel dafür ist der „Telezeuge" [vgl. KREUTZER/ZUGENMAIER (2001)].

110 Vgl. CHAUM (1982); CHAUM (1992); CHAUM/FIAT/NAOR (1990).

111 Vgl. SCHMIDT/SCHUNTER/WEBER (1999).

112 Vgl. zu diesen und weiteren Vorkehrungen CERT/CC (2001). Viele dieser Mechanismen werden in der Praxis bereits häufig eingesetzt und sollen an dieser Stelle nicht weiter erläutert werden [vgl. dazu bspw. OPPLIGER (2001)].

113 Quelle: eigene Darstellung in Anlehnung an FEDERRATH/PFITZMANN (1997), S. 102.

Absolute Sicherheit wird es im Netzwerkbereich nie geben. Hacker-Angriffe oder Viren sind eine stetige Gefahr, die technisch nie völlig bewältigt werden kann. Zur Realisierung der Schutzziele existieren diverse technische Sicherheitsmechanismen. Obwohl oft nur ein Schutz auf Zeit gegeben ist, sind die Schutzziele, abgesehen vom Schutzziel der Verfügbarkeit, technisch erreichbar. Allerdings ist nicht nur die Sicherheit der Einzelkomponenten entscheidend, sondern insbesondere das sichere Zusammenspiel von heterogenen Komponenten in offenen, sicheren Systemen.[114]

Sicherheitsprobleme im Internet resultieren weniger aus einem grundsätzlichen Mangel an technischen Sicherheitsmechanismen als vielmehr aus mangelnder korrekter bzw. fehlender Anwendung der technischen Verfahren. Häufig werden die angewandten Sicherheitstechniken auch nicht hinreichend aktualisiert.

Nicht zu vernachlässigen ist schließlich der Kostenaspekt. Organisatorische und technische Infrastrukturen, wie z.B. die Public-Key-Infrastrukturen, sind im Aufbau und Betrieb sehr teuer. Die auf die Nutzer entfallende Kosten von digitalen Signaturen stellen sicher einen wichtigen Grund für die bisherige geringe Akzeptanz dar. Letztlich wird dadurch auf potenziell mögliche Sicherheit bewusst verzichtet.

Völliger Schutz der Verfügbarkeit ist technisch nicht erreichbar. Heutige Firewalls bieten keinen ausreichenden Schutz gegen DoS-Angriffe. Der Grund hierfür liegt in den verschiedenartigen Angriffsformen, von denen viele unbekannt bleiben. Aufgrund der bisher fehlenden generellen Präventionsmöglichkeit[115] gegen DoS-Angriffen müssen neue Infrastrukturen entwickelt werden, um derartige Attacken abwehren zu können.[116] Die Abwehr von DDoS-Angriffen erweist sich ebenso als äußerst schwierig. Spezielle Systemkonfigurationen und Router-Einstellungen gegen DoS-Datenpakete vermindern das Risiko. Die besondere Problematik bei der Abwehr von DDoS-Angriffen ergibt sich aus der zusätzlichen Verwendung mehrerer unwissender Zombie-Server, die eine Rückverfolgung des eigentlichen Angreifers unmöglich macht.[117]

Kostenüberlegungen sind sicher ein Grund (vgl. Abschnitt 2.1.1), um den Einsatz technischer Sicherheitsmechanismen und organisatorischer Infrastrukturen auf ihre Tauglichkeit hin zu überprüfen. Es gilt, ein kostenoptimales Schutzniveau zu erreichen. In diesem Kontext stellt sich die Frage des Einsatzes ergänzender Versicherungslösungen oder alternativer Risikofinanzierungslösungen. Der zweite Grund für die grundsätzliche Überlegung, ob ökonomische Maßnahmen zur Risikominimierung eingesetzt werden sollen, findet ihre Begründung in der Unmöglichkeit, hundertprozentige Sicherheit zu erreichen. An dieser Stelle setzen auch die nachfolgend vorgestellten vertrauensbildenden Mechanismen an.

---

114 Vgl. MÜLLER/RANNENBERG (1999b), S. 46.

115 Vgl. NEUMANN (2000).

116 Vgl. SPATSCHECK/PETERSON (1999).

117 Vgl. CERT/CC (1999).

4.4 Vertrauensbildung und Versicherungen im Electronic Commerce

4.4.1 Notwendigkeit und Definition von Vertrauen

Die in Abschnitt 4.3 beschriebenen technischen Sicherheitsmechanismen und Verfahren zur Erreichung Mehrseitiger Sicherheit im Electronic Commerce können als „harte Mechanismen" bezeichnet werden.[118] Solche harten Sicherheitsmechanismen, wie z.B. kryptographische Verfahren oder Firewalls und die damit zu erreichenden Schutzziele der Mehrseitigen Sicherheit, können als notwendige Voraussetzung gesehen werden, um Vertrauen im Electronic Commerce aufbauen zu können.[119]

Harte Sicherheitsmechanismen stellen beispielsweise sicher, dass Akteure authentifiziert sind, d.h. dass Handlungen im virtuellen Electronic Commerce[120] realen Akteuren zugerechnet werden können. Angesprochen ist damit die Identität einzelner Akteure im Electronic Commerce.[121] Diese technischen Mechanismen sind für die Ingangsetzung von Vertrauensbildungsprozessen unabdingbar. Durch harte Sicherheitsmechanismen alleine kann jedoch nicht sichergestellt werden, dass sich die Akteure entsprechend einer von ihren Transaktionspartner gewünschten und vorhersehbaren Weise verhalten. Folglich sind ergänzende vertrauensbildende Mechanismen bzw. Institutionen erforderlich.[122]

Vertrauensprobleme zählen zu den größten Hürden des Electronic Commerce.[123] Neben der notwendigen technischen Sicherheit ist für einen prosperierenden Electronic Commerce somit die Schaffung und die Aufrechterhaltung von Vertrauen ein zusätzliches zur technischen Sicherheit komplementäres Erfordernis.[124]

Vertrauen wird in den verschiedenen wissenschaftlichen Disziplinen vielfältig erfasst.[125] Es lassen sich jedoch aus verschiedenen theoretischen Ansätzen gemeinsame Grundelemente des

---

[118] Vgl. RASMUSSON/JANSSON (1996); RASMUSSON/RASMUSSON/JANSSON (1996). Harte Mechanismen zeichnen sich durch „Alles oder nichts-Eigenschaften" aus [vgl. EGGS (2001), S. 69].

[119] Vgl. EGGS (2001), S. 69 sowie EGGS/MÜLLER (2001), S. 32f. Als hinreichende Bedingung sind diese harten Mechanismen allerdings nicht zu sehen.

[120] Vgl. dazu Abschnitt 1.3.1 dieser Arbeit, der den Virtualisierungsgrad des E-Commerce beschreibt.

[121] Erste Ansätze zur Entwicklung eines Identitätsmanagers für einzelne Akteure finden sich in JENDRICKE/GERD TOM MARKOTTEN (2000); GERD TOM MARKOTTEN/JENDRICKE (2001) sowie in GERD TOM MARKOTTEN/JENDRICKE/MÜLLER (2001).

[122] Vgl. EGGS (2001), S. 69.

[123] Vgl. z.B. EGGS/ENGLERT (2000); EGGS (2001); GRIMM (2001).

[124] Vgl. EGGS (2001); EGGS/MÜLLER (2001).

[125] Vgl. bspw. DEUTSCH (1958); DEUTSCH (1962); BLAU (1968); COHEN (1966); COLEMAN (1982); REISS (1974); REISS (1984); ZUCKER (1986); SHAPIRO (1987); DASGUPTA (1988); GAMBETTA (1988); LUHMANN (1979); LUHMANN (1989). Einen Überblick über verschiedene Begriffsbestimmungen finden sich z.B. in BARBER (1983); HOSMER (1995) und MCKNIGHT/CHERVANY (1996).

Vertrauens ableiten.[126] Diese gemeinsamen Grundelemente finden sich in der hier zugrundegelegten Vertrauensdefinition wieder.

Vertrauen wird als eine Kombination zweier Elemente gesehen: Die *Vertrauenshandlung* bezieht sich auf die „[...] freiwillige Erbringung einer riskanten Vorleistung unter Verzicht auf explizite rechtliche Sicherungs- und Kontrollmaßnahmen gegen opportunistisches Verhalten [...]". Die *Vertrauenserwartung* meint, „[...] dass der Vertrauensnehmer freiwillig auf opportunistisches Verhalten verzichtet".[127]

Geschäfte in der realen Welt sind durch Vertrauenshandlungen und Vertrauenserwartungen von Verkäufer und Käufer gekennzeichnet. Vertrauensaufbau ist für den Electronic Commerce ebenfalls unerlässlich.

4.4.2 Institutionelle Unterstützung der Vertrauensbildung

Vertrauensunterstützende Institutionen können dem Vertrauensaufbau Vorschub leisten, indem sie behilflich sind, vertrauensrelevante Informationen aufzudecken, zu bewerten bzw. zu kommunizieren oder aber in Schadensfällen kompensieren (Versicherungen). Diese Institutionen lassen sich, wie in Abbildung 23 in Anlehnung an EGGS (2001) dargestellt, transaktionsphasenabhängig strukturieren. Den Versicherungen kommt dabei eine besondere Bedeutung zu. Sie wirken einerseits vertrauensschaffend, andererseits ermöglichen sie einen Risikotransfer und reduzieren somit zu tragende Restrisiken.

---

[126] Vgl. EGGS (2001), S. 70ff. der aus den verschiedenen theoretischen Ansätzen zu Vertrauen in Anlehnung an LANE (1998) drei gemeinsame Grundelemente des Vertrauens ableitet. An dieser Stelle soll auf eine genaue Darstellung verzichtet werden.

[127] RIPPERGER(1998), S. 45. Vgl. EGGS/MÜLLER (2001): Diese Vertrauensdefinition bezieht sich weniger auf die Komplexität kommunikationstechnologischer Systeme, sondern beruht auf der Auffassung, dass Vertrauen Komplexität reduzieren vermag, „[...] die durch die Freiheit des anderen Menschen in die Welt kommt."[LUHMANN (1989), S. 32]. Vertrauen wird aus verschiedenen wissenschaftlichen Perspektiven unterschiedlich aufgefasst [vgl. BARBER (1983)]. Die verschiedenen Ansätze zeichnen sich aber durch die häufige Annahme der Interdependenz der Akteure aus, die das Erbringen einer „riskanten Vorleistung" [vgl. LUHMANN (1989), S. 23] notwendig macht. Diese Vorleistung des sog. Treugebers wird in Erwartung vertrauensrechtfertigenden Verhaltens des sog. Treuhänders erbracht.

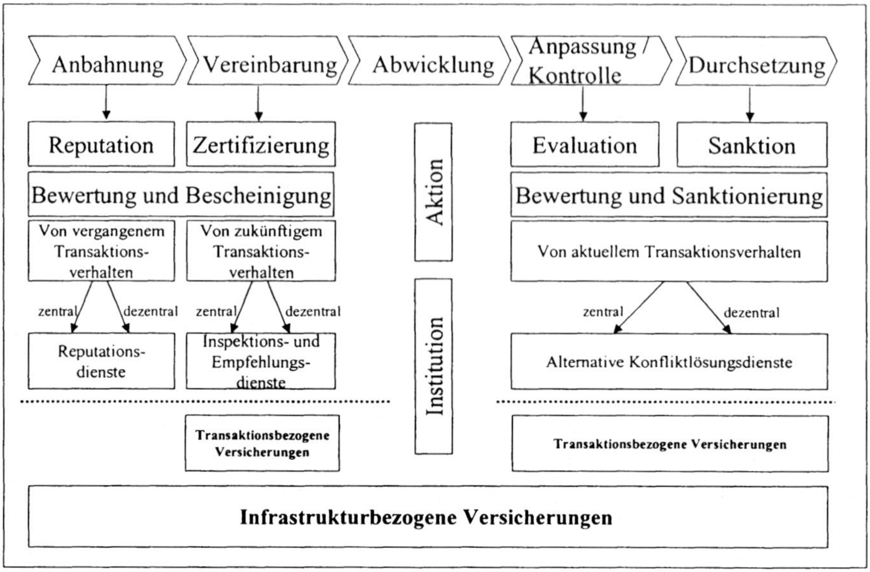

Abbildung 23: Transaktionsphasenabhängige Vertrauensgenese und Versicherung[128]

4.4.2.1 *Reputationsdienste*

Reputationsdienste werden ex-ante vor einer Transaktion in Anspruch genommen und beziehen sich nicht direkt auf die Transaktion oder das Transaktionsobjekt, sondern auf die Transaktionssubjekte. Derartige Dienste sollen die Einschätzung der subjektiven Vertrauenswürdigkeit der Transaktionspartner erleichtern, indem sie glaubhafte Aussagen über vergangenes Verhalten von Transaktionspartnern treffen.

Reputationsdienste existieren in zentraler und dezentraler Ausprägung. Bei zentralen Reputationsdiensten[129] übernehmen zentrale Institutionen die Aufgaben der Aufdeckung, Bewertung und Kommunikation vertrauensrelevanter Informationen.[130] Dezentrale Reputationsdienste[131]

---

128 Vgl. GRZEBIELA (2002); in Anlehnung an EGGS (2001), S. 110; EGGS/MÜLLER (2001), S. 37.

129 Vgl. z.B. *Dun & Bradstreet, Inc.*, einer der größten und renommiertesten Wirtschaftsauskunftsdateien weltweit [http://www.dnb.com, Abruf am 27.11.2001]. Eine Übersicht der in Deutschland angebotenen Produkte findet sich unter: http://www.dbgermany.com/prods_svcs/directory.htm am 27.11.2001. Traditionelle deutsche Anbieter, die Reputationsaussagen anbieten, sind z.B. die *SCHUFA Holding AG* [http://www.schufa.de, Abruf am 27.11.2001], welche über einzelne Personen berichtet sowie die Wirtschaftsauskunftsdatei *Verband der Vereine Creditreform e.V.* [http://www.creditreform.de, Abruf am 27.11.2001], die sich auf zwischenbetriebliche Kreditbeziehungen spezialisiert hat. Eine Möglichkeit, Bonitätsanalysen von Geschäftspartnern online vorzunehmen, bietet die *Gothaer Credit Versicherungs AG* [http://www.gothaer-credit.de/, Abruf am 3.12.2001]. Im Rahmen dieses Produktes erhalten die Kunden grundlegende Unternehmensdaten, eine betragliche Empfehlung zum Umfang der Geschäftsbeziehung sowie eine Risikobewertung in Form eines Ratings.

130 Vgl. EGGS/MÜLLER (2001), S. 39: Zentrale Institutionen zeichnen sich durch eine einzige, singuläre Instanz, die für die Durchführung dieser Aufgaben zuständig ist, aus.

zeichnen sich dadurch aus, dass hier eine Vielzahl von Instanzen bei der Bewertung von Reputation auftreten. Bisherige Transaktionspartner[132] bewerten und kommunizieren dezentral vertrauensrelevantes Verhalten.[133]

4.4.2.2 Inspektions- und Empfehlungsdienste

Inspektions- und Empfehlungsdienste sollen ebenfalls ex-ante vor der Transaktion, zur Reduktion von Unsicherheiten bezüglich der Produkt- und Transaktionsqualität beitragen. Sie treffen Aussagen über zukünftige Transaktionen, erarbeiten allgemeine Qualitätskriterien und überprüfen deren Einhaltung.

Die Einhaltung von bestimmten Standards wird mittels Zertifikaten oder Gütesiegeln signalisiert, die auf den Web-Seiten der überprüften Anbieter platziert werden (zentrale Inspektionsdienste).[134] Dezentrale Empfehlungsdienste sprechen Empfehlungen über Güter und Dienstleistungen aus.[135] Diese beziehen sich einerseits auf deren Qualität, andererseits auf ihre Übereinstimmung mit subjektiven Präferenzen.[136]

4.4.2.3 Alternative Konfliktlösungsdienste

Als Alternative Konfliktlösungsdienste werden Verfahren bezeichnet, die auf gerichtliche Schritte verzichten[137] und auf alternative Methoden der Streitbeilegung außerhalb der ordentlichen Gerichtsbarkeit rekurrieren.[138] Diese im anglo-amerikanischen Rechtskreis stark ver-

---

131 Ein bekanntes Beispiel für einen dezentralen Reputationsdienst ist die Möglichkeit der dezentralen Bewertung von Teilnehmern der Auktionsplattform *eBay* [http://www.ebay.de, Abruf am 27.11.2001]. Informationen zu diesem Bewertungs-Forum und Hinweise zu den Bewertungen findet sich auf: http://pages.ebay.de/services/forum/feedback.html#01, Abruf am 27.11.2001.

132 Im Extremfall tragen hier alle bisherigen Transaktionspartner bei.

133 Vgl. dazu EGGS (2001), S. 191-210, der zentrale sowie dezentrale Reputationsdienste ausführlich vorstellt. Dezentrale Reputationsmechanismen sind des Weiteren auf agentenbasierten Marktplätzen, in Wearable Communities oder in anderen IuKT-Szenarien implementierbar [vgl. EGGS (2001), S. 210-222]. Vgl. zur Reputation in Multiagentensystemen EYMANN (2000), S. 211; PADOVAN (2001); PADOVAN/ SACKMANN/EYMANN/PIPPOW (2001); PADOVAN/SACKMANN/EYMANN/PIPPOW/EGGS (2001).

134 Beispiele dafür sind Institutionen, die Qualitätssiegel vergeben wie
Trusted Shops [http://www.trustedshops.de/de/home, Abruf am 27.11.2001],
Trusted Trade [http://www.trustedtrade.de/en/home/index.htm, Abruf am 27.11.2001],
S@fer-Shopping [http://www.safer-shopping.de, Abruf am 27.11.2001],
EHI Geprüfter Online-Shop [http://www.shopinfo.net, Abruf am 27.11.2001] oder
BBBOnLine [http://www.bbbonline.org, Abruf am 27.11.2001], ein Tochterunternehmen der in den USA weit verbreiteten *Better Business Bureaus (BBB)* [http://www.bbb.org, Abruf am 27.11.2001].

135 Beispiele für dezentrale Empfehlungsdienste sind *Ciao* [http://www.ciao.com, Abruf am 27.11.2001], *Dooyoo* [http://www.dooyoo.com, Abruf am 27.11.2001] oder die integrierten Empfehlungsdienste bei *Amazon* [www.amazon.com, Abruf am 27.11.2001].

136 Vgl. die detaillierten Ausführungen zu Inspektions- und Empfehlungsdiensten mit zahlreichen Beispielen in EGGS (2001), S. 127-191.

137 Vgl. bspw. VAHRENWALD (2000); WILIKENS/VAHRENWALD/MORRIS (2000).

138 Vgl. GEIGER (2000), S. 443. Derzeit beschäftigt sich die EU-Kommission mit der alternativen Streitbeilegung in einem Grünbuch. Das Papier dient als Grundlage einer umfassenden Konsultation und gibt einen Überblick über die Verfahren, die es z. Zt. in Europa gibt [vgl. KOMMISSION DER EUROPÄISCHEN GEMEINSCHAFTEN (2002)].

breiteten „Alternative Dispute Resolution" (ADR)[139] beinhaltet eine Fülle von Verfahrensarten.[140]

Alternative Konfliktlösungsdienste kommen vertrauensschaffend ex-post, nach der abgeschlossenen Transaktion, bei eventuell auftretenden Konflikten zum Tragen. Die Bereitschaft, sich im Konfliktfall einem solchen anerkannten außergerichtlichen Lösungsverfahren zu unterwerfen, kann bereits ex-ante, vor der eigentlichen Transaktion, die Vertrauenswürdigkeit beim Transaktionspartner erhöhen. Die Teilnahme an solchen Konfliktlösungsverfahren ist auch insofern für Anbieter im Electronic Commerce sinnvoll, als diese durch einvernehmliche Konfliktlösungen das Abwandern enttäuschter Kunden zu anderen Anbietern reduzieren und so ihre Reputation und zukünftige Umsätze schützen können.[141] Unbefriedigende Konfliktlösungen führen zu Loyalitätsverlusten bei Kunden von Online-Anbietern.[142] Eine daraus eventuell resultierende negative Mund-zu-Mund Propaganda potenziert Negativ-Effekte weiter.

Auf die ökonomische Bedeutung von Alternativen Konfliktlösungsdiensten, deren Anwendungsfelder, ihre zentralen und dezentralen Ausprägungen wie auch auf entsprechende Beispielen im Electronic Commerce[143] soll hier nicht näher eingegangen werden; eine sehr ausführliche Darstellung dazu liefert EGGS.[144]

Es ist aber festzuhalten, dass die Online-Abwicklung von Streitigkeiten, die sich auf Transaktionen über das Internet beziehen, nicht nur Mutmaßungen oder Experimente sind,[145] sondern

---

[139] Alternative Bezeichnungen sind „Out-of-Court Settlement" oder mit Betonung auf die Anwendbarkeit im E-Commerce „E-Dispute Resolution" [vgl. GEIGER (2000)].

[140] Vgl. dazu EGGS (2001), S. 229-234, der die einzelnen Verfahrensarten detailliert vorstellt. Die gebräuchlichste Unterscheidung differenziert zwischen Conciliation, Mediation und Arbitration. Grundsätlich lassen sich die Verfahren nach der Intensität ordnen, mit der die externe Instanz in den Kofliktlösungsprozess eingreift [vgl. HART (1999); o.V. (2000, Beginners´ Guide)].

[141] Vgl. EGGS (2001), S. 223. Besondere Bedeutung gewinnt dieses Argument vor dem Hintergrund empirischer Untersuchungen, die zu dem Ergebnis kommen, dass Kunden durchschnittlich doppelt so häufig über negative wie über positive Kauferfahrungen berichten und es ungefähr fünfmal teurer ist, neue Kunden zu gewinnen als alte zu halten. Kunden, deren Beschwerden zu ihrer Zufriedenheit gelöst wurden, verhalten sich des Weiteren acht Prozent loyaler als Kunden, die keine Beanstandungen vorbrachten [vgl. GOODMAN (1999)].

[142] Vgl. Charles Underhill, Senior Vice President, Dispute Resolution Division, Council of Better Business Bureaus, auf dem "Department of Commerce and Federal Trade Commission Joint Workshop on Alternative Dispute Resolution for Online Consumer Transactions in the Borderless Online Marketplace", 6.-7. Juni 2000, in Washington, zitiert in: FEDERAL TRADE COMMISSION (2000), S. 63: So kommt einem professionellen Beschwerdemanagement gerade im E-Commerce große Bedeutung zu, da nur 36% der Online-Kunden mit ihren getätigten Transaktionen zufrieden sind.

[143] Genannt sein sollen nur die bekannten Beispiele *BBB* [http://www.bbb.org, Abruf am 27.11.2001], *BBBOnLine* [http://www.bbbonline.org, Abruf am 27.11.2001] sowie *EHI Geprüfter Online-Shop* [http://www.shopinfo.net, Abruf am 27.11.2001] für zentrale Alternative Konfliktlösungsdienste und *ClickNsettle* [http://www.clicknsettle.com, Abruf am 27.11.2001] sowie *CyberSettle* [http://www.cybersettle.com, Abruf am 27.11.2001] für dezentrale Alternative Konfliktlösungsdienste.

[144] Vgl. EGGS (2001), S. 222-271.

[145] Erste Impulse in Richtung elektronischer Streitbeilegung gingen ab Ende 1996 in experimentellen Projekten von Universitäten aus. Siehe dazu http://www.cybertribunal.org, Abruf am 25.11.2001. Dieses Projekt zur Online-Mediation und -Arbitration endete im Dezember 1999. Das Nachfolgeprojekt ist „eResolution" [http://www.eresolution.ca, Abruf am 25.11.2001].

bereits in der Praxis existieren und sich in Empfehlungen und Gesetzesinitiativen internationaler Organisationen sowie der Europäischen Union niederschlägt.[146]

4.4.2.4 Transaktionsbezogene Versicherungen

Transaktionsbezogene Versicherungen können einerseits ex ante vor der Transaktion zum Einsatz kommen. In diesem Fall haben sie eine den Inspektions- und Empfehlungsdienst unterstützende Funktion (z.B. Transportversicherung, Geld-zurück-Garantie). Andererseits können solche Versicherungen ex post zum Einsatz kommen, indem sie beispielsweise alternative Konfliktlösungsdienste unterstützen (z.B. Haftpflichtversicherungen). In beiden Szenarien dienen transaktionsbezogene Versicherungen auch dem Vertrauensaufbau.

4.4.2.5 Infrastrukturbezogene Versicherungen

Infrastrukturbezogene Versicherungen bieten vornehmlich Versicherungsschutz gegen die in Abschnitt 4.2.2 beschriebenen Sicherheitsrisiken bzw. deren Auswirkungen. Hier sind insbesondere die Infrastruktur des Electronic Commerce und die Electonic Commerce betreibenden Unternehmen betroffen. Potenziell erhältlicher Versicherungsschutz gegen die Bedrohungen der Schutzziele der Mehrseitigen Sicherheit (Sicherheitsrisiken) wirkt vertrauensschaffend.

---

[146] Vgl. GEIGER (2000), S. 444

5 Existierendes Versicherungsangebot und Versicherbarkeit von Internet-Risiken

Nach dem Einsatz technischer Sicherungsmaßnahmen und vertrauensunterstützender Institutionen kann eine Reduktion der verbleibenden Restrisiken mit ökonomischen Maßnahmen zur Risikobegrenzung erfolgen. Da eine hundertprozentige technische Sicherheit nie erreicht werden kann und diese aus ökonomischen Gründen auch nicht anzustreben ist, sind hierzu ergänzende Versicherungslösungen einsetzbar (vgl. Abbildung 24).

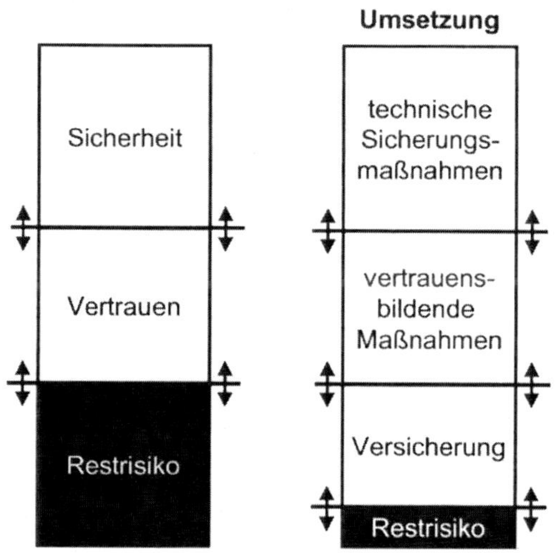

Abbildung 24: Versicherungslösungen zur Reduktion von Restrisiken

Nachfolgend werden einerseits transaktionsbezogene (Abschnitt 5.2.1) und andererseits infrastrukturbezogene Versicherungen (Abschnitt 5.2.2) betrachtet. Versicherungen, die Transaktionsrisiken des Electronic Commerce abdecken, werden am Markt angeboten. Diese können sich entweder auf Business-to-Consumer Transaktionen oder auf Aktivitäten im Business-to-Business Bereich beziehen. Entsprechende RM-Lösungen und Versicherungsansätze für Risiken, die sich aus der Unsicherheit von Zahlungstransaktionen im Internet ergeben, werden in 5.2.1.4 ebenfalls vorgestellt.

In der weiteren Betrachtung liegt der Schwerpunkt allerdings stärker auf den infrastrukturbezogenen Internet-Versicherungen, die sich insbesondere der Versicherbarkeit von Sicherheitsrisiken widmen. Einige Internet-Risiken werden teilweise schon durch „traditionelle" EDV-Versicherungen abgedeckt, die einleitend in 5.1 angeführt werden. Trotz Kalkulationsschwierigkeiten, die aus mangelnden Erfahrungswerten für Schadenseintrittswahrscheinlichkeiten und durchschnittliche Schadenshöhen aber auch aus dem möglichen Auftreten von Kumulen (aufgrund von Ausfall- und Störungsrisiken) resultieren, werden erste Versicherungen speziell gegen Internet-Risiken angeboten. Ausgewählte spezielle Internet-Versicherungen werden in Abschnitt 5.2.2.2 vorgestellt.

Kapitel 5 schließt mit einer Analyse der Versicherungsmöglichkeiten von Internet-Risiken. Die in 5.3.2 vorgenommene Beurteilung der Versicherbarkeit anhand der Sicherheitsrisiken als Referenz verdeutlicht, dass nicht alle Internet-Risiken versicherbar sind. An dieser Stelle wird auf die wichtigsten Probleme hingewiesen und Lösungsvorschläge werden angeführt.

5.1 „Traditionelle" EDV-Versicherungen

Unternehmen als Versicherungsnehmer stehen eine ganze Reihe von Versicherungen zur Verfügung, um spezielle Risiken von IT-Systemen finanziell abzusichern.[1] Diese „traditionellen" im Sinne von schon länger am Markt existierenden EDV- bzw. Elektronik-Versicherungen werden der Sparte der Industrieversicherung zugeordnet. Sie stellen keine speziellen Versicherungen gegen inhärente Internet-Risiken dar, verschaffen dem Versicherungsnehmer aber dennoch die Möglichkeit, bestimmte Teilrisiken der Informationssicherheit abzusichern.[2] Allerdings bieten sie nur einen ziemlich restringierten Versicherungsschutz bzw. sind recht kostspielig.[3]

Dies ist unter anderem darin begründet, dass sich die Industrieversicherung[4] derzeit in einer Umbruchphase befindet, die vor allem auf technologische, wirtschaftliche und rechtliche Entwicklungen zurückzuführen ist.[5] In dem hier betrachteten Kontext der EDV-

---

1 Schäden, die sich auf die EDV bzw. IT-Systeme beziehen, können sehr vielfältig sein und große, finanzielle Ausmaße annehmen. Eine Fallsammlung zu Schäden und entstandenen Kosten findet sich in BSI (2000), S. 245-284 oder bspw. unter http://www.infosec.ch/faelle/, Abruf am 23.4.2002.

2 Vgl. BLIND (1996a), S. 194; LESCH/RICHTER (2000a), S. 621; LESCH/RICHTER (2000c), S. 1856.

3 Zu einer ausführlichen Übersicht dieser Versicherungsangebote vgl. DVSV (1992) sowie PETZEL (1998), S. 15ff.

4 Die traditionelle Industrieversicherung ist gekennzeichnet durch hohe Schadenspotenziale und vergleichsweise kleine Schadensfrequenzen [vgl. bspw. SCHIERENBECK/HÖLSCHER (1998), S. 745]. Ebenso weisen Industrieversicherungen einen hohen Individualisierungsgrad auf [vgl. BRÜHWILER (1994), S. 8ff.]. So werden standardisierte Vertragsbedingungen im Allgemeinen nur als Ausgangspunkt einer spezifischen Vertragsgestaltung genutzt, da die Risikostruktur in Industrieunternehmen so komplex ist, dass Versicherungsverträge individuell adaptiert werden müssen [vgl. HÖLSCHER/KREMERS/RÜCKER (1996b), S. 46]. Die Aufgabe der Industrieversicherung besteht vornehmlich darin, Unternehmen gegen finanzielle Auswirkungen von Schäden abzusichern, die deren wirtschaftliche Existenz gefährden könnten [vgl. ILLNER (1993), S. 215]. Hier ist der Bilanzschutzgedanke zentral, der in Abschnitt 6.1.2 näher erläutert wird.

5 Vgl. SCHIERENBECK/HÖLSCHER (1998), S. 744f.: Wirtschaftliche Gründe resultieren z.B. aufgrund der zunehmenden Globalisierung, die einen tiefgreifenden Wandel der Wettbewerbsbedingungen und -umwelt erkennen lässt. Der Wandel der Märkte impliziert Konzentrationsbestrebungen und eine strategische Kernkompetenzorientierung bei Unternehmen [vgl. GRZEBIELA (1998)], die eine zunehmende informationstechnische Vernetzung der Unternehmen erfordert. Verbunden mit produktionstechnischen Konzepten (z.B. Verkettung von Fertigungsanlagen, Just in time Fertigung) können selbst verhältnismäßig kurze Störungen

Versicherungen sind insbesondere die technologischen Veränderungen zu betonen. So schreitet die technologische Entwicklung schnell voran[6] und lässt die IuKT sowie EDV- und EDV-gestützte Produktionsanlagen komplexer werden. Es ist zwar festzustellen, dass die Störanfälligkeiten von Maschinen im Zuge technologischer Weiterentwicklungen tendenziell abnehmen, das potenzielle Ausmaß von Schäden jedoch überproportional dazu anwächst.[7]

5.1.1 Überblick

Grundsätzlich lässt sich nach dem zu versichernden Gegenstand zwischen den EDV- bzw. Elektronik- und Personenversicherungen differenzieren. Die EDV-Versicherungen unterteilen sich weiter in Sachversicherungen (Elektroniksach-, Datenträger-, Softwareversicherung) und Ausfallversicherungen (Elektronik-Mehrkosten-, Elektronik-Betriebsunterbrechungs-Versicherung). Die Personenversicherungen lassen sich in Missbrauchsversicherungen (Vertrauensschaden-, Computer-Missbrauch-Versicherung), die bei Vorsatz greifen, sowie in Datenschutzversicherungen (Daten-Haftpflicht-, Daten-Rechtschutzversicherung) unterteilen. Die nachfolgende Tabelle 7 gibt einen Überblick der Versicherungen unter Angabe der versicherten Objekte und der Ersatzleistungen.

der IuKT zu Betriebsunterbrechungen mit hohen Schäden führen. Rechtliche Gründe beziehen sich insbes. auf sich verschärfende Haftungsregelungen [vgl. zu einer ökonomischen Analyse und Bewertung von Gefährdungs- und Verschuldenshaftung BLIND (1996a), S. 99-106].

6 So ist seit über 30 Jahren festzustellen, dass sich die Leistungsfähigkeit von Mikroprozessoren konstant etwa alle 18 Monate verdoppelt. Eine ähnlich hohe Leistungssteigerung ist auch bei anderen Technologieparametern wie Speicherkapazität oder Kommunikationsbandbreite zu beobachten („Moore's Gesetz") [vgl. MATTERN (2002)].

7 Vgl. HALLER/PETIN (1994), S. 153ff.

Versicherung	*Versicherte Objekte/Risiken*	*Was wird ersetzt?*
EDV-/Elektronikversicherungen: Sachversicherungen		
Elektroniksachversicherung	Hardware / Peripheriegeräte	Wiederbeschaffungs-/ Instandsetzungskosten
Datenträgerversicherung	Datenträger / gespeicherte Daten	Wiederbeschaffungs-/ Rekonstruktionskosten
Softwareversicherung (i.d.R. erweiterte Datenträgerversicherung)	Datenträger / gespeicherte Daten (auch ohne Beeinträchtigung des Datenträgers und der Hardware)	Wiederbeschaffungs-/ Rekonstruktionskosten
EDV-/Elektronikversicherungen: Ausfallversicherungen		
Elektronik-Mehrkostenversicherung	Mehrkosten / Überbrückungskosten	Mehrkosten zur Herstellung des betriebsfähigen Zustands
Elektronik-BU-Versicherung	Elektronisch betriebene Objekte (Hardware)	Entgangener (Betriebs-) Gewinn und laufende Kosten
Personenversicherungen: Missbrauchsversicherungen		
Vertrauensschaden-Versicherung	Vermögensschaden[8] durch vorsätzliche Handlungen von Mitarbeitern	Vermögenswerte, Geldwerte, Wiederherstellungskosten für EDV
Computer-Missbrauch-Versicherung	Vermögensschaden durch vorsätzliche Handlungen von Mitarbeitern (in unmittelbarem IT-Zusammenhang)	Vermögenswerte, Geldwerte, Wiederherstellungskosten für EDV
Personenversicherungen: Datenschutzversicherungen / Haftpflichtversicherungen		
Daten-Haftpflichtversicherung	Schadensersatzansprüche Dritter	Erstattung nachgewiesener berechtigter Ansprüche Dritter und Vermögensschaden aus gerichtlicher Prüfung
Daten-Rechtschutzversicherung	Gerichtliche Abwehr von Ansprüchen Dritter	Prozesskosten, Rechtsanwaltskosten

Tabelle 7: Traditionell für Sicherheitskonzepte relevante Versicherungen

5.1.2 Sachversicherungen

Die EDV- bzw. Elektronikversicherung i.w.S. lässt sich wie in Abbildung 25 dargestellt in fünf verschiedene Versicherungsarten unterteilen.[9] Drei davon können den Elektronikversi-

[8] Bei einem Vermögensschaden wurde weder eine Person (Personenschaden) noch ein materielles Gut (Sachschaden) geschädigt, dennoch ist ein Vermögensverlust eingetreten.

[9] Vgl. PETZEL (1998), S.17.

cherungen i.e.S. zugeordnet werden. Die beiden anderen zählen zu den Ausfallversicherungen.

Angesichts der zunehmenden Durchdringung der Unternehmen mit IuKT gewinnt die Elektronikversicherung verstärkt an Bedeutung.[10] Damit kann auch die Tatsache erklärt werden, dass die Elektronikversicherung die am häufigsten abgeschlossene Form der technischen Sachversicherungen ist.[11]

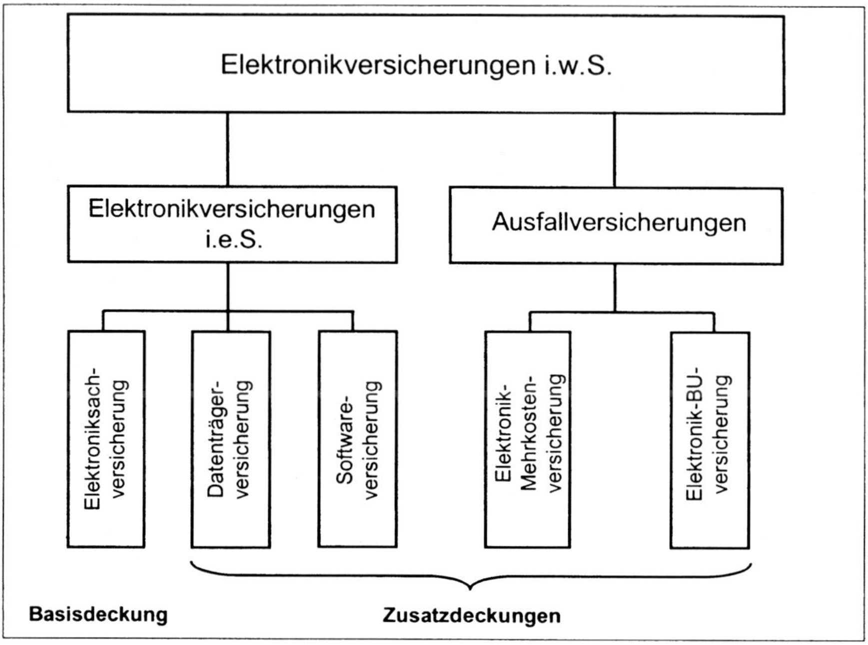

Abbildung 25: Facetten der Elektronikversicherung

5.1.2.1 Elektroniksachversicherung

Als Elektroniksachversicherung (ESV) wird die Versicherung von Hardware bezeichnet. Sie bildet die Basis des Versicherungsschutzes. In einer Art „Allgefahrendeckung" sind hier alle Sachschäden abgedeckt, die direkt aus dem Abhandenkommen der versicherten Gegenstände oder aus nicht rechtzeitig vorhergesehenen Ereignissen resultieren können. Sie umfasst außerdem fest installierte Datenträger sowie System-Programmdaten der Betriebssysteme und

---

[10] Vgl. SCHIERENBECK/HÖLSCHER (1998), S. 748.

[11] Vgl. HÖLSCHER/KREMERS/RÜCKER (1996a), S. 1617f.

damit gleichzusetzende Daten, die für die Grundfunktion der versicherten Hardware notwendig sind.

Welche Gegenstände versichert sind, wird im Versicherungsvertrag individuell bestimmt. Allerdings besteht insbesondere für kleinere und mittlere Unternehmen die Möglichkeit einer Pauschalversicherung, welche die versicherten Gegenstände nur grob umschreibt.

Rechtsgrundlage für die ESV sind die vom Bundesaufsichtsamt für das Versicherungswesen festgesetzten Allgemeinen Versicherungsbedingungen für die Elektronik-Versicherung (ABE) vom Januar 1997. Des Weiteren existieren viele besondere Vereinbarungen, die in Einzelfällen zusätzlich als Vertragsbestandteile aufgenommen werden.

Der Versicherer leistet im Rahmen der ESV Entschädigung, wenn

- ein Sachschaden[12] an den versicherten Gegenständen vorliegt,
- das Schadensereignis vom Versicherungsnehmer oder dessen Repräsentanten nicht rechtzeitig vorhersehbar war,[13]
- keine Schäden gemäß § 2 Nrn. 5-7 ABE sowie sonstige Ausschlüsse oder Obliegenheitsverletzungen vorliegen.[14]

Neben diesen drei allgemeingültigen Kriterien gelten bei den elektronischen Bauelementen, versicherten Daten sowie Röhren weitere Kriterien.[15]

Der Versicherer ersetzt grundsätzlich nur Sachschäden, die an einem bestimmten Versicherungsort eintreten. Im Allgemeinen wird darunter das im Versicherungsvertrag angeführte Betriebsgrundstück verstanden. Versicherungsschutz besteht auch, wenn versicherte Gegenstände innerhalb des Versicherungsortes transportiert werden.

Die Entschädigungshöhe richtet sich nach der vertraglich vereinbarten Versicherungssumme. Diese sollte im Idealfall dem Versicherungswert, der sich nach dem jeweils gültigen Listen-

[12] „Ein Sachschaden ist jede Beeinträchtigung der Substanz dergestalt, dass die Brauchbarkeit bzw. der Wert der Sache gemindert ist. Reine Funktionsunfähigkeit ohne erkennbare Ursache, sowie Schönheitsfehler (z.B. Kratzspuren am Gehäuselack, normale Verschmutzung) stellen keinen Sachschaden dar." [SEITZ/BÜHLER (1995), S. 7]. Das Abhandenkommen versicherter Gegenstände durch Diebstahl, Einbruchdiebstahl, Raub oder Plünderung ist somit eingeschlossen.

[13] Diese Bedingung bringt zum Ausdruck, dass der Versicherer nicht für Schäden aufkommt, die der Versicherungsnehmer vorsätzlich herbeiführt (Versicherungsbetrug). Sachschäden durch leichte oder grobe Fahrlässigkeit hingegen gelten als nicht rechtzeitig vorhersehbar und sind somit versichert [vgl. PETZEL (1998), S. 18].

[14] Diese Ausschlüsse betreffen z.B. Schäden aufgrund von Kriegsereignissen, durch Kernenergie oder Erdbebenschäden. Hier besteht ein Kumulrisiko. Des Weiteren sind betriebsbedingte normale und betriebsbedingte vorzeitige Abnutzung oder Alterung vom Ausschluss betroffen.

[15] Vgl. dazu PETZEL (1998), S. 18ff. Anzumerken ist, dass der Umfang des Versicherungsschutzes in der ESV im wesentlichen von den Ausschlussbestimmungen determiniert wird.

preis der versicherten Gegenstände im Neuzustand zuzüglich den Bezugskosten bemisst, entsprechen.[16]

5.1.2.2 *Datenträgerversicherung*

Die gespeicherten Daten sind von den Datenträgern losgelöst zu betrachten. Insofern sie nicht für die Grundfunktionen der versicherten Hardware benötigt werden, die in der Elektroniksachversicherung Berücksichtigung finden, greift hier die Datenträgerversicherung (DTV). Diese steht in einem komplementären Verhältnis zur Elektroniksachversicherung, da hier die Beeinträchtigung der Hardware zwingende Voraussetzung für eine monetäre Kompensation ist.[17] Grundsätzlich sind nur die im Versicherungsschein vorab deklarierten Daten und Programme sowie die Datenträger (z.B. Wechselfestplatten, Disketten, Streamer etc.) versichert.

Diese können beispielsweise sein:

- Stamm- und Bewegungsdaten aus Dateien/Datenbanken,
- Daten aus serienmäßig hergestellten Standard-Programmen,
- Daten aus individuell hergestellten betriebsfertigen Programmen.

Die versicherten Gefahren entsprechen denen der ESV für die Hardware und auch die Ausschlüsse sind identisch. Kein Versicherungsschutz besteht für die Daten und Programme, zu deren Nutzung der Versicherungsnehmer nicht autorisiert ist (z.B. Raubkopien). Ebenso werden Schäden an Daten, die sich zum Zeitpunkt des Schadensereignisses im Arbeitsspeicher befanden, und solche, die von nicht abgeschlossenen Datenverarbeitungsprozessen herrühren, nicht kompensiert.[18]

5.1.2.3 *Softwareversicherung*

Die Softwareversicherung,[19] 1989 durch die *TELA Versicherung AG* auf dem deutschen Markt eingeführt, entspricht einer erweiterten Datenträgerversicherung. Sie verleiht dem Deckungskonzept der DTV eine neue Dimension, da hier auch für Schäden durch Löschung oder Manipulation von Daten eingestanden wird, ohne dass der Datenträger oder die Hardware beeinträchtigt wurde. Die Softwareversicherung deckt grundsätzlich dieselben Schäden ab wie die DTV. Außerdem ersetzt der Versicherer den Verlust oder die Veränderung von Daten auch ohne einen vorher zwingend entstandenen Sachschaden am Datenträger. [20] Voraussetzung dafür sind versicherte Gefahren wie:

---

[16] Zu beachten ist, dass der Versicherer seine Leistungen im Verhältnis Versicherungssumme zu Versicherungswert kürzt, wenn die Versicherungssumme niedriger als der Versicherungswert ist. Hier liegt dann der Fall einer Unterversicherung vor.

[17] Vgl. BLIND (1996a), S. 194f. Im Schadensfall ist daher zu prüfen, ob eine Beeinträchtigung des Datenträgers durch versicherte Risiken innerhalb des in der Versicherungspolice genannten Versicherungsorts erfolgt ist.

[18] An dieser Stelle zeigt sich die Notwendigkeit, präventiv technische Sicherungsmaßnahmen als Ergänzung zum Versicherungsschutz zu ergreifen.

[19] Vgl. z.B. TITA (2001a); TITA (2001b).

[20] Vgl. dazu KUPFRIAN (2002), der den Ansatz, Daten rechtlich und versicherungstechnisch als Sache zu betrachten, diskutiert. KUPFRIAN weist darauf hin, dass fast alle Unternehmen in der Sparte der Elektronik-

- fehlerhafte Bedienung,
- höhere Gewalt (einschließlich Blitzeinwirkung),
- Vorsatz Dritter (z.B. Sabotage, Programm- und Datenmanipulation, Hacker- bzw. Virenangriffe),
- Über- und Unterspannung,
- elektromagnetische Aufladung, elektromagnetische Störung,
- Beschädigung, Störung oder Ausfall der Datenverarbeitungsanlage, der Datenfernübertragungseinrichtungen und -leitungen, der Stromversorgung oder der Klimaanlage.

In einem Schadensfall werden dem Versicherungsnehmer grundsätzlich nur die Kosten ersetzt, die er für eine Wiederbeschaffung der Datenträger sowie die Wiederherstellung der versicherten Daten aufwenden muss. Außerdem kennt die Softwareversicherung sehr restriktive Versicherungsbedingungen. So hat der Katalog der versicherten Gefahren der Softwareversicherung ausschließlichen Charakter, d.h. es werden keine Sach- oder Vermögensschäden, die auf sonstigen Schadensursachen beruhen, ersetzt.[21]

Neben einem hohen Selbstbehalt für die Hardware (i.d.R. 10% der Wiederbeschaffungskosten) ist die Versicherungssumme bei verlorengegangenen Daten begrenzt. Die Entschädigungsgrenze liegt je nach Schadensursache bei 50-75% der vereinbarten Versicherungssumme. Der Versicherungsnehmer muss außerdem bestimmte Obliegenheiten erfüllen. Dazu gehören eine regelmäßige (mindestens wöchentliche) Datensicherung und eine besondere Aufbewahrungspflicht für Duplikate von versicherten Daten. Auch müssen übliche Schutzmaßnahmen gegen Computerviren getroffen werden.

5.1.3 Ausfallversicherungen

5.1.3.1 Mehrkostenversicherung

Im Rahmen einer Elektronik-Mehrkostenversicherung (MKV) ersetzt der Versicherer die Kosten für Überbrückungsmaßnahmen, die durch den Ausfall der versicherten Anlagen infolge eines Sachschadens entstehen und die Leistungserbringung der Unternehmung unterbrechen oder beeinträchtigen. Wie bei der ESV findet hier die Allgefahrendeckung Anwendung.

Ziel der MKV ist es, einen Ertragsausfall (Vermögensschaden) auszugleichen. Generell werden jedoch Mehrkosten nicht ersetzt, wenn kein direkter Kausalzusammenhang mit dem Sachschaden an den versicherten Gegenständen besteht (z.B. Streik beim Systemhersteller, behördliche Hürden beim Wiederaufbau).

versicherungen falsch versichert sind oder über keinen angemessenen Schutz verfügen. Insbes. macht es keinen Sinn, die Hardware bestmöglich zu versichern und Daten, als das eigentliche Vermögen, wertmäßig von der Hardware abhängig zu machen [vgl. KUPFRIAN (2002), S. 64].

21 Vgl. PETZEL (1998), S.23.

5.1.3.2 Elektronik-Betriebsunterbrechungs-Versicherung

Die Elektronik-Betriebsunterbrechungs-Versicherung (BUV) leistet bei einem aus Datenverlust entstandenen Unterbrechungsschaden (Vermögensschaden), wenn der Ausfall von Unternehmensanlagen nicht überbrückt werden kann, und erstattet den entgangenen Gewinn[22] sowie die laufenden Kosten.[23]

Abgesehen davon, dass die herkömmliche Elektronik-Betriebsunterbrechungs-Versicherung recht kostspielig ist, verhindern zahlreiche Ausschlussklauseln die Anwendung dieser bei Schäden, die nicht durch Störungen des unternehmensinternen Kommunikationssystems hervorgerufen wurden, sondern ursächlich der Anbindung an das Internet zugerechnet werden können (z.B. ein Ausfall von Internet-Netzknoten). Oft wird auch ein Sachschaden am Datenträger vorausgesetzt, der im Zusammenhang mit Internet-Risiken nur äußerst selten eintreten wird. Allerdings werden schon vereinzelt erweiterte Deckungen gegen derartige unternehmensexterne Schadensursachen angeboten, wie beispielsweise gegen Stromausfall.

Da sehr häufig ein Sachschaden an den versicherten Gegenständen Voraussetzung für die Leistungspflicht des Versicherers ist, dieser jedoch nur im Rahmen der ESV ersetzt wird, setzen Versicherer für den Abschluss einer BUV i.d.R. das Bestehen einer ESV voraus.[24]

Hinzuweisen ist des Weiteren darauf, dass sich eine Betriebsunterbrechung in andere Unternehmensbereiche oder andere Unternehmen „fortpflanzen" kann. Moderne Formen der Betriebsorganisation (z.B. verkettete Fertigung oder Just-in-time-Konzepte) können bei Nichterfüllung von Lieferverpflichtungen neben Gewinneinbußen auch empfindliche Konventionalstrafen nach sich ziehen. Außerdem besteht die nicht zu unterschätzende Gefahr des Imageverlustes.

5.1.4 Missbrauchsversicherungen

5.1.4.1 Vertrauensschadenversicherung

Die *Vertrauensschadenversicherung (VSV)*[25] schützt vor Vermögensschäden, die durch vorsätzliche Handlungen der Mitarbeiter entstehen können.

Gegenstand der VSV sind somit einerseits Vermögensschäden, die von Vertrauenspersonen[26] durch Diebstahl, vorsätzliche Sachbeschädigung, Unterschlagung, Untreue, Betrug und auch

---

[22] Der bei der Elektronik-Betriebsunterbrechungs-Versicherung ersetzte Vermögensschaden beinhaltet im Gegensatz zu der Kompensation der Mehrkostenversicherung, die nur die entstandenen Kosten für Überbrückungsmaßnahmen ersetzt, auch den entgangenen Gewinn.

[23] BU-Schäden sind häufig sehr kostspielig. So kostet eine BU bspw. im Bereich Brokerage durchschnittlich 6,45 Mio. US-$, im Bereich Kreditkarten 2,6 Mio. US-$ und bei Airline-Reservierung 89,5 Tsd. US-$. *Forrester Research* schätzt eine 24-stündige BU bei den Internet-Unternehmen *Amazon* auf 4,5 Mio. US-$, bei *Yahoo!* auf 1,6 Mio. US-$ und bei *Dell* auf ca. 36 Mio. US-$ [vgl. MARSH (2001)].

[24] Vgl. PETZEL (1998), S. 28.

[25] Ausschlaggebend für die Entwicklung der Vertrauensschadenversicherung war die hohe Anzahl an Betrugs-, Veruntreuungs- und Unterschlagungsfällen in Unternehmen (innerbetriebliche Kriminalität). Versicherungsschutz gegen kriminelle Handlungen unternehmensexterner Personen kann gegen eine Prämienzuzahlung in den Versicherungsschutz zusätzlich mit aufgenommen werden [vgl. PETZEL (1998), S. 28].

Computerbetrug verursacht werden. Andererseits aber auch Schäden durch unmittelbare oder rechtswidrige Eingriffe von unternehmensexternen Personen in die EDV.[27] Versicherungsschutz existiert auch für Schäden, die Vertrauenspersonen einem Dritten vorsätzlich zufügen.[28]

Die VSV bietet prinzipiell Versicherungsschutz gegen Computerkriminalität und damit auch gegen Internet-Risiken. Allerdings ist anzumerken, dass die Entschädigungshöchstgrenzen der VSV oft nicht ausreichen, um eintretende Schäden in vollem Umfang zu kompensieren.[29] Daher besteht für Unternehmen die Möglichkeit, eine separate Computer-Missbrauch-Versicherung abzuschließen.

5.1.4.2 Computer-Missbrauch-Versicherung

Die *Computer-Missbrauch-Versicherung (CMV)* ist eine spezielle Form der Vertrauensschadenversicherung.[30] Sie bietet daher nur eine Ausschnittsdeckung. Der Versicherungsschutz ist auf Schäden begrenzt, die in unmittelbarem Zusammenhang mit der Datenverarbeitung stehen.

Gegenstand der CMV sind alle Vermögensschäden, die dem Versicherungsnehmer von einer oder mehreren Vertrauenspersonen zugefügt werden können, durch:

- Vorsätzliche, rechtswidrige Bereicherung an Vermögenswerten des Versicherungsnehmers durch unmittelbares Herstellen, Verändern, Beschädigen, Vernichten oder Löschen von EDV-Programmen, EDV-lesbaren Datenträgern oder in der EDV gespeicherten Daten sowie durch Eingabe von Daten, EDV-lesbaren Datenträgern und EDV-Programmen;
- vorsätzliche Schädigung des Versicherungsnehmers durch Löschen von gespeicherten Daten, Beschädigen, Zerstören oder Beiseiteschaffen von Datenträgern, EDV-Programmen und Datenverarbeitungsanlagen oder Teilen davon.[31]

---

[26] Vier Gruppen von Vertrauenspersonen lassen sich gemäß § 3 ABVSV unterscheiden:
- Arbeitnehmer, Aushilfen, Volontäre und Praktikanten,
- Geschäftsführer und Vorstandsmitglieder mit Beteiligung am Gesellschaftskapital unter 15%,
- Zeitarbeitskräfte,
- Personen, die eine arbeitnehmerähnliche Position im versicherten Unternehmen besetzen,
- (z.B. Sicherheits-, Wartungs- und Reinigungspersonal).

[27] So werden bspw. auch durch kriminelle Hacker entstehende Schäden ersetzt, welche unmittelbar in die EDV des Versicherungsnehmers eindringen. Ebenso leistet der Versicherer auch dann Schadensersatz, wenn eine unternehmensexterne Person einen Virus in das System des Versicherungsnehmers einschleust, der einen unmittelbaren Sachschaden im System oder an Programmen verursacht. Zu beachten ist allerdings, dass Kosten aus mittelbare Folgeschäden, wie z.B. andauernde Produktionsausfälle, nicht erstattet werden.

[28] Vgl. PETZEL (1998), S. 28.

[29] Vgl. PETZEL (1998), S. 29.

[30] Vgl. HEIDINGER (1980).

[31] Hier lässt sich eine Überschneidung der CMV mit der DTV bzw. der erweiterten DTV (Softwareversicherung) konstatieren. Die durch die zweite Kategorie abgedeckten Schäden werden vom Versicherer sowohl in der CMV als auch in der DTV bzw. der erweiterten DTV erfasst. Um Versicherungsprämie zu sparen, ist es daher sinnvoll, dieses Risiko in einem der beiden Versicherungen per Zusatzvereinbarung auszuschließen.

Der Versicherungsumfang der CMV ist weitreichend, wobei wichtige Ausschlüsse beachtet werden sollten. So werden Schäden, die von „vorbelasteten" Vertrauenspersonen verursacht wurden, nicht vom Versicherer gedeckt. Entsprechend darf der Versicherungsnehmer zum Zeitpunkt der Schadensverursachung keine Kenntnis über eine vorsätzliche Handlung dieses Mitarbeiters haben, die nach den gesetzlichen Bestimmungen über unerlaubte Handlungen zum Schadenersatz verpflichtet.

Ebenso ist die Versicherungsleistung zeitlich begrenzt. Nicht gedeckt sind Schäden, die dem Versicherer später als zwei Jahre nach ihrer Verursachung gemeldet werden. Der Versicherer leistet auch dann nicht, wenn eine Vertrauensperson des Versicherungsnehmers diesen vorsätzlich durch Programmmanipulation (z.B. einen Virus) schädigt, der Schaden möglicherweise aber erst dann eintritt, wenn der Schadensverursacher schon längere Zeit nicht mehr für das Unternehmen tätig ist.[32]

Außerdem ersetzt der Versicherer keine Schäden, die dem Versicherungsnehmer mittelbar entstehen (z.B. einen entgangenen Gewinn).

Da im Gegensatz zu Sachversicherungen keine konkreten Versicherungswerte bestimmt werden können, muss der Versicherungsnehmer ex ante eine risikoadäquate Versicherungssumme festlegen.[33]

Der Entschädigungsleistung des Versicherers wird vorausgesetzt, dass die den Schaden verursachende Vertrauensperson namentlich bekannt ist. Kann ein Versicherungsnehmer den Verursacher eines durch Manipulation der EDV entstandenen Vermögensschaden nicht nachweisen, leistet der Versicherer nicht. Dies lässt sich nur mit einer Zusatzvereinbarung – nicht identifizierbarer Schadensstifter – umgehen.

5.1.5 Datenschutzversicherungen

Die Verarbeitung von personenbezogenen Daten mittels EDV unterliegt den Bestimmungen des Bundesdatenschutzgesetzes (BDSG). Verstöße gegen die Vorschriften des BDSG im Verlauf der Verarbeitung und Übermittlung dieser Daten können dazu führen, dass das Unternehmen für daraus entstehende Vermögensschäden in Anspruch genommen werden kann. Das Feld der denkbaren resultierenden Schadensersatzansprüche ist kaum überschaubar; das Ausmaß eines möglicherweise gerechtfertigten Schadensersatzrisikos schlecht abschätzbar. Mögliche Haftpflichtansprüche beziehen sich insbesondere auf den Ersatz materieller Schäden, die beispielsweise aufgrund der Verletzung der Privatheit oder eines geschädigten Leumundes entstehen (z.B. Einkommensverlust, zurückgezogene Darlehenszusage). Die exakte Schadenshöhe lässt sich dabei selten bemessen und so kommt es regelmäßig zu gerichtlichen Prüfungen des tatsächlichen Schadens.

---

[32] Vgl. PETZEL (1998), S. 30.

[33] Diese sollte in einem realistischen Verhältnis zum Umsatz des Versicherungsnehmers stehen. Unabhängig von der Anzahl der Schäden leistet der Versicherer nur solange, bis die Versicherungssumme innerhalb eines Versicherungsjahres „aufgebraucht" ist. Dies macht die CMV für den Versicherer besser kalkulierbar und schafft für den Versicherungsnehmer einen Anreiz, dafür Sorge zu tragen, dass ein bestimmtes Schadenausmaß nicht überschritten wird [vgl. dazu PETZEL (1998), S.30].

5.1.5.1 Daten-Haftpflichtversicherung

Die *Daten-Haftpflichtversicherung* dient der Abdeckung der Vermögensschäden, die aus derartigen gerichtlichen Prüfungen resultieren sowie der Erstattung nachgewiesener Schadensersatzansprüche. Ein positiver Nebeneffekt ist, dass eine Daten-Haftpflichtversicherung dem Versicherungsnehmer persönlich vor Auseinandersetzungen mit dem Geschädigten entbindet.[34]

In den Versicherungsschutz sind Haftpflichtansprüche auf Ersatz eines immateriellen Schadens wegen Verletzung von Persönlichkeitsrechten einbezogen.

5.1.5.2 Daten-Rechtschutzversicherung

Die *Daten-Rechtschutzversicherung* kann als eine Art Ergänzung zur Daten-Haftpflichtversicherung für spezielle Prozesskostenrisiken gesehen werden, in denen die Daten-Haftpflichtversicherung nicht einspringt. Ein solcher Fall liegt vor, wenn Prozessgegner in einem gerichtlichen Verfahren bis in die letzte Instanz gehen und hohe, für sie nicht bezahlbare Prozesskosten verursachen.

5.2 Spezielle Internet-/Electronic Commerce-Versicherungen

5.2.1 Transaktionsbezogene Versicherungen

5.2.1.1 Transaktionsbereiche

Versicherungen, die Transaktionsrisiken des Electronic Commerce abdecken, werden am Markt angeboten. Die *Gerling Speziale Kreditversicherungs-AG* bietet in Deutschland mit *Trusted Shops* für Business-to-Consumer Transaktionen und *Trusted Trade* für Business-to-Business Transaktionen integrierte Versicherungskonzepte an.

Ein ähnliches Konzept wie *Trusted Shops* ist in der Initiative *S@fer-Shopping* zu sehen. Die Dienstleistung für Online-Shops und Online-Reisebüros zielt auf den Business-to-Consumer Bereich und stellt die Bedürfnisse der Kunden in den Vordergrund, indem sie eine „Geld-Zurück-Garantie" für Online-Käufer beinhaltet. Auch Risikomanagement- und Versicherungsansätze für Risiken, die sich aus der Unsicherheit von Zahlungstransaktionen im Internet ergeben (z.B. *Pago eTransaction Services GmbH, Wire Card AG*), werden kurz vorgestellt.

Transaktionsrisiken im Internet können mit Versicherungen bewältigt werden. Die Versicherungsangebote sind entsprechend gut entwickelt, Probleme der Versicherbarkeit treten hierbei nicht auf.

---

[34] Der Versicherer ersetzt bei begründeten Ansprüchen den Haftpflichtschaden. Bei unbegründeten Ansprüchen stellt der Versicherer den Versicherungsnehmer von gegen ihn erhobenen Ersatzansprüchen durch deren Zurückweisung frei. Evtl. führt der Versicherer im Namen des Versicherungsnehmers einen Prozess auf eigene Rechnung.

5.2.1.2 Business-to-Consumer Konzepte

Die Anbieter *Trusted Shops* und *S@fer-Shopping* fungieren als zentrale Inspektionsdienste, die der Vertrauensbildung im Electronic Commerce dienen (vgl. Abschnitt 4.4.2.2). Gleichzeitig bieten diese Konzepte im Business-to-Consumer Bereich integrierte Versicherungsdeckungen an und werden nachfolgend beispielhaft vorgestellt.

Trusted Shops
Die *Trusted Shops GmbH*[35] ist ein Gemeinschaftsunternehmen der *IMPACT Business & Technology Consulting GmbH* und der *Gerling TradeSafe.Com GmbH*, die zur *Gerling Versicherungsgruppe* gehört, einem der weltweit führenden Industrieversicherer. Ziel von *Trusted Shops* ist es, im Bereich Business-to-Consumer einheitliche Anforderungen an Online-Shops zu entwickeln und den Verbraucherschutz durch die Überprüfung ihrer Einhaltung zu stärken.

Derzeit sind über 350 Unternehmen von *Trusted Shops* zertifiziert.[36] Das an die geprüften und zertifizierten Unternehmen vergebene Gütesiegel beinhaltet eine „Geld-Zurück-Garantie" für die Kunden des Online-Shops. Diese Garantie ist für die Kunden kostenlos. Die Kunden sind abgesichert, wenn diese gegenüber dem zertifizierten Shop in Vorleistung getreten sind, indem sie z.B. ein Produkt per Vorkasse, Kreditkarte oder Bankeinzug bezahlt haben und einer der nachfolgenden Mängel auftritt:

- **Nicht-Lieferung**
  Bleibt die Lieferung aus und der Online-Shop ersetzt nicht fristgerecht den Kaufpreis, dann erstattet *Gerling* den Schaden.
- **Rücksendung der Ware**
  Werden die bestellten Waren vertragsgemäß zurück zum Online-Shop gesendet und dieser verweigert die Rückerstattung des Kaufpreises, so greift die Garantie von *Gerling*.[37]
- **Kreditkartenmissbrauch**
  Bei Kreditkartenmissbauch (betrügerischer Einkauf) in einem zertifizierten Online-Shop übernimmt *Gerling* die eventuelle Selbstbeteiligung bis zu einer Höhe von 50 EURO.

Um einen Anspruch auf die Geld-Zurück-Garantie zu erlangen, muss sich der Online-Kunde nach jedem Einkauf im von *Trusted Shops* zertifizierten Online-Shop anmelden. Hierbei sollte er stets die Gültigkeit des Zertifikates überprüfen.[38]

Der Anforderungskatalog für die Trusted Shops-Zertifizierung besteht aus mehreren zu erfüllenden Voraussetzungen.[39] Die Erfüllung der Kriterien wird nach einer initialen Prüfung re-

---

35 http://www.trustedshops.de, Abruf am 20.5.2002. Vgl. ebenso TRUSTED SHOPS (2002).

36 Stand: 20.5.2002.

37 Das maximale Einkaufslimit, das von *Gerling* im Schadensfall erstattet wird, beträgt pro Monat und Online-Shop 2500 EURO.

38 Eine Anleitung dazu findet sich unter http://www.trustedshops.de/de/help/help_de_237.html, Abruf am 20.5.2002.

39 Diese sind erläutert unter http://www.trustedshops.de/de/shops/obligations_de.html, Abruf am 20.5.2002.

gelmäßig weiter untersucht sowie in Verdachtsfällen erneut überprüft. Die Gebühren für die Zertifizierung sind vom Umsatz des Online-Shops abhängig und liegen zwischen 59,-- und 399,-- EURO pro Monat.[40]

S@fer-Shopping

Mit *S@fer-Shopping*[41] bietet die *TÜV Management Service GmbH, Unternehmensgruppe TÜV Süddeutschland*, gemeinsam mit der *DBV-Winterthur* ein Gütesiegel an, das ebenso wie bei *Trusted Shops* eine volle Geld-Zurück-Garantie beinhaltet. Dabei prüft die *DBV-Winterthur* die zu zertifizierende Shops auf unternehmerische und finanzielle Solidität und verbürgt sich über die Geld-Zurück-Garantie. Die *TÜV Management Service GmbH* hingegen bewertet die technische und organisatorische Zuverlässigkeit des entsprechenden Unternehmens. Zertifiziert werden Online-Shops und Online-Reisebüros.[42]

Der einer Zertifizierung zugrundeliegende Kriterienkatalog folgt einem prozessorientierten Ansatz und bewertet das Unternehmen in bestimmten Bereichen.[43] Nach erfolgreicher Prüfung erhält der Online-Shop das international geschützte Gütesiegel. Auf der Web-Seite des Shops installiert zeigt dieses dem Kunden des Online-Shops, dass die Anforderungen von *S@fer-Shopping* erfüllt sind. Zusammen mit der integrierten, für Kunden kostenlosen, Geld-Zurück-Garantie wird Vertrauen aufgebaut.[44]

Die Geld-Zurück-Garantie verbürgt sich gegenüber dem Online-Kunden des Shops, die geleistete Kaufpreiszahlung zurückzuerstatten, wenn ihm gegenüber dem Online-Shop ein Anspruch auf vollständige Rückerstattung des Kaufpreises zusteht. Dies ist in folgenden Fällen der Fall:[45]

- Der Online-Kunde hat vom Widerrufs- oder Rückgaberecht wirksam Gebrauch gemacht und die Ware daraufhin an den Online-Shop fristgerecht zurückgeschickt. Jedoch wurde ihm der Kaufpreis nicht innerhalb von 30 Tagen erstattet, oder
- die Ware wurde nicht innerhalb von 30 Tagen geliefert und der Online-Kunde fordert seinen bereits vollständig entrichteten Kaufpreis zurück.[46]

---

40 Die Gebühren für Online-Shops mit Jahresumsätzen über 1 Mio. EURO werden individuell ausgehandelt.

41 http://www.safer-shopping.de, Abruf am 20.5.2002; Vgl. ebenso http://www.safer-shopping.de/download/Praesentation.pdf, Abruf am 20.5.2002.

42 Derzeit sind acht Online-Shops zertifiziert; in Kürze folgen weitere vier [Stand: 20.5.2002].

43 Vgl. zu den Anforderungen zur Bewertung und Zertifizierung S@FER-SHOPPING (2001).

44 Online-Shop-Betreiber berichten von signifikanten Umsatzsteigerungen durch erteilte Gütesiegel [vgl. BONIN (2000), S. 16; TRUSTED SHOPS (2000)].

45 Angeführt werden die Voraussetzungen der Geld-Zurück-Garantie für den Handel mit Gütern. Ähnliche Voraussetzungen gelten bei der Geld-Zurück-Garantie für Online-Reisebüros.

46 Vgl. EGGS (2001), S. 134f.: An dieser Stelle ist zur Rückerstattung des Kaufpreises anzumerken, dass diese nach dem Fernabsatzgesetz in Deutschland ohnehin gesetzlich vorgeschrieben ist. Abgesehen von der etwaigen Erstattung der Selbstbeteiligung im Falle des Kreditkartenmissbrauchs bei *Trusted Shops* bietet die Garantieleistung folglich lediglich den Mehrwert einer Reduktion von Transaktionskosten im Schadensfall. Der geschädigte Kunde muss nicht selbständig seine Rechte gegenüber dem Online-Shop durchsetzen. *Trusted Shops* bzw. *Gerling* übernehmen damit eine Bürgenfunktion.

5.2.1.3 Business-to-Business Konzepte

Für Business-to-Business Transaktionen bietet *Trusted Trade*[47] Lösungen an, die die finanzielle Absicherung der Handelsprozesse optimieren. *Trusted Trade* ist eine Tochtergesellschaft der *Gerling Kreditversicherungsgruppe* und in dem Bereich Forderungsinkasso in einer strategischer Partnerschaft mit der *NAM INTER S.A. Internationales Inkasso* tätig. *Trusted Trade* bietet Sicherheit für elektronische Marktplätze im Internet.

Transaktionen, die über elektronische Marktplätze getätigt werden, bergen wie traditionelle „offline" abgeschlossene Transaktionen das Risiko des Forderungsausfalls. Auf elektronischen Marktplätzen bietet *Trusted Trade* Verkäufern die weltweit erste *Online-Kreditversicherung*[48] in Echtzeit an.[49] Verkäufer können somit versicherte Transaktionen durchführen. Für den Forderungseinzug im offline-Geschäft bietet *Trusted Trade* seinen Kunden ein *Internationales Forderungsinkasso*[50] für die weltweite Forderungsverfolgung an.

Käufern wird die Möglichkeit geboten, eine einwandfreie Auskunft über deren Bonität zu erhalten bzw. zu kommunizieren. Hierfür hat *Trusted Trade* den *tt Status Report*[51] entwickelt, der Käufern eine tagesaktuelle Online-Übersicht über ihr Kreditlimit ermöglicht, das automatisch bei der Registrierung auf einem Marktplatz für sie geprüft und bereitgestellt wird. Der Käufer besitzt so die Möglichkeit, jederzeit Transparenz über sein eigenes Kreditlimit, seine Bonität sowie eine Transaktionsübersicht zu erhalten. Die so ermöglichte einwandfreie Auskunft über die eigene Bonität kann als gute Visitenkarte bei Geschäftspartnern dienen. *Trusted Trade* schafft folglich Vertrauen durch Transparenz.

5.2.1.4 Risikomanagement bei Zahlungstransaktionen

Pago eTransaction Services GmbH

Für die Abwicklung elektronischer Geschäftsabläufe existieren Lösungen, die elektronische Handelsstrukturen durch standardisierte Prozesse abbilden und unterstützen. Die *Pago eTransaction Services GmbH*,[52] an der die *Deutsche Bank AG* und die *Beisheim Holding Schweiz AG* zu jeweils 50% beteiligt sind, bietet mit ihrem Konzept beispielsweise sowohl Electronic Commerce-Anbietern als auch dem traditionellen Handel ein ganzheitliches System, das sämtliche Backoffice-Transaktionen abwickelt.[53] Gerade bei Unternehmen, die Electronic Commerce betreiben, existiert die große Problematik, dass diese ihre Kunden nicht persönlich

---

47 http://www.trustedtrade.de/, Abruf am 20.5.2002. Vgl. TRUSTED TRADE (2001).

48 Vgl. TRUSTED TRADE (2002a).

49 Über *Trusted Trade* können Forderungen auch offline abgesichert werden. Geleistet wird im Schadensfall nicht erst bei Insolvenz, sondern schon bei übermäßig langem Zahlungsverzug des Käufers (sog. „Protracted Default"). *Trusted Trade* entschädigt sechs Monate nach Fälligkeit der Forderung.

50 Vgl. TRUSTED TRADE (2002b).

51 Vgl. TRUSTED TRADE (2002c).

52 http://www.pago.de/, Abruf am 20.5.2002.

53 Eine sichere Risikomanagement- und Payment-Lösung speziell für Online-Reisebüros existiert mit *Pago eTravel* [http://www.pago.de/download/Pago_eTravel.pdf, Abruf am 20.5.2002].

kennen. Damit besteht die inhärente Gefahr, dass Waren nicht bezahlt werden. Dieses Risiko wird durch die Lösung der *Pago eTransaction Services GmbH* minimiert.[54]

Risikomanagement wird mit *Pago CHECK* und *Pago SCORE* umgesetzt. Paymanagement wird durch *Pago PAY*, *Pago MULTIPAY* und *Pago BILL* umgesetzt.[55] Forderungsmanagement ist mit *Pago DEBTOR* möglich und *Pago PROTECT* bietet eine Forderungsausfall-Versicherung (vgl. Abbildung 26).

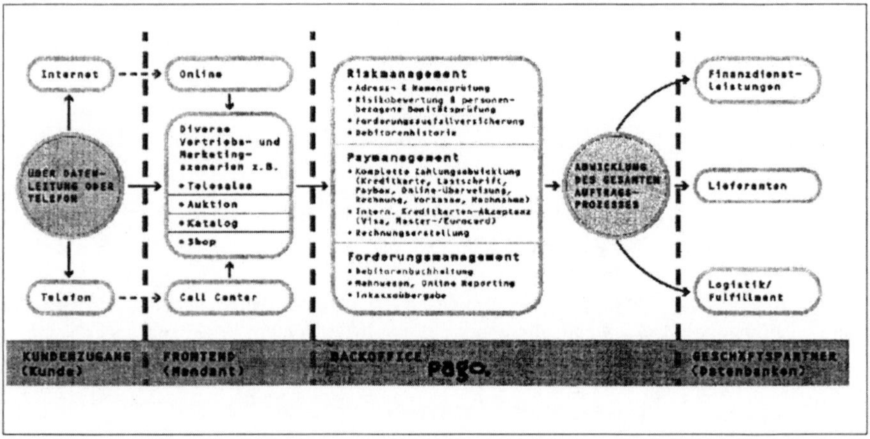

Abbildung 26: Übersicht des Risikomanagements bei *Pago*[56]

Pago CHECK
Mit diesem Transaktionssystem werden Adressdaten überprüft und korrigiert. Zusätzlich kann verifiziert werden, ob der Kundenname mit der angegebenen Adresse übereinstimmt.

Pago SCORE
Dieses System ermöglicht die Bewertung der Bonität der Kunden. *Pago SCORE* ist dienlich, um sich ein Bild von der Zahlungsfähigkeit des Kunden zu machen. Entsprechend können ihnen individuell ausgewählte Zahlungsarten angeboten werden.[57] Zahlungsausfallrisiken werden hiermit vermindert.

---

[54] Vgl. MERK (2000), S. 88f.: Häufig ist bei Online-Shops ein 50%-iger Zahlungsausfall festzustellen. Diese Quote wird durch die *Pago eTransaction Services GmbH* stabil auf unter ein Prozent gesenkt.

[55] Ansätze einer nutzerorientierten Abwicklung von Internet-Zahlungen, die eine individuelle Risikohandhabung elektronischer Zahlungssysteme ermöglichen, sind konzeptionell entwickelt worden [vgl. REICHENBACH (2001a); REICHENBACH (2001b); REICHENBACH/GRZEBIELA/KÖLTZSCH/PIPPOW (2000)].

[56] Quelle: http://www.pago.de/index_01_02.html, Abruf am 20.5.2002.

[57] Vgl. MERK (2000), S. 89: Zur Bonitätsprüfung dient ein soziodemografisches Verfahren. Der so ermittelte Score-Wert entscheidet über die angebotene Zahlungsform.

Pago PAY

Mit *Pago PAY* wird die sichere Abwicklung der internetspezifischen elektronischen Zahlungsarten ermöglicht. Das System stellt eine virtuelle Kasse bereit, an der die Kunden wahlweise mit Kreditkarten, elektronischen Lastschriftverfahren Paybox etc. bezahlen können. Zahlungstransaktionen, Gutschriften und Stornierungen werden an die jeweiligen Banken und Finanzdienstleister weitergeleitet.

Pago MULTIPAY

Dieses System macht eine sichere Abwicklung der internetspezifischen Zahlungsarten möglich. Das Routing zwischen dem Shop und den Vertragspartnern wird übernommen und Rücklastschriften, Charge-Backs und Gutschriften bearbeitet. *Pago MULTIPAY* überwacht bei klassischen Zahlungsarten des Versandhandels (Vorkasse, Rechnung, Nachnahme) auch die Zahlungseingänge.

Pago BILL

Pago BILL druckt, versendet und archiviert automatisch Rechnungen und Gutschriften.

Pago DEBTOR

Dieses Forderungsmanagement-System kann nur zusammen mit *Pago MULTIPAY* zum Einsatz kommen. Es übernimmt die aus *Pago MULTIPAY* gestellten Forderungen und überwacht deren Fälligkeiten. Mahnungen nach individuell festgelegten Mahnparametern werden versendet. Die Forderungen können automatisch an ein Inkassounternehmen abgegeben werden. Zusätzlich besteht die Möglichkeit, eine Forderungsausfall-Versicherung der *Zürich Agrippina Versicherung AG* abzuschließen.

Pago PROTECT

Diese Forderungsausfall-Versicherung[58] versichert Forderungen gegenüber Kunden gegen Nichtzahlung. Um die Liquidität bei Zahlungsunwilligkeit oder -unfähigkeit nicht zu gefährden, entschädigt *Pago PROTECT* gemäß einem „Protracted Default"-Verfahren bereits bei längerem Zahlungsverzug. Voraussetzung für die Nutzung des Services *Pago PROTECT* ist der Einsatz der Produkte *Pago SCORE*, *Pago MULTIPAY* und *Pago DEBTOR*. Versichert sind folglich Forderungen aus Warenlieferungen und Dienstleistungen gegenüber dem Kunden, die über die technische Plattform der *Pago eTransaction Services GmbH* auf Risiken geprüft und abgewickelt werden.[59]

Weitere Ansätze

Einen ähnlichen Lösungsansatz bietet die *Wire Card AG*,[60] die mit der *ebs Electronic Billing Systems AG*[61] unter dem Dach der *ebs Holding* firmiert. Die *Wire Card AG* biete mit der von ihr entwickelten *Risk Management Payment and Integration (RPI-) Plattform* eine komplexe

[58] Vgl. PAGO (2002).

[59] Die Höchstentschädigung pro Kunde beträgt 2.500 EURO. Die Höchstentschädigung je Mandant beträgt das 20-fache der Jahresnettoprämie für die Versicherung (ohne Versicherungssteuer). Die gesetzliche MWSt, Mahngebühren, Verzugszinsen, Schadensersatz und Kosten der Rechtsverfolgung sind nicht versichert [vgl. PAGO (2002), S. 5].

[60] http://www.wirecard.de, Abruf am 20.5.2002.

[61] http://www.ebs-ag.de, Abruf am 20.5.2002.

Lösung im Großkunden-Sektor an.[62] Die *ebs AG* zielt auf Electronic Commerce-Betreiber ab, die unaufwendige Online-Zahlungen über Kreditkarten, Lastschriften oder telefonbasierte Abrechnung benötigen.

Konzepte, die Versicherungslösungen in die Lösung der *Wire Card AG* einbinden, existieren bereits. So wurde ein Drei-Stufen-Konzept entwickelt. Eine *Forderungsausfall-Versicherung* deckt Zahlungsausfälle, eine *Vertrauensschaden-Versicherung* Betrugsfälle und eine *Vermögensschaden-Haftpflichtversicherung* Schäden durch Systemausfälle ab.[63]

5.2.2 Infrastrukturbezogene Versicherungen

5.2.2.1 Spezielle Internet-Versicherungen

Seit wenigen Jahren werden spezielle Internet-Versicherungen entwickelt und angeboten. Diese sollen speziellen Versicherungsschutz gegen die Auswirkungen spezifischer Internet-Risiken bieten. Mittlerweile sind verschiedene Angebote erhältlich. Abbildung 27 gibt einen Marktüberblick der wichtigsten Versicherungsanbieter auf diesem Gebiet in Europa.

---

62 Vgl. WIRE CARD (2002a); WIRE CARD (2002b).

63 Vgl. WIRE CARD (2001). Derzeit werden diese Versicherungskonzepte allerdings nur auf ausdrücklichen Wunsch angeboten, da sich diese keiner großen Nachfrage erfreuen [Quelle: persönliches Telefonat mit Christa Wagner, Director Sales der *Wire Card AG*, Hallbergmoos bei München, April 2002].

Abbildung 27: Anbieter von speziellen Internet-Versicherungen[64]

Die Sparte der Internet-Versicherungen befindet sich derzeit in einer Entwicklungs- und Umbruchsphase. Beispielhaft soll hier ein Versicherungskonzepte angeführt werden, dass noch nicht lange am Markt erhältlich war und kürzlich eingestellt wurde.

Die *Gothaer Allgemeine Versicherung AG* offerierte seit Dezember 1999 in strategischer Allianz mit der *Secunet Security Networks AG* eine Kombination aus zwei Versicherungen gegen Internet-Risiken.[65] Die *Gothaer secusure Internet-Versicherung* deckte die durch die Zerstörung oder Manipulation der Homepage entstandenen Schäden und haftet für die durch Missbrauch sensibler Daten (z.B. Kreditkartennummern) entstandenen Folgeschäden.

64 http://www.chubb.com/indexPC.html, Abruf am 23.5.2002; http://www.basler.ch, Abruf am 23.5.2002; http://www.marsh.com, Abruf am 23.5.2002; http://www.gerling.de, Abruf am 23.5.2002; http://www.merkur-assekuranz.de, Abruf am 23.5.2002; http://www.aon.com/ch/ge/, Abruf am 23.5.2002; http://www.zurich.ch/site/de.html, Abruf am 23.5.2002; http://www.winterthur-insurance.ch/, Abruf am 23.5.2002; http://www.gothaer.de, Abruf am 23.5.2002; http://www.allianz.de/, Abruf am 23.5.2002; http://www.aceeurope.com, Abruf am 23.5.2002; http://www.karlsruher.de, Abruf am 23.5.2002; http://www.stpaul.com, Abruf am 23.5.2002; http://www.aigeurope.com, Abruf am 23.5.2002; http://194.45.197.248/worker/wueba/index.html, Abruf am 23.5.2002; http://www.hiscox.com, Abruf am 23.5.2002; http://www.lloydsoflondon.co.uk/, Abruf am 23.5.2002. Eine Übersicht internationaler Anbieter von Internet-Versicherungen sowie Makler und RM-Beratungen auf dem Gebiet der Internet-Risiken findet sich unter http://www.rsx.co.uk/risk-index/RSX-Subject.html-subject=102471&topic=406616.htm, Abruf am 11.5.2002.

65 Vgl. GOTHAER VERSICHERUNGEN (1999); GOTHAER VERSICHERUNGEN (2001); O.V. (1999, Versicherungen).

Die integrierte *Gothaer Software-Betriebsunterbrechungsversicherung* hingegen leistete Entschädigungen für Störungen, die durch den Verlust von Daten oder EDV-Programmen entstehen. So waren neben der Wiederherstellung verlorengegangener Daten beispielsweise auch Imageschäden, Umsatzeinbußen und Haftpflichtansprüche Dritter versichert. Für den Abschluss der Versicherung war die Aktualität der Sicherheitssysteme zwingende Voraussetzung. Diese wurde mithilfe eines speziellen Zertifikats von der *Secunet Security Networks AG* nachgewiesen. Ebenso sah die Versicherungspolice die Durchführung regelmäßiger Audits vor, um das Zertifikat zu verlängern. Eine Alternative dazu war der Abschluss eines Servicevertrages mit der *Secunet Security Networks AG*, der die Aktualität der Sicherheitstechnologie garantierte.

Aufgrund der Terroranschläge des 11. Septembers 2001 kam es zu vielen Veränderungen auf den (Rück-)Versicherungsmärkten (vgl. Abschnitt 6.1.5). In Folge derer konnte die *Gothaer Allgemeine Versicherung AG* Risiken durch Computerviren und Auswirkungen durch Ausfälle externer Netze nicht mehr in bestehende Rückversicherungsverträge einbringen. Daher stellte die *Gothaer Allgemeine Versicherung AG* vor kurzem das Konzept der *Gothaer secusure Internet-Versicherung* ein. Ebenso wurde die angebotene Softwareversicherung vom Markt genommen.[66]

Viele Angebote sind sich konzeptionell ähnlich, häufig sind Elemente des vorgestellten traditionellen EDV-Versicherungsangebotes erkennbar. Dieses ist bei einigen Anbietern erweitert worden. Im Folgenden werden einige ausgewählte Versicherungsangebote kurz vorgestellt, die weit entwickelt sowie in Deutschland und/oder der Schweiz erhältlich sind.

5.2.2.2 Ausgewählte Internet-Versicherungen

5.2.2.2.1 Zürich: eRisk protection program

Risikomanagement-Ansatz

Die Versicherung *Zürich* bietet in Zusammenarbeit mit der *Open Systems AG*, die als Sicherheitspartner fungiert, einen ganzheitlichen Lösungsansatz an.[67] Die vorhandenen Internet-Risiken sollen systematisch ermittelt, beurteilt und bewertet werden. Gemeinsam mit dem Kunden werden entsprechend eines RM-Ansatzes geeignete Maßnahmen erarbeitet, um die identifizierten Internet-Risiken zu bewältigen. Das *eRisk protection program* wird derzeit in der Schweiz offeriert und für verschiedene europäische Länder weiterentwickelt.[68]

Das *eRisk protection program* der *Zürich* ermöglicht eine individuelle Risikobewältigung und umfasst vier aufeinanderfolgende Phasen:

---

[66] Quelle: persönliche E-Mail von Franz Horsthemke, *Gothaer Allgemeine Versicherung AG*, Köln vom 4.6.2002.

[67] Vgl. ZÜRICH (2000b); ZÜRICH (2001a); ZÜRICH (2001b); http://www.zurich.ch/site/de/com/large/want/sectors/bank/erisk, Abruf am 12.5.2002.

[68] Eine ähnliche Lösung existiert bisher schon für den belgischen und schwedischen Markt. Derzeit wird ein entsprechendes Wording für den deutschen Markt erarbeitet [Quelle: persönliche E-Mail von Christoph Kammermann, Head of eRisk and Senior Project Leader Special Lines der *Zürich*, Zürich, Schweiz vom 15.5.2002].

- **Overview**
  Der erste Schritt zur Risikominimierung ist eine umfassende Bestandsaufnahme der E-Business-Umgebung des interessierten Unternehmens. Diese wird mithilfe eines Fragebogens und den vorhandenen spezifischen Dokumenten des Unternehmens vorgenommen.
- **Risk Analysis**
  Die kundenspezifische Risikoanalyse der E-Business-Tätigkeiten und eine Analyse der vorhandenen Sicherheitsmaßnahmen ermöglicht eine detaillierte Übersicht der entsprechenden Internet-Umgebung. Das Sicherheitsunternehmen *Open Systems AG* untersucht in Zusammenarbeit mit Spezialisten des betreffenden Unternehmens die entsprechenden Schwachstellen im Datenschutzsystem. Die Risikoanalyse erfolgt ganzheitlich und systematisch für die Bereiche Technologie, Infrastruktur und Organisation der Informationssicherheit. Die Risikopotenziale werden anhand der *Zurich Hazard Analysis* und des *British Standard 7799*[69] erarbeitet und die identifizierten Risiken mit den bestehenden Anforderungen und Vorgaben des Bereichs Internet Security abgeglichen. Außerdem ermöglicht ein *Internet Security Scan* die Überprüfung der Sicherheit der Firewalls und der Web-Server.[70] Durch bekannte Attacken[71] ist es möglich, Sicherheitslücken zu erkennen. Der anschließend erstellte Maßnahmenkatalog zeigt auf, wie die wichtigsten Sicherheitslücken zu schließen sind.
- **Internet Security**
  Die *Open Systems AG* weist auf Bereiche hin, in denen noch zusätzlich technische Sicherheitsmaßnahmen erforderlich sind und berät, wie das Sicherheitsniveau auf dem aktuellen Stand zu halten ist.[72] Des Weiteren offeriert das Unternehmen Sicherheits-Dienstleistungen für die Intranet- und Internet-Zone des Unternehmens.
- **Insurance Solution**
  Darauf aufbauend wird für verbleibende Risiken ein individueller Versicherungsschutz mit fünf frei kombinierbaren Deckungsbausteinen angeboten.[73]

---

69 Vgl. BS 7799-1 (1999); BS 7799-2 (1999).

70 Anhand von Security Scans und Audits wird versucht, unbekannte offene Zugänge und Sicherheitslücken im Unternehmensnetzwerk aufzudecken. Ein *Remote Scan* penetriert das System (z.B. Firewalls, Web-Server, Mail-Server, DNS-Server) von außerhalb. Damit wird versucht, unbekannte Zugriffpunkte zu entdecken. Ein folgender *Onsite Scan* nutzt die erkannten Zugriffsmöglichkeiten des Remote Scan, um das potenzielle Schadensausmaß durch das Eindringen an einem speziellen Zugriffspunkt festzustellen [vgl. OPEN SYSTEMS (2001)].

71 Hierbei findet eine Datenbank mit über 700 bekannten Attacken Anwendung. Es wird nach Angriffsmustern gesucht, die bei den von den Unternehmens-Servern angebotenen Diensten erfolgreich sein könnten. Die so eruierten Angriffe werden anschließend einzeln von außerhalb durchgespielt (Vulnerability Scan).

72 Optional können Security Services abgeschlossen werden, die einen Großteil der Sicherheitsanforderungen abdecken. Die *Managed Security Services* als die maximal mögliche Lösung bietet eine direkte Betreuung durch Spezialisten, permanente Updates, eine 24-Stunden-Überwachung und ein reaktionsschnelles Alarmdispositiv für Firewalls und IDS.

73 Um die Versicherung abschließen zu können, sind entsprechende technische Auflagen in den Vertragsbedingungen vereinbart. „Die Versicherten sind verpflichtet, einen genügenden, mindestens aber einen der jeweiligen technischen Usanz entsprechenden Standard, insbesondere der Sicherheitskontrollen/-systeme, und sonstigen Wartung und Pflege, einzuhalten" [ZÜRICH (2000c), S. 13]. Des Weiteren ist der rechtmäßige Erwerb von elektronischen Daten und Software zwingend vorgeschrieben. Nicht betriebsfertige oder nicht autorisierte Software darf nicht verwendet werden [vgl. ZÜRICH (2000c), S. 13].

Versicherungslösung

Die Insurance Solution ermöglicht eine individuelle Überwälzung von Restrisiken auf die *Zürich* als Versicherer.[74] Fünf mögliche Deckungsbausteine stehen mit folgenden Leistungsumfängen zur Verfügung:

- **Betriebsunterbrechung**
  Versichert sind die entgangenen Geschäftseinnahmen und Mehrkosten infolge einer Unterbrechung der E-Business-Tätigkeiten. Mitversichert sind Nachforschungskosten, die bei der Ermittlung des Grundes der Betriebsunterbrechung entstehen.
- **Daten und Software**
  Gedeckt sind die Kosten für die Wiederherstellung des ursprünglichen Zustands bzw. die Kosten der Neubeschaffung von Daten und Software.
- **Public Relations-Kosten**
  Die Kosten für Public Relations-Maßnahmen, mit denen das Image des betroffenen Unternehmens wiederhergestellt werden soll, sind gedeckt.
- **Haftung bei Unterbrechung oder Beeinträchtigung der Betriebstätigkeit**
  Versichert ist die gesetzliche Haftpflicht für reine Vermögensschäden aus der Unterbrechung oder Beeinträchtigung der eigenen E-Business-Tätigkeit. Die Kosten für die Übernahme begründeter Ansprüche sowie zur Abwehr unbegründeter Ansprüche werden entschädigt (passiver Rechtsschutz).
- **Haftung bei elektronischer Veröffentlichung**
  Hier ist die gesetzliche Haftpflicht für reine Vermögensschäden aus einer unrechtmäßigen Handlung bei elektronischer Publikation gedeckt. Der Versicherungsschutz bezieht sich auf die Haftpflicht aus Ehr- und Persönlichkeitsverletzungen, Urheberrechtsverletzungen, unlauteren Wettbewerb, Verletzungen der gesetzlichen Markenschutzbestimmungen sowie Verletzungen des Datenschutzgesetzes. Entschädigt werden die Kosten für die Übernahme begründeter Ansprüche sowie zur Abwehr unbegründeter Ansprüche (passiver Rechtsschutz).

5.2.2.2.2 AON Jauch & Hübener AG: e-RIS

Das RM-Beratungsunternehmen *AON Jauch & Hübener AG*, das zur weltweit tätigen *AON*-Gruppe gehört, bietet zusammen mit dem IT-Security-Unternehmen *ISPIN AG* in der Schweiz die Lösung *e-RIS* (*e-Business Risk Insurance Solutions*) an.[75] Diese ganzheitliche E-Business RM-Lösung dient der Risikobegrenzung von (Geschäfts-)Risiken im Internet. Auch diesem Konzept liegt die Prämisse zugrunde, dass mit technischen und organisatorischen Maßnahmen keine vollständige Sicherheit erreicht werden kann. Verbleibende Restrisiken können durch Versicherungslösungen überwälzt werden.

---

[74] Die maximale Versicherungssumme liegt für „Standardlösungen" bei 20 Mio. CHF. Für gewünschte größere Versicherungssummen kann individuell zusätzliche Rückversicherungskapazität eingekauft werden. Die Selbstbeteiligungen werden ebenfalls individuell auf die Bedürfnisse des Unternehmens abgestimmt. Diese können für jeden Deckungsbaustein verschieden sein. Die Kosten für die Sicherheitsanalyse liegen bei ca. 25.000 CHF. Dieser Richtwert spiegelt aber nicht unbedingt die tatsächlichen Kosten wider. So wird dem Kunden nur die tatsächlich erbrachte Leistung verrechnet. [Quelle: persönliche E-Mail von Christoph Kammermann, Head of eRisk and Senior Project Leader Special Lines der *Zürich*, Zürich, Schweiz vom 15.5.2002].

[75] Vgl. AON (2001); AON (2002a); http://www.e-ris.ch/, Abruf am 20.5.2002.

Das Vorgehen bei *e-RIS* ist ähnlich wie bei dem *eRisk protection program* der *Zürich*. In einem ersten Schritt wird gemeinsam mit dem Kunden die technische und organisatorische Risikosituation identifiziert. Grundsätzlich wird bei dem Sicherheits-Audit der *ISPIN AG* Bezug auf den internationalen *British Standard 7799* genommen. In Abstimmung mit dem Kunden werden anschließend Maßnahmen zur Risikovermeidung und Risikoverminderung ergriffen. Daraufhin werden die verbleibenden Restrisiken identifiziert. Sie bilden unter Berücksichtigung der individuellen Eigentragungs-Philosophie des Unternehmens, die auch deren Risikoeinstellung widerspiegelt, die Grundlage zur Erarbeitung der gewünschten Versicherungslösung. Teilweise zwingende regelmäßige Überprüfungen stellen den angestrebten Sicherheitsstandard langfristig sicher.

Im Rahmen von *e-RIS* arbeitet die *AON Jauch & Hübener AG* mit verschiedenen Versicherern zusammen. Der ausgewählte Versicherer wird entsprechend der individuellen Ausgangssituation des Unternehmens in einer frühen RM-Prozessstufe bestimmt. Die ausgewählten Versicherungslösungen stammen von der *Zürich* (*eRisk protection program*),[76] der *Basler Versicherungen* (*B@loise Net-Solution* und *B@loise IT-Solution*)[77] sowie der *Winterthur Versicherungen* (*WinProfessional e-Business Versicherung*).[78]

Bei der integrierten Versicherungslösung unterscheidet *e-RIS* die beiden Bereiche „Eigenschaden" und „Drittschaden".

- **Eigenschadendeckung**
  Im Bereich Eigenschadendeckung werden verschiedene Deckungsmodule angeboten, die Betriebsunterbrechungen und Mehrkosten, Vertrauensschäden, kriminelle Handlungen (Computerkriminalität), Erpressung und anfallende Kosten für Krisenmanagement und Wiederherstellung von Image und Vertrauen absichern.
- **Drittschadendeckung**
  Bei Schädigung einer Drittperson bietet *e-RIS* ebenfalls Deckungsschutz. Haftpflichtschäden aus Folgeschäden von Internet-Transaktionen (z.B. Enthüllung vertraulicher Daten, unbeabsichtigte Einfuhr von Viren, Fehler bei der Erfüllung von Internetdienstleistungen) sind ebenso wie Infringement-Schäden (z.B. Persönlichkeitsverletzungen, Verleumdung, Diebstahl intellektuellen Eigentums) versichert.

Das ganzheitliche Konzept *e-RIS* ist kein einheitliches Standardprodukt wie traditionelle EDV-Versicherungen. Die RM-Beratungsleistung und die integrierten Versicherungsdeckungen können individuell zusammengesetzt werden.

---

[76] So kann innerhalb von *e-RIS* die Versicherungslösung des *eRisk protection program* der *Zürich* integriert werden. Die übrigen Phasen des *eRisk protection program* entfallen dann [Quelle: persönliche E-Mail von Daniel Borner, E-Business Risk Consultant, Associate in Risk Management, *AON Jauch & Hübener AG*, Feldmeilen/Zürich, Schweiz vom 7.5.2002].

[77] http://www.basler.ch, Abruf am 20.5.2002.

[78] http://www.winterthur-insurance.ch/home/bus/bus_han/bus_han_pro/bus_han_pro_winpro/bus_han_pro_winpro_ebus.htm, Abruf am 20.5.2002. Die *B@loise Net-Solution*, die *B@loise IT-Solution* sowie die Versicherungslösung der *Winterthur* benötigen kein Sicherheits-Audit [vgl. AON (2002a)]. Sie sind entsprechend in ihrem Deckungsumfang restringiert und eignen sich eher für KMUs.

5.2.2.2.3 Marsh GmbH: NET SECURE

Das RM-Beratungsunternehmen *Marsh* bietet ein Versicherungspaket an, das nach eigenen Angaben sämtliche Electronic Commerce-Risiken wie Betriebsunterbrechungen aufgrund von Manipulation durch Hacker oder eigene Mitarbeiter abdeckt.[79] Die angebotene *NET SECURE™*-Police,[80] die den weitgehendsten Deckungsumfang des Hauses *Marsh* bezüglich derartiger Risiken hat, kann entsprechend eines Baustein-Modells individuell zusammengestellt werden.[81] Von der Versicherungssystematik her wird auch hier zwischen gedeckten Eigenschäden und Drittschäden unterschieden. Ein weiterer Zusatzbaustein ist das sog. „Krisenmanagement".

Ein vorgeschaltetes Sicherheits-Audit durch einen vom Versicherer bestellten Gutachter, der die technischen Sicherungsmaßnahmen des Unternehmens prüft, ist auch hier Voraussetzung.[82] Das Versicherungspaket wird daraufhin für jeden einzelnen Kunden individuell geschnürt.

Eigenschadendeckung

- **Sachschäden**
  Sachschäden an der EDV bzw. elektronischen Geräten nebst gespeicherten Daten inclusive ursächlichen Programmierungsfehler, Mail Bombing und Computerviren sind abgedeckt.
- **BU-Schäden**
  Gedeckt sind hier BU-Schäden, die z.B. folgende Ursachen haben können: Ausfall der EDV, Ausfälle in der internen und externen Netzwerkstruktur (auch bei Zulieferern und Abnehmern), Programmierungsfehler sowie Computerkriminalität (Viren, Hacker-Angriffe, Mail Bombing etc.).
- **Schäden durch EDV-Kriminalität**
  Versichert sind im Rahmen dieses Bausteins Erpressungs- und Nötigungstatbestände hinsichtlich der EDV und elektronischer Daten. Gedeckt sind auch Schäden durch kriminelle Handlungen der Mitarbeiter oder von Dritten (z.B. Datendiebstahl, Computersabotage etc.).

Drittschadendeckung

- **Vermögensschäden**
  Versichert sind Tatbestände wie Softwarefehler sowie Ausfälle von Internet-Verbindungen, die zu Vermögensschäden von Vertragspartnern führen. Ebenso sind Schäden gedeckt, die daraus resultieren, dass aufgrund unzureichender technischer Si-

---

79 Vgl. MARSH (1999a); MARSH (1999b); O.V. (2000, Hacker-Versicherung); http://www.marsh.de/ecommerce_ecommerce.html, Abruf am 14.4.2002.

80 Vgl. MARSH (2002). Die Gesamtkapazität dieses Produktes beträgt 200 Mio. US-$. Höhere Deckungssummen sind über konzerneigene Rückversicherungsmakler erreichbar.

81 Derzeit wird die NET SECURE™-Police aufgrund fehlender Erstversicherungskapazitäten nicht angeboten. Die Police wurde weltweit offeriert und vorwiegend in den USA und England aber auch in ganz Europa mehrfach verkauft. In Deutschland wurde allerdings kein Abschluss getätigt [Quelle: persönliche E-Mail von Sebastian Linck, Vertriebsleiter Neue Technologien, *Marsh GmbH*, Stuttgart vom 3.6.2002].

82 Vgl. MARSH (2002), S. 3: Die Untersuchung der Internet- sowie der Netzwerksicherheit wird durch *IBM* oder ein ähnliches Unternehmen durchgeführt.

cherungsmaßnahmen Daten von Vertragspartnern gestohlen oder ausspioniert werden können.

- **Schäden aufgrund der Verletzung des Rechts an geistigem Eigentum**
  Gedeckt sind Haftpflichttatbestände, die z.B. aus der Verletzung von gewerblichen Schutzrechten (mit Ausnahme von Patentrechtsverletzungen) und Geschäftsgeheimnissen resultieren.
- **Schäden aufgrund der Verletzung von Persönlichkeitsrechten und Wettbewerbsrecht**
  Hier wird Schutz bei Beleidigungen (z.B. durch „Web-Graffiti") und bei Verstößen gegen der lauteren Wettbewerb gewährt.

Krisenmanagement

Dieser Baustein stellt eine zu vereinbarende Geldsumme zur Deckung der Kosten bereit, welche dem Versicherungsnehmer in Krisensituationen im Zusammenhang mit versicherten Risiken entstehen. Hier sind z.B. Maßnahmen anzuführen, die Angriffe auf das EDV-System aufspüren und analysieren oder dazu dienen, die Reputation zu schützen.

5.3 Analyse der Versicherungsmöglichkeiten

5.3.1 Technische Sicherheit als Bedingung der Versicherbarkeit

Technische Sicherungsmaßnahmen stehen in einem komplementären Verhältnis zu Versicherungen. I.d.R. ist ein bestimmtes Mindestmaß an technischen Schutzvorkehrungen (Obliegenheiten) neben klassischen Produktgestaltungselementen wie Selbstbeteiligungen, Deckungsabgrenzungen oder Ausschlüssen notwendig, um Internet-Risiken erst versicherbar zu machen.[83] Insbesondere ist hier auf die „Kurzlebigkeit" von technischen Sicherungsmaßnahmen hinzuweisen. Um einen geforderten Sicherheitsstatus zu halten, bedarf es einer vertraglichen Bindung an bestimmte externe Sicherheitsstandards,[84] deren Erfüllung regelmäßig überprüft und angepasst werden muss.[85]

---

83 Vgl. O.V. (2001, Hacker-Versicherung): Auch die eingesetzten IT-Systeme wirken in gewisser Weise bestimmend auf die Prämienhöhe. So hat der IT-Versicherungsmakler *The Wurzler Group* [http://www.jswurn.com, Abruf am 10.5.2002] in den USA angekündigt, die Versicherungsprämien für Hacker-Angriffe um 5% bis 15% anzuheben, falls der Versicherungsnehmer Systeme von der Firma *Microsoft* einsetzt.

84 Viele Versicherer beziehen sich dabei grundsätzlich auf Security-Audits nach BS 7799 [vgl. BS 7799-1 (1999); BS 7799-2 (1999)] oder ISO 17799. Da diese Norm von vielen Anbietern der Security-Audits angewandt wird, sind diese Dienstleister jederzeit austauschbar.

85 Vor diesem Hintergrund wird das Ende März 2002 in Deutschland verabschiedete Zugangskontrolldiensteschutz-Gesetz (ZKDSG) [vgl. BUNDESTAG (2002)] derzeit heftig diskutiert. Es verbietet „gewerbsmäßige Eingriffe zur Umgehung von Zugangskontrolldiensten". Verboten ist neben dem tatsächlichen Missbrauch solcher Dienste auch das Erstellen, Verbreiten und Besitzen von Software, die entsprechende Schutzmechanismen brechen kann. Software zum Test auf Sicherheitslücken wird hier ebenso erfasst. Sicherheitsspezialisten, die sich solcher Tools bedienen, um im Unternehmensauftrag deren Netzwerke auf Verwundbarkeit zu testen, würden sich so strafbar machen. Daher wird z.Zt. davor gewarnt, dass dieses „Anti-Hacker-Gesetz" die Sicherheit gefährden kann [vgl. MUELLER (2002)].

Auf diese Weise sollte Risikoverminderung im Sinne einer Schadensprävention, die technologische Fortschritte berücksichtigt, betrieben werden. Versicherer müssen für derartig komplexe Aufgaben Sicherheitsspezialisten engagieren oder die Risikoanalyse an externe Dienstleister übertragen.[86] Der Stand der technischen Sicherungsmaßnahmen ist somit einerseits Bedingung für die Versicherbarkeit von Internet-Risiken, andererseits auch bestimmendes Merkmal für die Versicherungsprämie.[87] Die erforderlichen technischen Sicherungsmaßnahmen und erforderlichen Sicherheitsüberprüfungen sind sehr kostspielig.[88] Ebenso sind auch die Internet-Versicherungen nicht kostengünstig.[89]

5.3.2 Beurteilung der Versicherbarkeit anhand der Schutzziele

Die Beurteilung der Versicherbarkeit mittels eines empirisch-realistischen Ansatzes bildet die Realität der Versicherbarkeit ab. Auf diese Weise sind Aussagen bezüglich einer praxisorientierten Versicherbarkeit möglich.

Eine Analyse des bestehenden Versicherungsangebotes anhand der Schutzziele der Mehrseitigen Sicherheit als Referenz für einerseits traditionelle EDV-Versicherungen und andererseits neuartige Internet-Versicherungen, die für den deutschen und Schweizer Markt durchgeführt wurde, führt zu der in Tabelle 8 angeführten Beurteilung der derzeitigen Versicherungsmöglichkeiten von Internet-Risiken für Unternehmen. Die Aussagen beziehen sich auf die Versicherbarkeit der potenziellen Verletzungen einzelner Schutzziele und weisen auf die gravierendsten Probleme hin.

---

86 Diesen Dienstleistern können ebenso auch die Aufgaben der Schadensfeststellung oder der Ermittlung der Schadenshöhe zukommen.

87 Eine „Faustregel" für die Ermittlung der Versicherungsprämie ist, dass für 1 Mio. US-$ Versicherungssumme ca. 10.000 US-$ Prämie fällig wird (1% Prämie der gewünschten Deckungssumme), allerdings ist dies nur eine grobe Schätzung. So liegt es im Rahmen des Underwriting-Prozesses am entsprechendem Spezialisten, die Prämie richtig einzuschätzen. Diese kann sich basierend auf den Resultaten des Security Audits, organisatorischen und physischen Sicherungsmaßnahmen, gewählten Deckungssummen, Selbstbeteiligungen etc. stark ändern [Quelle: persönliche E-Mails von Daniel Borner, E-Business Risk Consultant, Associate in Risk Management, *AON Jauch & Hübener AG*, Feldmeilen/Zürich, Schweiz vom 8.3.2001 und 23.4.2002].

88 Die Kostenangaben von Sicherheitsanalysen differieren stark. Es kann davon ausgegangen werden, dass ein umfassendes Sicherheits-Audit zwischen 75.000 und 150.000 EURO kostet [vgl. GÖTTERT (2001), S. 1972].

89 Vgl. SALKEVER (2002): In den USA erhältliche Policen kosten hunderttausende US-$ für nur zweistellige Millionen-Deckungen.

Schutzziele	*Versicherbarkeit*	*Problematik*
Vertraulichkeit Diebstahl von Informationen und Daten	nein	Eindeutig kausaler Zusammenhang, Beweisbarkeit, Quantifizierungsprobleme
Integrität Manipulation bzw. Löschen von Informationen und Daten	ja	Niedrige Deckungsgrenzen, kostenintensive technische Sicherungsmaßnahmen
Zurechenbarkeit Nicht-zurechenbare Vorgänge / Verbreitung von Falschinformationen	(derzeit) nein	Eindeutig kausaler Zusammenhang, Beweisbarkeit
Verfügbarkeit Web-Seiten nicht verfügbar, kein Zugang, Beeinträchtigung der Systemfunktionalitäten	ja	Niedrige Deckungsgrenzen, kostenintensive technische Sicherungsmaßnahmen

Tabelle 8: Versicherungsmöglichkeiten für Unternehmen[90]

5.3.2.1 Versicherbarkeit der Integrität und Verfügbarkeit

Die Analyse zeigt, dass potenzielle Verletzungen von Integrität und Verfügbarkeit versicherbar sind. Die Problematik liegt, abgesehen von den erforderlichen kostenintensiven technischen Sicherungsmaßnahmen, in derzeit noch verhältnismäßig niedrigen Deckungsgrenzen. Daher ist Versicherungsschutz bisher erst für KMU möglich.[91] Ein Lösungsansatz ist die Ausdehnung der Kapazitätsgrenzen der Versicherer mittels Rückversicherung.[92] Des Weiteren

---

90 Vgl. GRZEBIELA (2001), S. 420; GRZEBIELA (2002).

91 Die derzeit verfügbaren Höchstkapazitäten liegen bei ungefähr 100 Mio. US-\$. Für derartige Kapazitäten sind allerdings Versicherungs-Layerungen notwendig, die je nach Anbieter bei ca. 20 Mio. US-\$ beginnen. Die Deckungskapazitäten sind von der entsprechenden Kundenbranche, von gewünschten Sonderdeckungen und vom vorhandenen „Security-Level" abhängig [Quelle: persönliche E-Mail von Daniel Borner, Risk Consultant, Associate in Risk Management, *AON Jauch & Hübener AG*, Feldmeilen/Zürich, Schweiz vom 7.5.2002].

92 Fast alle Erstversicherer greifen auf Rückversicherungsschutz zurück. In dieser Arbeit wird die Ausgestaltung von Rückversicherungsdeckungen nicht weiter betrachtet. Vgl. zu Gestaltungsformen von Rückversicherungen bspw. GERATHEWOHL (1976); GERATHEWOHL (1979); GROSSMANN (1982); GASTEL (1995); PFEIFFER (1999); LIEBWEIN (2000). Vgl. zu integrierten RM-Ansätzen, die traditionelle Rück-

kann Ineffizienzen und Grenzen der Versicherbarkeit mit innovativen Risikofinanzierungslösungen, den später vorgestellten ART-Produkten, begegnet werden.

5.3.2.2 Versicherbarkeit der Zurechenbarkeit

Die Bedrohung des Verlustes der Zurechenbarkeit lässt sich aufgrund der äußerst schwierigen Beweisbarkeit und fehlenden eindeutigen kausalen Zusammenhängen bisher nicht versichern. Ein weit verbreiteter Einsatz von Verfahren der digitalen Signatur und digitaler Zertifikate, die von vertrauenswürdigen Instanzen vergeben werden, kann ein möglicher Lösungsansatz sein, Verletzungen der Zurechenbarkeit versicherbar zu machen.[93] Derzeit kann von verbreitetem Einsatz allerdings nicht die Rede sein. Ebenso ist eine benötigte vertrauenswürdige und breit akzeptierte Public-Key-Infrastruktur nicht vorhanden.

5.3.2.3 Versicherbarkeit der Vertraulichkeit

Verletzungen der Vertraulichkeit sind nicht versicherbar. Illegaler Informationsabfluss bei Unternehmen oder eine illegale Veräußerung personenbezogener Daten oder von Business Assets werden i.d.R. zunächst „nicht am eigenen Leib erlebt“. Der Datenverlust wird – wenn überhaupt – oft erst im Nachhinein festgestellt. Eine Beweisbarkeit und die Identifizierung von Schuldigen gestaltet sich äußerst schwierig und ist sehr oft nicht möglich.[94] Ebenso erscheint eine exakte Quantifizierung der entstandenen Vermögensschäden kaum erreichbar zu sein.[95]

---

versicherungen mit Finanzmarktinstrumenten verbinden, SWISS RE NEW MARKETS (1999a). Zur Erstellung eines entscheidungstheoretischen Modells, das traditionelle Rückversicherungsformen im Bezug zu ART-Produkten untersucht, vgl. LIEBWEIN (1999).

93 Wichtig dabei ist eine eindeutige Haftungsregelung. Durch die Neuregelung des SigG [vgl. BUNDESTAG (2001)] wurde eine Verschuldenshaftung für Zertifizierungsstellen gegenüber Dritten, die auf die Angaben in einem qualifizierten Zertifikat vertrauen, eingeführt [vgl. KÖLTZSCH (2002), S. 76].

94 Der Versicherungsvertrag sollte i.S. einer eindeutigen Beweislastzuordnung genau festlegen, wie bzw. mit welcher Genauigkeit im Schadensfall der Nachweis der Manipulationen zu erbringen ist [vgl. MEHL (1998), S. 109].

95 Es ist ebenso anzunehmen, dass sich aufgrund der stark eingeschränkten Beweisbarkeit die angesprochenen Risiken der Verletzung von Privatheit nicht versichern lassen.

6 Instrumente und Techniken des Alternativen Risikotransfers (ART)

Die niedrigen Deckungsgrenzen bzw. derzeit unzureichend vorhandene Versicherungskapazitäten für Internet-Risiken machen innovative Risikofinanzierungslösungen insbesondere für größere Unternehmen erforderlich.

Ausgehend von einer Begriffsbestimmung werden in Abschnitt 6.1 Instrumente des Alternativen Risikotransfers, die auf dem Konzept des Bilanzschutzes beruhen und somit einen holistischen RM-Ansatzes gerecht werden, bezüglich ihrer Effizienz und zukünftigen Bedeutung beurteilt. Wichtige ART-Ausprägungen werden in 6.2 vorgestellt. Die Eignung von ART-Instrumenten zur Handhabung von Internet-Risiken wird abschließend in 6.3 eingeschätzt.

6.1 Einleitung

6.1.1 Begriffsbestimmung

Dem Risikotransfer durch Versicherung als traditionelles Instrument der Risikofinanzierung für Unternehmen wird in jüngerer Zeit die Kategorie *Alternativer Risikotransfer (ART)*[1] entgegengesetzt, teilweise auch als alternative bzw. innovative Risikofinanzierung bezeichnet. Kerninhalt ist dabei die Suche nach neuen Wegen der Risikofinanzierung insbesondere für große Unternehmen. Die Bezeichnung ART steht für eine Vielzahl neuartiger Instrumente und Techniken zur Steuerung versicherungstechnischer Risiken. Ein zentrales Merkmal dabei ist, dass der Risikotransfer nicht mehr ausschließlich innerhalb der Märkte der Erst- und Rückversicherungen erfolgt, sondern auch auf Finanzmärkten.[2] Somit ist die zunehmende Konvergenz der Finanz- und Versicherungsmärkte treibende Kraft bei der Entwicklung von ART-Lösungen.[3]

Sowohl in der Literatur als auch in der Praxis hat sich die Bezeichnung Alternativer Risikotransfer stärker durchgesetzt. So wird der Begriff ART auch in dieser Arbeit Verwendung finden. Dennoch soll darauf hingewiesen werden, dass unter rein semantischen Gesichtspunkten der Begriff der alternativen Risikofinanzierung angemessener erscheint, da er auch solche Instrumente beschreibt, die keinen Risikotransfer mehr beinhalten.[4] Gerade alternative Selbst-

---

1 Vgl. SWISS RE (1999a); HEROLD/PAETZMANN (1999); EUROPEAN COMMISSION (2000).

2 Vgl. ALBRECHT/SCHRADIN (1998), S. 574: In Anlehnung an ALBRECHT/SCHRADIN soll hier von „Finanzmärkten" als Sammelbegriff für mögliche Abgrenzungen von Geld-, Kapital- und Terminmärkten bzw. für die Unterscheidung zwischen Börsen und Over-the-Counter (OTC)-Märkten gesprochen werden. Die Marktteilnehmer auf den Finanzmärkten werden auf diese Weise zu Trägern versicherungstechnischer Risiken.

3 Vgl. EUROPEAN COMMISSION (2000), S. 36, die konvergenzbedingende Faktoren anführt.

4 Vgl. EICKSTÄDT (2001), S. 2.

tragungsinstrumente, die dem ART zugeordnet werden aber Risiken im eigentlichen Sinne nicht transferieren, verdeutlichen dies.

Die reale Entwicklung von entsprechenden Geschäften des ART ist noch im Fluss,[5] eine allgemein anerkannte Definition existiert bisher nicht.[6] Diverse Definitionsansätze beschränken sich auf die Beschreibung bestimmter Produkte bzw. auf die Kernmerkmale von ART-Lösungen.[7] Ein Konsens besteht bei der Auffassung, dass ART-Produkte überwiegend vorhandene Instrumente des traditionellen Risikotransfers über Erst- und Rückversicherung ergänzen und nicht ersetzen.[8] Neben der Entwicklung neuer Wege des Risikotransfers gilt das holistische Risikomanagement als eigentliches Ziel und Ideal der ART-Entwickler. Nach einer vorangehenden Analyse der gesamten Risikosituation eines Unternehmens (Risk-Mapping, siehe Abschnitt 3.2.2.2) soll anschließend eine möglichst umfassende Lösung angeboten werden. Diese Bemühungen stecken allerdings erst in den Anfängen.[9]

Abbildung 28 gibt einen Überblick über Risikofinanzierungslösungen zur Begrenzung von Risiken. Traditionelle Risikofinanzierungslösungen wie Versicherungen sind durch niedrige variable Schadenskosten und hohe Transaktionskosten für das versicherte Unternehmen gekennzeichnet. ART-Lösungen dagegen zeichnen sich durch höhere variable Schadenskosten aber auch durch geringere Transaktions- und Verwaltungskosten aus.[10]

---

5 Vgl. FARNY (2000), S. 41. Eine Beschreibung der historischen Entwicklung des ART-Marktes findet sich in EUROPEAN COMMISSION (2000), S. 7-10.

6 Vgl. EUROPEAN COMMISSION (2000), S. 5; KUCK (2000), S. 58; EICKSTÄDT (2001), S. 69.

7 Vgl. z.B. BUUREN (1998), S. 5; SWISS RE (1999a), S. 5; EICKSTÄDT (2001), S. 71.

8 Vgl. PATTERSON (1997), S. 606; SWISS RE (1999a), S. 6; FARNY (2000), S. 43; SWISS RE (2001b), S. 34.

9 Vgl. BANZ (1999), S. 8.

10 Vgl. ROMEIKE (2000), S. 606f.

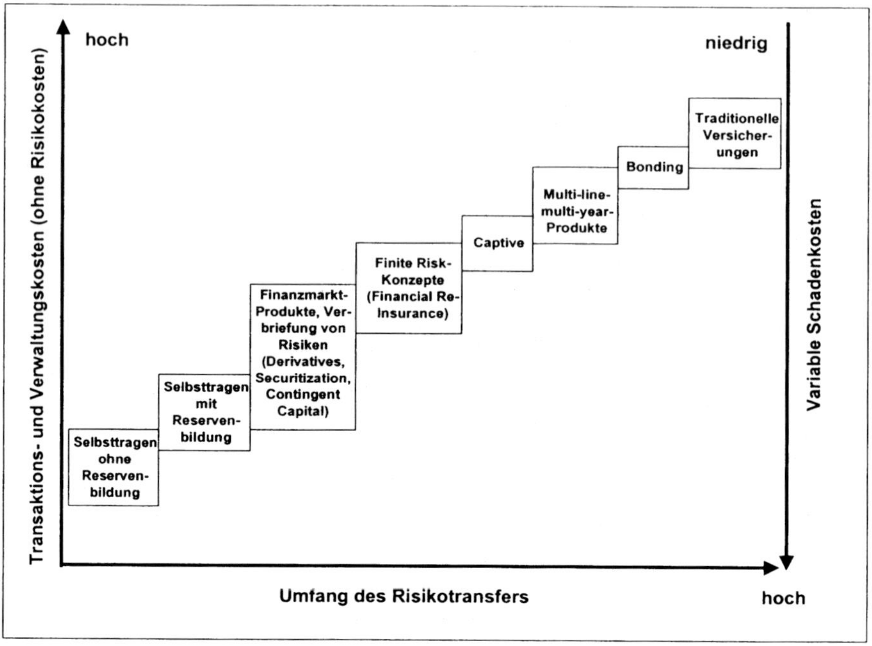

Abbildung 28: Risikofinanzierungslösungen und -kanäle zur Risikobegrenzung[11]

Bisher wurde keine eindeutige, allgemein anerkannte Grenze zwischen Instrumenten der traditionellen Risikofinanzierung und ART-Lösungen gefunden.[12] Ein eher pragmatischer Definitionsansatz wird in der Praxis versucht. Dieser schließt auch integrierte Multiline-Produkte mit traditionellem Risikotransfer ein.[13] Abbildung 29 zeigt mögliche Entwicklungsstufen, die zu ART-Lösungen hinführen. *Integrative Produkte* stellen die integrierte Abdeckung von Risiken in den Vordergrund. *ART-Produkte i.e.S.*, die einen tatsächlichen alternativen Transfermechanismus beinhalten, werden substantiell von finanzwirtschaftlichen Motiven getragen.[14]

[11] Quelle: ROMEIKE (2000), S. 606 in Anlehnung an WILLIAMS/SMITH/YOUNG (1995).

[12] Einige Autoren sprechen von „Mischformen" und „fließenden Übergängen" zwischen dem vollen Risikotransfer und der reinen Selbstfinanzierung [vgl. z.B. BAUER (1998), S. 558f.].

[13] Vgl. HEROLD/PAETZMANN (1999), S. 29.

[14] Vgl. HEROLD/PAETZMANN (1999), S. 30.

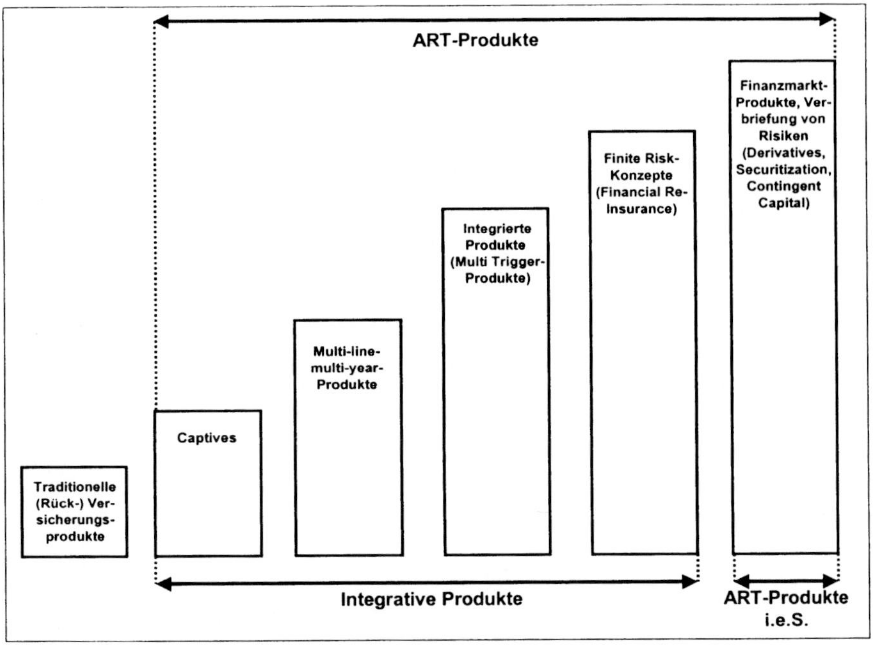

Abbildung 29: Entwicklungsstufen von ART-Lösungen[15]

6.1.2 Bilanzschutz und Effizienz von Versicherungen

ART-Lösungen beruhen auf dem *Konzept des Bilanzschutzes.* Der Wunsch nach einem umfassenden Bilanzschutz für ein Unternehmen kann auch von Instrumenten des ART nicht vollständig erfüllt werden. Dennoch ist es wichtig, mögliche Risikoeinflüsse auf die Bilanz zu kennen. Dazu ist es notwendig, das RM verstärkt an der Bilanz bzw. an den finanziellen Folgen von Risiken für Unternehmen zu orientieren.[16] Bilanzschutzkonzepte orientieren sich also weniger an den Kriterien der Versicherbarkeit und dem Transfer von singulären Risikoklassen mithilfe von Versicherungen. Ziel ist es vielmehr, das RM auf die Erfolgsrechnung und die Bilanz des Unternehmens auszurichten, um diese entsprechend eines holistischen, unternehmensweiten Ansatzes vor negativen Risikoauswirkungen zu schützen.[17] Mit anderen Worten steht der Schutz der finanziellen Substanz des Unternehmens bzw. des Shareholder Values im

[15] Quelle: eigene Darstellung; in Anlehnung an HEROLD/PAETZMANN (1999), S. 30.

[16] Vgl. BRÜHWILER/STAHLMANN/GOTTSCHLING (1999), S. 39.

[17] Vgl. BRÜHWILER/STAHLMANN/GOTTSCHLING (1999), S. 39; MÜLLER (1999a), S. 686 sowie ROMEIKE (2000), S. 606. Synonym werden die Begriffe „holistisch", „ganzheitlich", „integriert" oder „total" verwendet. Hier ist zu erwähnen, dass ein solches holistisches Risikomanagement auch i. S. des KonTraG gefordert wird [vgl. MARTIN (2001), S. 1460ff.]

Mittelpunkt der Betrachtung.[18] Ziel des Bilanzschutzgedankens ist folglich die systematische Erhaltung und Steigerung des Unternehmenswertes.

Die traditionelle Risikofinanzierung mittels Versicherung ist von erheblichen Ineffizienzen geprägt.[19] Eine Analyse von BRÜHWILER et al. kommt zu dem Ergebnis, dass bei traditionellen Versicherungsprodukten nur etwa 20-30% der bezahlten Versicherungsprämien dem tatsächlichen Bilanzschutz dienen.[20] Wie Abbildung 30 illustriert, absorbieren Versicherungssteuer, Vertriebskosten (z.B. Maklercourtagen, Provisionen) und Administrationskosten, die dem Versicherer entstehen, einen großen Teil der Prämien. Ein erheblicher Kostenblock wird zusätzlich für Schäden aufgewendet, die häufig vorkommen, vom Betrag her aber relativ niedrig ausfallen. Diese Frequenzschäden tragen zum Bilanzschutz kaum bei. Hier handelt es sich vielmehr um einen konstanten Geldwechsel zwischen Unternehmen und Versicherer, der wenig Nutzen stiftet.[21]

[18] Vgl. auch ROMEIKE (2002), S. 91, der RM aus der Sicht der Finanzmärkte betrachtet und in diesem Kontext von wertorientiertem RM spricht.

[19] Effizienz steht hier für das Verhältnis zwischen dem Input als Kosten der Risikofinanzierung (Versicherungskosten) und dem Output als Sicherheit, die sich das Unternehmen dafür einkauft.

[20] Vgl. BRÜHWILER/STAHLMANN/GOTTSCHLING (1999), S. 17f.

[21] Vgl. BRÜHWILER/STAHLMANN/GOTTSCHLING (1999), S. 18.

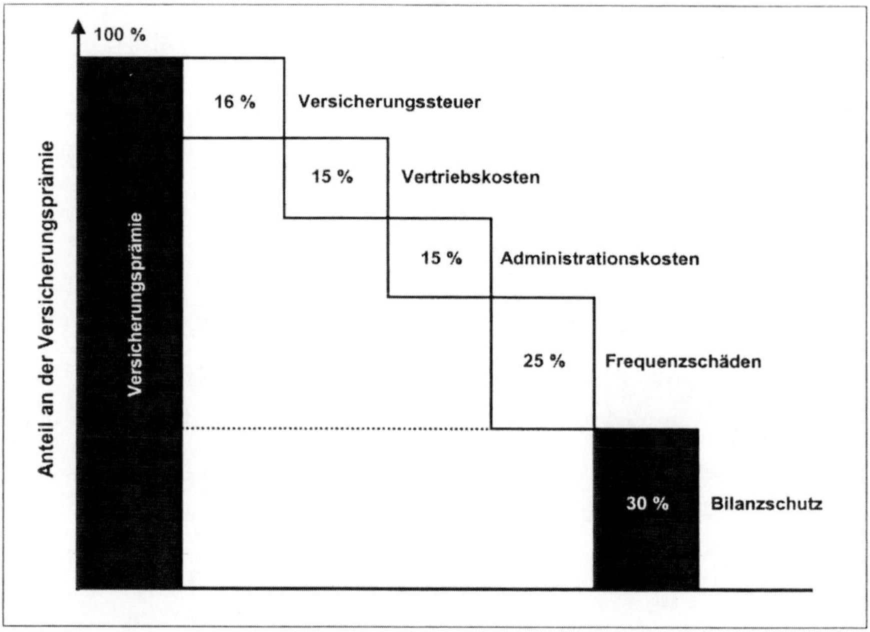

Abbildung 30: Effizienzprobleme bei Versicherungen[22]

Die beschriebenen Ineffizienzen traditioneller Versicherungen und der Wunsch nach einer umfassenden Bewältigung der Gesamtrisikolage eines Unternehmens unter Anwendung eines holistischen RM, das dem Bilanzschutzgedanken entspricht, haben maßgeblich zur Entwicklung von ART-Lösungen beigetragen,[23] auf die im Folgenden detaillierter eingegangen wird.

6.1.3 Größenordnung des Marktes der ART-Produkte

Da die Grenzen zwischen traditioneller Risikofinanzierung und ART-Lösungen teilweise fließend verlaufen, sind quantitative Angaben schwierig. Eine Untersuchung der *SWISS RE* aus dem Jahr 1999 schätzt den Anteil alternativer Produkte auf rund 8% der weltweiten traditionellen Industrieversicherung.

---

22 Vgl. BRÜHWILER/STAHLMANN/GOTTSCHLING (1999), S. 17.

23 Vgl. SWISS RE (1999a), S. 12; EICKSTÄDT (2001), S. 73.

Risikofinanzierungslösung	***Angaben in US-$***	***Anteil in % an traditioneller Industrieversicherung***
Traditionelle Industrieversicherung	365 Mrd.	
Captives	21 Mrd.	6,0%
Finite Risk-Lösungen	6 Mrd.	1,6%
übrige	1 Mrd.	0,3%

Tabelle 9: Weltweite Bedeutung von ART-Lösungen[24]

Hauptsächlich wird der ART-Markt aus New York, Bermuda, London, Zürich, Dublin und Luxemburg betrieben.[25]

6.1.4 Zukünftige Bedeutung des Alternativen Risikotransfers

Die viel beachtete Sigma-Studie der *SWISS RE* von 2001,[26] die Finanzinstrumente auf ihre Zukunftsaussichten untersucht, bescheinigt den Finanzmarktinstrumenten (Securitization, Versicherungsderivate) ein sehr bedeutendes Marktpotenzial für die Handhabung von Versicherungsrisiken.

Heute entfällt ungefähr die Hälfte der Verbriefungstransaktionen im Versicherungswesen auf Katastrophenbonds. Das jährliche Emissionsvolumen von diesen Cat-Verbriefungen, dass in den letzten Jahren noch bei knapp über 1 Mrd. US-$ lag, dürfte auf 10 Mrd. US-$ im Jahr 2010 ansteigen.[27] Auch bei Nicht-Katastrophenrisiken besteht ein großes Marktpotenzial für bestimmte Versicherungslösungen mit Finanzmarktinstrumenten. Sie haben gemeinsam mit anderen ART-Lösungen das Potenzial, die Grenzen der Versicherbarkeit zu erweitern.[28]

Auch aus volkswirtschaftlicher Sicht ist die Verbriefung von Versicherungsrisiken und deren Handel mittels entsprechender Risk Bonds über die Finanzmärkte positiv zu bewerten, da Finanzmärkte zu einer effizienten Bewertung von Risiken beitragen können und zumindest theoretisch eine Verbesserung der Effizienz der volkswirtschaftlichen Risikoallokation erwarten lassen.[29]

---

24 Quelle: SWISS RE (1999a), S. 6. Schätzungen von *Tillinghast Towers-Perrin* beziffern die Größe des Marktes der ART-Produkte exklusive Captives höher mit 13 Mrd. US-$ [vgl. EUROPEAN COMMISSION (2000), S. 22].

25 Vgl. EUROPEAN COMMISSION (2000), S. 23. Eine Übersicht der bedeutenden Unternehmen, die ART-Geschäft zeichnen oder in diesem Segment als Intermediäre auftreten, findet sich in EUROPEAN COMMISSION (2000), S. 46ff.

26 Vgl. SWISS RE (2001b).

27 Die Schätzungen der SWISS RE sind als sehr konservativ anzusehen. Andere Autoren rechnen nach breiter Etablierung des Instruments der Securitization mit Marktvolumina zwischen 50 und 100 Mrd. US-$ [vgl. PICOULT (1997), S. 27; ZOLKOS (1997), S. 103].

28 Vgl. SWISS RE (2001b), S. 34.

29 Vgl. FROST (1998).

6.1.5 Aktuelle Entwicklungen auf dem (Rück-)Versicherungsmarkt

Der wichtigste Faktor für den Erfolg von ART-Lösungen und insbesondere für Versicherungslösungen mit Finanzmarktinstrumenten ist die preisliche Konkurrenzfähigkeit zu traditionellen (Rück-)Versicherungslösungen. War der Industrie- und Rückversicherungsmarkt aufgrund starken Wettbewerbs viele Jahre sehr günstig[30] und durch ruinösen Verdrängungswettbewerb gekennzeichnet,[31] führten insbesondere die sehr teuren Naturkatastrophen aus dem Jahr 1999 (vgl. Tabelle 10), – das als zweitteuerstes Jahr in die Versicherungsgeschichte einging –, zu steigenden Rückversicherungsprämien im Jahr 2000.[32] Als direkte Reaktion auf diese Ereignisse und die resultierende Verhärtung der Rückversicherungsmärkte in Europa emittierten mehrere große Rückversicherer Ende 2000 und Anfang 2001 Cat-Bonds für europäische Sturmrisiken.[33] Härtere Bedingungen auf Rückversicherungsmärkten, z.B. aufgrund einer großen Katastrophe, führen demnach zu einer Stärkung der Akzeptanz von Versicherungslösungen mit Finanzmarktinstrumenten.[34]

30 Der starke Prämienrückgang hat bis zum Frühjahr 2001 dazu geführt, dass im Bereich der industriellen Sachversicherungen in Deutschland weniger Beiträge eingenommen wurden, als es der durchschnittliche Jahresschadensbedarf erforderte (entstandene Kosten der Versicherer nicht berücksichtigt) [vgl. SÖHLER/ZILKENS (2001), S. 1002].

31 Vgl. z.B. BRÜHWILER (1994), S. 2; HEROLD/PAETZMANN (1999), S. 25; BRÜHWILER/STAHLMANN/GOTTSCHLING (1999), S. 14; EICKSTÄDT (2001), S. 38f. Dies führte zu einer beträchtlichen Anzahl von über 50 Versichererkonkursen allein in den USA in den letzten zwei Jahren [vgl. o.V. (2001, Wendepunkt), S. 799)]. Insbesondere die achtziger und die frühen neunziger Jahre waren ebenso durch eine deutliche Zunahme der Insolvenzen von Versicherern gekennzeichnet [vgl. SWISS RE (1999b), S. 7]. In Deutschland zeigte sich ein Prämienrückgang von etwa 4,3 Mrd. DM in 1994 auf rund 2,3 Mrd. DM in 2000. Dies entspricht ca. 53,5% des Höchstwertes im Jahr 1994 [vgl. BUHK (2001), S. 898].

32 Vgl. SWISS RE (2001b), S. 32 sowie THOFERN (2001), S. 746.

33 Vgl. SWISS RE (2001b), S. 32.

34 Vgl. SWISS RE (2001b), S. 25.

Ereignis	*Datum*	*Land*	*Versicherte Schäden in US-$*
Terroranschläge in New York und Washington	11.09.2001	USA	19,00 Mrd.[35]
Hurrikan Andrew	23.08.1992	USA, Bahamas	20,19 Mrd.
Northirdge-Erdbeben	17.01.1994	USA	16,72 Mrd.
Taifun Mireille	27.09.1991	Japan	7,34 Mrd.
Wintersturm Daria	25.01.1990	Europa	6,22 Mrd.
Wintersturm Lothar	25.12.1999	Europa	6,16 Mrd.
Hurrikan Hugo	15.09.1989	Puerto Rico/USA	5,99 Mrd.
Sturm und Überschwemmungen	15.10.1987	Europa	4,67 Mrd.
Wintersturm Vivian	25.02.1990	Europa	4,32 Mrd.
Taifun Bart	22.09.1999	Japan	4,29 Mrd.
Hurrikan Georges	20.09.1998	USA, Karibik	3,83 Mrd.
Tropischer Sturm Allison	05.06.2001	USA	3,15 Mrd.
Explosion Plattform Piper Alpha	06.07.1988	Großbritannien	2,99 Mrd.
Erdbeben in Kobe	17.01.1995	Japan	2,87 Mrd.

Tabelle 10: Die weltweit größten versicherten Schadensereignisse[36]

Der Anschlag auf das World Trade Center vom 11. September 2001 in New York ist das einschneidende Ereignis, das die gesamte Versicherungswirtschaft und ganz besonders die Industrieversicherungs- und Rückversicherungsmärkte nachhaltig beeinflussen wird.[37] Vor dem Hintergrund der enormen Schadensbelastungen aus New York[38] und der drohenden Gefahren weiterer Terroranschläge werden derzeit die Rückversicherungsverträge preislich stark nach oben angepasst[39] und Rückversicherungskapazitäten reduziert.[40] So wurden die Versicherungsprämien von unterjährigen Rückversicherungsverträgen[41] für Sachversicherungen und

---

[35] Vgl. SWISS RE (2001c): Diese Schätzung bezieht sich allerdings nur auf die versicherten Sach- und Betriebsunterbrechungsschäden. Schäden aus Haftpflicht- und Lebensversicherungen werden hier nicht berücksichtigt. Die *SWISS RE* schätzt den volkswirtschaftlichen Schaden auf 90 Mrd. US-$.

[36] Zahlen zu den versicherten Schäden, entnommen aus SWISS RE (2002a), S. 23. Die versicherten Schäden sind in Mrd. US-$ zu Preisen von 2001 angegeben. Vgl. auch SWISS RE (2001a), S. 17; SWISS RE (2001c), S. 3.

[37] Vgl. THOFERN (2001), S. 746: Die Versicherungsindustrie hat damit das größte Schadensereignis ihrer Geschichte zu verkraften. Eine ausführliche Analyse der Terroranschläge in den USA und ihrer Folgen für die Versicherungswirtschaft liefert MÜNCHENER RÜCK (2001b); MÜNCHENER RÜCK (2001c).

[38] Vgl. THOFERN (2001), S. 746, der den volkswirtschaftlichen Schaden allein für die Stadt New York auf etwa 100 Mrd. US-$ schätzt. Schätzungen der gesamten versicherten Schäden reichen von 30 Mrd. US-$ bis 80 Mrd. US-$. Vgl. dazu z.B. THOFERN (2001), S. 746; NÖHRBASS (2001 a, b, c).

[39] Vgl. O.V. (2002, Rückversicherer): Ebenso ist ein deutlicher Anstieg der Nachfrage nach Rückversicherungsschutz als direkte Folge der Terroranschläge zu beobachten. Neben den signifikanten Preiserhöhungen ist eine grundlegende Änderung in der Art, wie Rückversicherungsgeschäft gezeichnet wird, zu konstatieren. Insbes. werden viele Risikoausschlüsse vorgenommen.

[40] Vgl. MORTIMER (2002), S. 165.

[41] (Rück-) Versicherungsverträge haben i.d.R. eine Laufzeit von einem Jahr [vgl. EUROPEAN COMMISSION (2000), S. 5].

Haftpflicht noch im Jahr 2001 um bis zu 64% erhöht.[42] Die Erstversicherer rechnen mit Prämienerhöhungen von 60% bis 100% für ihre Rückversicherungsverträge zum 1.1.2002 bzw. zum 1.7.2002.[43] Entsprechend werden sie ihre Versicherungsprämien nach oben anpassen.[44] Es ist daher zu erwarten, dass ART-Lösungen in nächster Zeit stark an Bedeutung gewinnen werden.[45] Erste Berichte bestätigen dies.[46]

6.2 Ausprägungen und Instrumente des ART

6.2.1 Captives

Eine Captive[47] ist eine Erst- oder Rückversicherungsgesellschaft, die von einem Nichtversicherungsunternehmen oder von einer Gruppe solcher Unternehmen betrieben wird und primär die Risiken der Eigentümer der Captive übernimmt (Eigenversicherung).[48] Captive-Lösungen sind die bekannteste und häufigste Form des ART.[49] Die Nutzung einer Captive ist mittlerweile so stark verbreitet, dass einige Autoren in diesem Kontext nicht mehr von „alter-

---

42 Rückversicherungsdeckungen für Elektroniksachversicherungen und Internet-Versicherungen sind ebenso spürbar teurer geworden. Außerdem werden Einschränkungen gegenüber bisherigen Deckungsumfängen vorgenommen. Neben der stark eingeschränkten Versicherungsmöglichkeiten von Terrorschäden sind vor allem potenzielle Kumulschäden betroffen (z.B. Schäden aufgrund von Computerviren, Betriebsunterbrechungen infolge eines Ausfalls externer Kommunikations- und Stromversorgungsnetze). So wird der *WÜBA Versicherungs-AG* in diesem Bereich seit Oktober 2001 für das Neugeschäft und ab dem 1.1.2003 für das Bestandsgeschäft kein Rückversicherungsschutz mehr gewährt [Quelle: persönliche E-Mails von Herbert Matschulies, *WÜBA*, Frankfurt vom 25.4.2002 und 10.5.2002].

43 Vgl. NÖHRBASS (2001b), S. 1766. Ebenso kommt es zu Problemen bei der Zeichnungskapazität. So zeigt das aktuelle Beispiel des Kumulschadens, hervorgerufen durch die branchenweite Verwendung des Medikaments Lipobay, dass die Zeichnungsbereitschaft für derartige Haftpflichtrisiken in Europa stark eingeschränkt wurde. Auch Vermögensschadendeckungen werden sich verteuern. Erste Schätzungen liegen bei erwarteten 60-150% Prämiensteigerungen bei reduzierten Deckungssummen [vgl. NÖHRBASS (2001b), S. 1766]. In einigen Fällen sind Prämiensteigerungen bis zu 300% festzustellen [vgl. AON (2002b), S. 3].

44 Sowie es eine Beziehung zwischen Rückversicherungs- und Erstversicherungsprämien gibt, so existiert ein Verhältnis zwischen Rückversicherungskapazitäten und Erstversicherungsprämien [vgl. DUFFY/BEUGEL (2001), S. 684].

45 Eine kurze Übersicht zu Vor- und Nachteilen von ART-Lösungen findet sich in EUROPEAN COMMISSION (2000), S. 32f.

46 Vgl. O.V. (2001, Sanierung), S. 653.

47 Kurzform für Captive Insurance Company oder Captive-Versicherer. Vgl. zur detaillierteren Darstellung von Captives z.B. MANEKELLER(1994); HETS (1995); BAWCUTT (1997); EICKSTÄDT (2001), S. 101-123.

48 Vgl. MEYER-KAHLEN (1988), S. 95; GERATEWOHL (1989), S. 23; HETS (1995), S. 8f. Zu einer ausführlichen Charakterisierung der Captive vgl. REINHARD (1999), S. 9-54.

49 Quantitative Angaben sind aufgrund der fließenden Grenzen zwischen traditioneller und alternativer Risikofinanzierung äußerst schwierig. Weltweit werden rund 4000 Captives geschätzt, die insgesamt ein Prämienvolumen von deutlich über 20 Mrd. US-$ zeichnen. Dies entspricht ungefähr 6% des traditionellen Industrieversicherungsmarktes, der ungefähr 365 Mrd. US-$ Prämien generiert. Der gesamte Anteil von allen ART-Lösungen beläuft sich auf rund 8% des weltweiten Industrieversicherungsmarktes. [vgl. SWISS RE (1999a), S. 6, BRÜHWILER/STAHLMANN/GOTTSCHLING (1999), S. 44 sowie ROMEIKE (2000), S. 607].

weile so stark verbreitet, dass einige Autoren in diesem Kontext nicht mehr von „alternativ" sprechen und das Paradoxon „traditional ART" verwenden.[50]

Captives sind eine Kombination aus den risikopolitischen Instrumentarien der Risikobegrenzung durch Versicherung und der Risikoselbsttragung.[51] Sie zeichnen als konzerneigene Versicherungen vorwiegend Risiken aus dem Bereich der Sach- und Vermögensversicherung, für die bei traditionellen Versicherern keine adäquaten Deckungen erhältlich sind oder die aus Gründen einer Kosten-/Nutzen-Optimierung nicht auf externe Versicherer übertragen werden sollen.

Durch die Einbindung der Captive in den Konzern werden die von ihr gezeichneten Risiken nicht aus dem Konzern transferiert. Daher müssen die potenziellen Verluste aus Schadensereignissen, die die Captive übernimmt, entsprechend eines Selbsttragungsmechanismus auch vom Eigentümer-Konzern getragen werden. Zusätzlich kann die Captive dazu genutzt werden, einen Teil der Risiken an den (Rück-)Versicherungsmarkt[52] zu übertragen.

Captives lassen sich anhand zahlreicher Kriterien klassifizieren und hinsichtlich ihrer Erscheinungsform differenzieren. An dieser Stelle sollen die Kriterien Geschäftstätigkeit, Trägerschaft, gezeichnete Risiken und Standort der terminologischen Abgrenzung dienen.[53]

Geschäftstätigkeit

Hier lassen sich *Erst- und Rückversicherungs-Captives* unterscheiden. Um vom Eigentümer Risiken direkt, d.h. ohne das Einschalten eines Erstversicherers, übernehmen zu können, muss die Captive als Erstversicherer lizensiert sein. Da eine Erstversicherung i.d.R. in jedem Tätigkeitsland eine nationale Versicherungslizenz benötigt und einer staatlichen Regulierung unterliegt (strenge Eigenkapitalvorschriften, lokale Aufsichtsverfahren), bedeutet dies erheblichen Aufwand bei Gründung und Betrieb der Captive. Um prohibitiv hohe Kosten zu vermeiden, werden Captives daher meist als Offshore-Rückversicherungsgesellschaften konzipiert. Dies hat den Vorteil, dass Rückversicherungen i.d.R. grenzüberschreitend tätig sein können und nur in ihrem Sitzland beaufsichtigt werden.[54]

Sollen Risiken von einer Rückversicherungs-Captive getragen werden, so ist das Einschalten einer Erstversicherung notwendig. Eine lokale Erstversicherung (ein sog. Fronter) übernimmt das Risiko zunächst, zediert es dann aber überwiegend oder ganz in Form eines Rückversiche-

50 Vgl. PORAT/POWERS (1995), S. 199. Vgl. EICKSTÄDT (2001), S. 101: Die Captive ist ein gutes Beispiel dafür, wie sich durch zunehmende Standardisierung und Verwendung ein vormals alternatives Instrument zu einem traditionellen Instrument wandeln kann.

51 Vgl. HETS (1995): S. 8: Die Risiken werden aus Sicht des Unternehmens teils in der konzerneigenen Gesellschaft – der Captive – gedeckt (Risikoselbsttragung), teils an den traditionellen (Rück-) Versicherungsmarkt abgegeben (Risikobegrenzung). Daher ist eine Einordnung des Instruments Captive in das risikopolitische Instrumentarium zur Risikobegrenzung nicht eindeutig (hybrides Instrument). Im Rahmen dieser Arbeit werden Captives bewusst unter ART-Lösungen subsummiert.

52 Da eine Captive als Versicherer direkten Zugang zum günstigeren Rückversicherungsmarkt hat, verschafft sich der Eigentümer der Captive gegenüber einer Risikodeckung über den Erstversicherungsmarkt deutliche Kostenvorteile.

53 Vgl. EICKSTÄDT (2001), S. 102-107.

54 Vgl. SWISS RE (1999a), S. 14.

rungsvertrags an die Captive weiter. Von dort können die Risiken teilweise an professionelle Rückversicherer retrozediert werden.[55] Abbildung 31 skizziert die Funktionsweise einer Rückversicherungs-Captive. Die Erstversicherer, die als Fronter agieren, tragen selbst kein versicherungstechnisches Risiko, erhalten aber eine Fronting-Gebühr zur Deckung der Verwaltungskosten.[56]

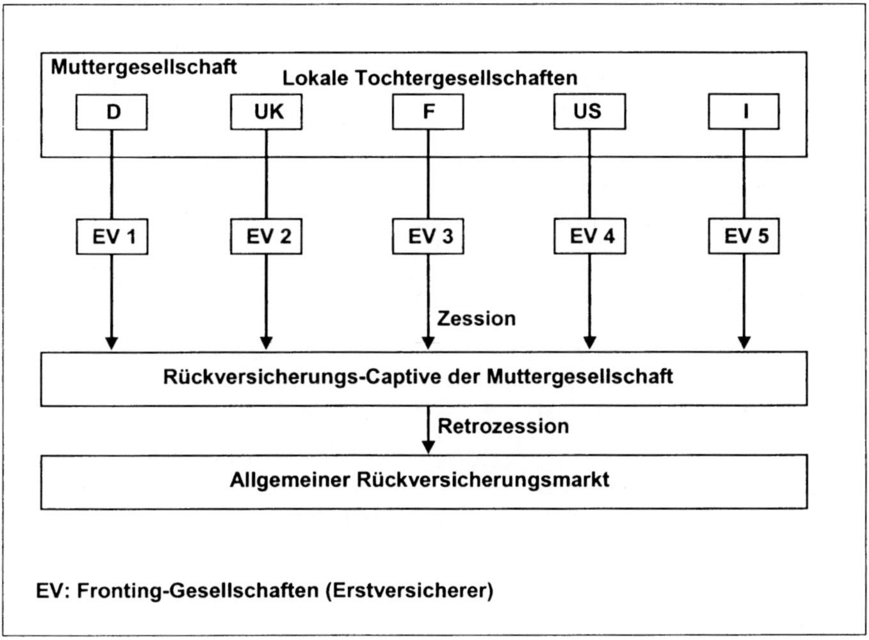

Abbildung 31: Funktionsweise der Rückversicherungs-Captive[57]

Eigentumsverhältnisse

Eine Captive ist als einfachster Fall eine hundertprozentige Tochtergesellschaft eines Konzerns (*Single Parent-Captive*), kann aber auch von mehreren Unternehmen gehalten werden (*Group-Captive, Multi Parent-Captive*). Dies ist oft der Fall, wenn bestimmte Prämienvolumen erreicht werden müssen, damit sich das Betreiben einer Captive lohnt. Oder sie kann als konzernfremde Gesellschaft nur gemietet werden (*Rent-A-Captive*)[58] und das Versicherungs-

---

55 Vgl. SWISS RE (1999a), S. 14.

56 Diese Fronting-Gebühr beträgt i.d.R. 3-10% der Prämie. Vgl. BOLLER/ROSENBAUM (1995), S. 1181; EICKSTÄDT (2001), S. 102, Fussnote 137.

57 Quellen: Ähnliche Darstellungen finden sich in WÖHRMANN (1998a), S. 30; SWISS RE (1999a), S. 14; HEROLD/PAETZMANN (1999), S. 16.

58 Bei einem Rent-A-Captive-Konzept wird die Rechtspersönlichkeit und Infrastruktur einer bestehenden Captive gemietet. Im Gegensatz dazu besitzt ein Captive-Account keine eigene Rechtspersönlichkeit. Hier wird

geschäft für Rechnung des mietenden Unternehmens betreiben. Die Captive stellt dem Unternehmen gegen eine Verwaltungsgebühr ein Konto zur Verfügung über das Prämien, Schäden und Anlageerträge abgewickelt werden. Da das Unternehmen bei dieser Lösung kein Kapital bereitstellen muss, ist dieser Ansatz insbesondere für mittelgroße Unternehmen interessant.

Eine spezielle Form von Captives sind die sog. *Special Purpose Vehicles* (SPV), die vor allem dem Transfer von Versicherungsrisiken auf den Finanzmarkt dienen.

Gezeichnete Risiken

Zeichnet eine Captive nur Risiken der Muttergesellschaft, wird sie als *Pure Captive* bezeichnet. Eine Ausdehnung der Geschäftstätigkeit auch auf konzernfremde Risiken führt zum Begriff der *Broad Captive*.

Standorte

Eine weitere Einteilung wird nach dem Standort der Captive vorgenommen. *Onshore* (oder *Domestic*) *Captives* haben ihren Sitz im Land der Muttergesellschaft, *Offshore Captives* werden im Ausland – oft in Steueroasen (z.B. Bermuda, Caymans, Guernsey, Luxemburg) – angesiedelt. Die Wahl zwischen On- und Offshore Captives hat traditionell vorwiegend steuerliche Gründe. Verglichen mit einem reinen Selbsttragen der Risiken durch ein Unternehmen bieten Captives einerseits den Vorteil der steuerlichen Abzugsfähigkeit der Prämienzahlungen und andererseits die günstigere steuerliche Behandlung von versicherungstechnischen Rückstellungen in den Offshore-Zentren.[59] I.d.R. können höhere versicherungstechnische Rückstellungen als traditionelle Bilanzrückstellungen gebildet werden.[60]

Steuerliche Vorteile sind heute eher zweitrangig: So muss in den meisten europäischen Ländern nachgewiesen werden, dass auch ein substantieller Risikotransfer stattfindet und die bezahlte Prämie eine versicherungstechnische Begründung hat.[61] Der wesentliche finanzielle Vorteil einer Captive ist somit der direkte Zugang zum allgemeinen Rückversicherungsmarkt mit seinen niedrigeren Transferkosten und günstigeren Risikoprämien. Ebenfalls eignen sich Captives, um die Volatilität des Versicherungsmarktes abzufedern, da sie vom Versicherungszyklus des Erstversicherungsmarktes relativ abgekoppelt sind.[62]

6.2.2 Finite Risk-Lösungen

Finite Risk (FR)-Produkte ermöglichen eine begrenzte Risikoübernahme des Versicherers für einen einzelnen Versicherungsnehmer.[63] Im Gegensatz zur traditionellen Versicherung, bei

für den Versicherungsnehmer lediglich ein rechnerisch ausgegliedertes Konto geführt. Vgl. BRÜHWILER (1994), S. 193.

59 Vgl. SWISS RE (1999a), S. 15.

60 Vgl. ROMEIKE (2000), S. 607.

61 Vgl. SWISS RE (1999a), S. 15: In den USA besteht außerdem nur dann eine Aussicht auf steuerliche Abzugsfähigkeit, wenn die Captive mindestens 30% an Fremdgeschäft zeichnet.

62 Die Erstversicherer kommen nicht mehr als Risikoträger sondern nur noch als Fronter zum Einsatz. Dennoch sind Captives in hohem Maße vom Rückversicherungsmarkt abhängig, auf den sie angewiesen sind.

63 Vgl. EUROPEAN COMMISSION (2000), S. 5. Vgl. zu einer ausführlichen Darstellung von FR-Lösungen BARILE/MONTI (1994); HEẞ (1995); HEẞ (1998); RÜCKER (2000).

der ein Risikoausgleich im Kollektiv stattfindet („Gesetz der großen Zahl"), erfolgt der Risikoausgleich bei FR-Lösungen in der Zeit (Diversifikation über die Zeit).[64]

FR-Lösungen sind individuell auf die spezifischen Kundenbedürfnisse angepasst. In FR-Verträgen wird zunächst ein Gesamtschadenswert fixiert, der einer Deckungsobergrenze entspricht. Diese muss über entsprechende Prämienzahlungen des FR-Versicherungsnehmers in jedem Fall aufgebracht werden. Tritt ein Schadensfall nun vor dem Erreichen der vollständig einbezahlten Deckungsobergrenze ein, wird die Versicherungsleistung zunächst fällig. Der FR-Versicherer muss folglich die Differenz zwischen der vereinbarten Deckungsobergrenze – oder in einem günstigeren Fall einer niedrigeren Schadenssumme – und den bereits einbezahlten Prämien bereitstellen. Der Differenzbetrag ist vom FR-Versicherungsnehmer in den nachfolgenden Jahren im Nachhinein wieder auszugleichen.

Die wichtigsten Merkmale von FR-Produkten sind:[65]

Beschränkte Risikoübernahme des (Rück-)Versicherers
Der Risikotransfer vom Versicherungsnehmer zum Versicherer ist begrenzt (finite).[66] Neben Versicherungsrisiken übernimmt der FR-Anbieter auch versicherungsfremde Risiken wie z.B. das Zinsänderungsrisiko, das Delkredererisiko sowie Wechselkursrisiken.[67]

Mehrjährige Vertragsdauer
Entsprechend dem Risikoausgleich über die Zeit sind die Vertragsdauern von FR-Produkten im Gegensatz zu den meisten traditionellen Rückversicherungsverträgen mehrjährig.

Ergebnisteilung mit dem Versicherten
Falls der tatsächliche Schaden geringer als erwartet ausfällt, werden anfallende Gewinne über den mehrjährigen Vertragszeitraum am Ende der Vertragslaufzeit vom FR-Versicherer weitgehend zurückerstattet. Es existiert somit ein enger Zusammenhang zwischen dem individuellen Schadensverlauf und den tatsächlichen Versicherungskosten. *Prospektive FR-Lösungen* sind dadurch gekennzeichnet, dass der FR-Versicherer noch nicht eingetretene, in der Zukunft erwartete Schäden übernimmt (Finanzierung von zukünftigen Schäden). Bei *retrospektiven FR-Lösungen* hingegen übernimmt der FR-Versicherer bereits eingetretene Schäden, deren Regulierung noch aussteht (Finanzierung von in der Vergangenheit bereits eingetretenen Schäden).[68]

---

64 Vgl. SWISS RE (1999a), S. 18; ROMEIKE (2000), S. 607.

65 Vgl. SWISS RE (1997), S. 5; SWISS RE (1999a), S. 19.

66 Eine eindeutige Definition von FR-Lösungen existiert nicht. In der Versicherungspraxis wird z.B. von der *MÜNCHENER RÜCK* die Grenze zwischen traditionellen Rückversicherungen und FR-Rückversicherungen bei einem zu transferierenden Risikoanteil von 50% gezogen [vgl. EICKSTÄDT (2001), S. 145, FN 303].

67 Das Zinsänderungsrisiko versteht sich als das Risiko des Nichterreichens der dem FR-Vertrag zugrunde gelegten Anlagerendite; das Delkredererisiko meint die Uneinbringlichkeit der Forderungen bei Insolvenz des Versicherungsnehmers und das Wechselkursrisiko besteht in einer möglichen Verteuerung von in ausländischer Währung zu leistenden Schadenskompensationen [vgl. SWISS RE (1999a), S. 19].

68 Eine Besonderheit bei retrospektiven FR-Lösungen sind die sog. *Loss Portfolio Transfers* (LPTs). Hier transferiert der Versicherungsnehmer Schadensrückstellungen an den Versicherer, um das Zeitrisiko (Timing-Risiko) zu externalisieren. Der Versicherer übernimmt mit den Schadensrückstellungen gleichzeitig

Berücksichtigung von Kapitalanlageerträgen
Zinserträge, die während der Vertragsdauer anfallen, werden explizit berücksichtigt und sind Bestandteil der Prämienkalkulation.[69]

FR-Lösungen sind in vielen Ländern aufgrund steuerlicher und bilanzieller Unklarheiten noch nicht etabliert.[70] Das globale Finite Risk-Prämienvolumen wird auf ca. 6 Mrd. US-$ geschätzt.[71]

6.2.3 Multi-Line/Multi-Year-Produkte

Multi-line/Multi-year-Produkte (MMP) stellen eigentlich keine echte Innovation dar, da das Konzept, verschiedene Risikoklassen in einem Produkt über die Dauer von mehreren Jahren zu integrieren (kombinierte Versicherungsprodukte), nicht neu ist.[72] Allerdings sind vor dem Hintergrund der veränderten Rahmenbedingungen die jüngsten Generationen von MMP-Lösungen als Neuheiten zu werten, die den ART-Lösungen zugerechnet werden können. Die Forderung eines holistischen RM-Ansatzes ist in diesen Produkten sehr gut zu erkennen: Risiken sollen nicht mehr einzeln (singuläre Risikoklassen), sondern kombiniert bewältigt werden, um so möglichst viele interne Diversifikationseffekte zu nutzen. Dabei werden verschiedene Versicherungsrisiken wie z.B. Feuer, Betriebsunterbrechung oder Haftpflicht aggregiert. Diese Risikoklassen werden dann i.d.R. nicht isoliert sondern integriert tarifiert.[73]

Des Weiteren ist es denkbar, bisher nicht versicherbare Risiken (z.B. politische oder unternehmerische Risiken) oder primär von Banken abgedeckte Finanzrisiken (z.B. Wechselkurs- und Rohstoffpreisschwankungen) in MMP-Lösungen einzubeziehen, die über Hedging-Instrumente abgedeckt werden.[74] Sowohl das Deckungslimit des Versicherers als auch der

das Risiko der zeitlichen Abwicklung dieser Schäden. Bei unerwartet rascher Schadenabwicklung kann dies ein hohes Verlustrisiko nach sich ziehen [vgl. SWISS RE (1997), S. 13; SWISS RE (1999a), S. 20].

69 Dies bedeutet, dass der Zeitwert des Geldes genutzt wird, um die Kosten der Policen zu senken. Das kann sich besonders in bestimmten Haftpflichtsparten auswirken, bei denen die Abwicklung von Schäden möglicherweise Jahrzehnte dauern kann [vgl. SWISS RE (1997, S. 5].

70 Als Beispiel ist die in vielen Ländern ungeklärte steuerliche Abzugsfähigkeit der an den FR-Versicherer gezahlten Prämie zu nennen. Während in den USA und Großbritannien die Anforderungen an die speziellen Versicherungsverträge relativ eindeutig formuliert sind, fehlen bspw. in Deutschland solche Regelungen fast vollständig [vgl. EICKSTÄDT (2001), S. 158f.]. So sind FR-Lösungen vorwiegend in den USA etabliert. Mehr als zwei Drittel aller weltweiten Prämieneinnahmen entfallen daher auf die USA. Den FR-Produkten wird in den USA auch zukünftig eine wichtige Rolle prognostizert. Allgemein ist die Tendenz zur Abkehr von retrospektiven hin zu prospektiven Strukturierungen festzustellen [vgl. EICKSTÄDT (2001), S. 162].

71 Vgl. SWISS RE (1999a), S. 22. Die *MÜNCHENER RÜCK* schätzt die Prämien höher auf 8-10 Mrd. US-$ (ca. 6-7% der weltweiten Rückversicherungsprämien) und prognostiziert ein Prämienwachstum bis zum Jahr 2005 von 100% [vgl. MÜNCHENER RÜCK (2000), S. 17].

72 Vgl. ROMEIKE (2000), S. 607 sowie SWISS RE (1999a), S. 23.

73 Eine ausführliche Darstellung von MMP findet sich in HOFFMAN (1998).

74 Vgl. SWISS RE (1999a), S. 23. Sog. "Blended Covers" stellen eine Mischung dar, in der versicherbare und traditionell nicht-versicherbare Risiken in einer Police zusammengefasst werden. Bei den versicherbaren Risiken findet dann ein echter Risikotransfer statt; bei den nicht-versicherbaren geht es vielmehr um eine Glättung der jährlichen Schadenskosten ohne Risikotransfer, also um den Risikoausgleich über die Zeit. Daher sind Mehrjahresverträge zwingend erforderlich [vgl. BRÜHWILER/STAHLMANN/GOTTSCHLING (1999), S. 68].

Selbstbehalt des Versicherungsnehmers werden bei MMP über alle Sparten und die Vertragsdauer aggregiert.[75] Im Gegensatz zu den FR-Lösungen erlauben MMP auch den Transfer von substantiellen Risiken. MMP-Lösungen werden dabei auf die spezifischen Kundenbedürfnisse individuell zugeschnitten und sind nicht „von der Stange erhältlich".[76]

Einen bedeutenden Vorteil von MMP stellen potenziell hohe administrative Effizienzgewinne dar. So sinken die Verwaltungs- und Koordinationskosten mit abnehmender Zahl der involvierten Versicherer und Versicherungsmakler (Komplexitätsreduktion).[77] Dies gilt auch für die mehrjährigen Laufzeiten, die eine übliche Vertragserneuerung zum Ende eines Vertragsjahres obsolet machen. Auch unnötiger Versicherungsschutz bzw. Überversicherung (z.B. aufgrund von nicht aufeinander abgestimmten Versicherungsverträgen), kann so vermieden werden. Ebenfalls sind durch die starke Einkaufskraft der zusammengefassten Policen billigere Prämien erzielbar.[78] Außerdem ist eine sehr flexible Gestaltung von MMP möglich. Ein weiterer Vorteil ergibt sich für den Versicherungsnehmer aus der Mehrjährigkeit der abgeschlossenen Verträge, die zu einer Stabilisierung der Risikokosten während der Vertragslaufzeit beiträgt.[79]

Nachteile ergeben sich vorwiegend aus einer steigenden Abhängigkeit vom Versicherer und durch eingeschränkte Transparenz über die Versicherungskosten einzelner Risikoklassen.[80]

Trotz der überwiegenden Vorteile von MMP ist zu beobachten, dass diese Produkte in der unternehmerischen Praxis gegenwärtig eher Seltenheitswert haben.[81] Die wichtigsten Ursachen dafür ist in der benötigten intensiven Vorbereitungsphase von MMP zu sehen, die hohe Transaktionskosten verursacht.[82] Außerdem läuft der Versicherungsnehmer bei einer Konzentration auf einen Versicherer die inhärente Gefahr eines Kreditrisikos, falls die Bonität des Versicherers nicht einwandfrei ist. Des Weiteren stehen derzeit noch nicht genügend MMP-Kapazitäten auf dem Markt zur Verfügung. Unklarheiten bezüglich der Rechnungslegung und der steuerlichen Abzugsfähigkeit stellen weitere Hemmnisse dar. Das wohl größte Hindernis ist derzeit aber die im Unternehmen noch fehlende holistische Ausrichtung des RM. Eine

---

[75] Vgl. SWISS RE (1999a), S. 23: Bei herkömmlichen (Rück-)Versicherungsprodukten werden diese im Gegensatz dazu einzeln für jede Risikoklasse und pro Jahr abgerechnet. Der Risikoausgleich erfolgt bei MMP innerhalb eines Unternehmens-Portfolios und über die Zeit. I.d.R. werden Deckungsgrenzen und Selbstbehalte sowohl pro Jahr als auch für die gesamte Vertragsdauer festgelegt.

[76] Vgl. SWISS RE (1999a), S. 24: Die Gestaltung von MMP erfordert daher eine detaillierte Risikoanalyse und die genaue Ermittlung der Risikotoleranz des Unternehmens.

[77] Vgl. BRÜHWILER/STAHLMANN/GOTTSCHLING (1999), S. 68: Diese Kosten sind nicht unerheblich wenn man bedenkt, dass mittlere und erst recht große Unternehmen Hunderte oder sogar Tausende von Versicherungsverträgen haben, die so zusammengefasst werden können.

[78] Billigere Prämien resultieren auch aus der möglichen Korrelation der integrierten Risikoklassen. So ist der Schadenserwartungswert eines MMP regelmäßig niedriger als die Summe der Erwartungswerte der einzelnen Klassen, da sich einzelne Risiken ausschließen können [vgl. HEROLD/PAETZMANN (1999), S. 55].

[79] Vgl. HEROLD/PAETZMANN (1999), S. 51.

[80] Vgl. HEROLD/PAETZMANN (1999), S. 55, der Vor- und Nachteile von MMP kurz zusammenfasst.

[81] Vgl. SWISS RE (1999a), S. 25.

[82] Vgl. TESARCZYK/SCHRÖDER (2001), S. 313: Versicherer müssen insbes. ein spartenübergreifendes Bestandsführungssystem entwickeln, das auf die speziellen MMP ausgerichtet ist. Bisher existiert dafür am Markt keine funktionstüchtige EDV-Lösung.

meist noch bestehende Dichotomie des RM verhindert sehr oft eine ganzheitliche Risikobetrachtung.[83]

6.2.4 Integrierte Produkte (Multi Trigger-Produkte)

Über das Verständnis in Literatur und Praxis, die integrierte Produkte als solche auffassen, welche mehrere Risikoklassen abdecken,[84] werden unter integrierten Produkten in Anlehnung an EICKSTÄDT nur solche verstanden, welche traditionell bisher nicht-versicherbare oder hedgebare Risiken beinhalten.[85] Entsprechend des Diversifikationsgedankens, der auf eine geringe Korrelation von Finanz- und Versicherungsrisiken rekurriert,[86] werden zwei Grundformen von integrierten Produkten unterschieden. *Single Trigger-Produkte* (STP) lösen die Versicherungsleistung schon bei dem Eintritt eines einzelnen Schadensereignisses aus.[87]

Von *Multi Trigger-Produkten* (MTP) spricht man dagegen, wenn eine Versicherungsleistung vom Eintritt mehrerer Ereignissen abhängig gemacht wird.[88] Schadenskompensationen erfolgen nur dann, wenn während der Vertragsdauer neben einem Versicherungsschaden (sog. First Trigger) auch ein Nicht-Versicherungsschaden (sog. Second Trigger) eintritt.[89] Bei der Verknüpfung der verschiedenen Trigger gibt es nahezu alle Kombinationsmöglichkeiten von Risiken.[90] Im Allgemeinen verspricht man sich von einer doppelt (oder mehrfach) getrigger-

83 Vgl. SWISS RE (1999a), S. 25: Das unternehmerische Risikomanagement ist häufig in klar getrennte Verantwortungsbereiche gegliedert, die aus einer Trennung von Bank- und Versicherungsdienstleistungen herrühren (Dichotomie des Risikomanagement). Die Finanzabteilung sichert Finanzrisiken wie Zins-, Wechselkurs- und Preisänderungsrisiken ab, während die Risk-Manager versicherungstechnische Risiken zeichnen. Die Personalabteilung ist für Kranken-, Unfall-, und Lebensversicherungen sowie für die Altersversorgung der Arbeitnehmer zuständig. Des Weiteren ist eine mehr oder weniger autonome Handhabung der unternehmensspezifischen Risiken durch einzelne Unternehmensdivisionen und regionalen Einheiten zu konstatieren [vgl. KNEBEL (2001), S. 6f.].

84 Vgl. ALBRECHT (1999). Dies ist bei den oben beschriebenen MMP auch der Fall.

85 Vgl. EICKSTÄDT (2001), S. 128. Bekannte Beispiele für solche Finanzrisiken sind Wechselkurs-, Zinsänderungs- und Rohstoffpreisrisiken. Zur Handhabung dieser Finanzrisiken existieren an den Finanzmärkten spezielle Hedging-Instrument [vgl. z.B. HERSBERGER (1998), S. 19].

86 Vgl. PETER/AMMANN (1997): S. 65: Untersuchungen ergaben eine oft geringe Korrelation zwischen diesen Risikoklassen.

87 Bei Single Trigger-Konstruktionen handelt es sich von der Funktionsweise her um gewöhnliche MMP, die zusätzlich Finanzrisiken integrieren. Sie sind „gleichberechtigt“ mit den Versicherungsrisiken [vgl. EICKSTÄDT (2001), S. 129]. Auf weitere Ausführungen wird daher an dieser Stelle verzichtet. Vgl. zu STP insbesondere SWISS RE NEW MARKETS (1999a), S. 8-12.

88 Vgl. HEROLD/PAETZMANN (1999), S. 47f. sowie MÜLLER (2000), S. 21. Eine Übersicht über verschiedene Leistungsfall-/Leistungshöhe-Kombinationen und den dazugehörigen Trigger-Bezeichnungen findet sich in LIEBWEIN/MÜLLER (2001), S. 8.

89 Vgl. SWISS RE (1999a), S. 25. Der Second Trigger resultiert aus einem Finanzrisiko. Durch den notwendigen Eintritt beider Schadensereignisse sinkt aus Sicht des Versicherers die Wahrscheinlichkeit einer möglichen Schadenszahlung. Die Deckung kann daher entsprechend günstiger angeboten werden. Ein einfaches Beispiel soll dies verdeutlichen: Betrüge die Wahrscheinlichkeit einer Beanspruchung des First Trigger (z.B. ein Feuerschaden) 10% und sei für den Second Trigger (z.B. steigende Rohstoffpreise) ebenfalls eine Eintrittswahrscheinlichkeit von 10% unterstellt, so erhält man – der Einfachheit halber losgelöst von Transaktionskosten, Gewinnmargen etc. betrachtet – eine Versicherungsprämie (als Produkt beider Schadenseintrittswahrscheinlichkeiten) von lediglich 1%.

90 Integrierte Produkte neuerer Generation beziehen neben versicherbaren und hedgebaren Risiken auch bisher nicht-versicherbare Risiken ein, denen bisher weder mit Versicherungs- noch mit Finanzmarktinstrumenten

ten Deckung gegenüber mehrfachen, einzeln getriggerten Deckungen Kostenvorteile. Neben den beträchtlichen Preisvorteilen liegt der Nutzen von MTP vorwiegend im Schutz gegen alptraumartige Szenarien wie z.B. einer geschäftsschädigenden Naturkatastrophe und starken Kursverlusten an Aktienmärkten während eines Geschäftsjahres.[91]

MTP stellen einen interessanten Ansatz dar, der dem Gedanken des holistischen RM entspricht. Allerdings sind diese Lösungsansätze nur für Unternehmen interessant, die separat auftretende Versicherungs- oder Nichtversicherungsschäden aus Finanzrisiken alleine bewältigen können. Der durch MTP mögliche Abbau von Überversicherung und die Reduktion auf alleinige Deckung von unternehmensbedrohenden Schadensszenarien führt zwar zu einer hohen Prämienersparnis, erlaubt aber – was besonders eher finanzschwache Unternehmen betrifft – die Absicherung gegen die Auswirkungen der einzelnen Risikoklassen nicht.

Bisher sind nur wenige umgesetzte integrierte Produkte bekannt.[92] In der Praxis werden ähnliche Hindernisse wie bei MMP erkennbar. Benötigte intensive Vorbereitungen, die hohe Transaktionskosten verursachen, verkrustete traditionelle Organisationsstrukturen des unternehmensweiten RM und insbesondere steuerliche und bilanzielle Unklarheiten haben bislang einen Durchbruch verhindert.[93]

6.2.5 Contingent Capital

Eine Alternative zur Versicherung kann eine Finanzierung eines Versicherungsschadens nach dessen Eintritt sein. Bei dem entsprechenden Instrument Contingent Capital (CC)[94] geht es um eine bedingte Kapitalaufnahme zu ex ante festgelegten Konditionen, um einen Versicherungsschaden zu finanzieren.[95] Für den Fall eines zukünftigen Schadenseintritts wird hier die Zuführung von Kapital vereinbart, da bei einem Großschaden durch Low Frequency/High Severity-Risiken die Finanzierungskonditionen i.d.R. stark beeinträchtigt sein können und somit eine Kapitalaufnahme erheblich verteuern oder sogar unmöglich machen.

Hier setzen CC-Lösungen an. Im voraus wird festgelegt, zu welchen Konditionen sich ein Unternehmen bei einem vertraglich vereinbarten Versicherungsereignis Eigen- oder Fremd-

begegnet werden konnte (z.B. unternehmerische Risiken). Ein Beispiel für ein solches Produkt, bei dem die *SWISS RE* Rückversicherungsschutz bereitstellt, findet sich in EICKSTÄDT (2001), S. 135f.: Im Rahmen eines Dual Triggers wird Deckung für das Risiko angeboten, dass der Gewinn eines Unternehmens geringer ausfällt als vom Management geschätzt.

91 Vgl. SWISS RE (1999a), S. 26. Bezogen auf die Kategorie der Internet-Risiken würde ein Online-Trader katastrophenartige Schäden erleiden, wenn er einerseits eine längere Betriebsunterbrechung aufgrund eines DDoS-Angriffs zu beklagen und andererseits hohe Aktienwertverluste zu realisieren hätte.

92 Vgl. EICKSTÄDT (2001), S. 134.

93 Vgl. SWISS RE (1999a), S. 26; ROMEIKE (2000), S. 608.

94 Das Instrument Contingent Capital wird auch als bedingtes Kapital oder Notfallkapital bezeichnet [vgl. BRÜHWILER/STAHLMANN/GOTTSCHLING (1999), S. 70]. Eine detaillierte Beschreibung der Funktionsweise von CC-Lösungen findet sich in BAUMGARTNER et al. (2000); S. 12-14.

95 Eine Übersicht der bisherigen CC-Transaktionen gibt SWISS RE (2001b), S. 37.

kapital beschaffen kann.[96] Für diese bedingte Kapitalaufnahme wird zwischen dem risikoabsichernden Unternehmen und dem Kapitalgeber im voraus eine Renditevereinbarung getroffen. Im Schadensfall bezahlt der Kapitalgeber den vereinbarten Betrag und erhält die dafür ursprünglich vereinbarte Verzinsung vom Unternehmen.

Eine komplexere Variante der bedingten Kapitalaufnahme ist der Kauf einer Put-Option[97] auf den unternehmenseigenen Aktienkurs, die zusätzlich noch an ein Versicherungsereignis geknüpft ist. Hier kann zwischen *Debt Put Options* und *Equity Put Options*[98] differenziert werden.[99] Diese Instrumente könnten auch der Kategorie der Versicherungsderivate zugerechnet werden, die in Abschnitt 6.2.6.3 näher vorgestellt werden.

Debt Put Option
Mit einem Debt Put wird einem Unternehmen ein nachrangiges Darlehen[100] zur Verfügung gestellt. Die temporäre Fremdkapitalzuführung soll nach katastrophalen Schäden einen wirksamen Liquiditätsschutz ermöglichen, der die Existenz des Unternehmens sichert.

Equity Put Option
Im Gegensatz zu einem Debt Put erhält ein Unternehmen bei Ausübung einer Equity Put Option kein Fremd- sondern Eigenkapital. Sie bewirken somit im Schadensfall eine temporäre Eigenkapitalzuführung zu einem ex ante vereinbarten Preis. Auch hier geht es um die Sicherung der Existenz des Unternehmens nach einem Großschaden.[101]

CC-Lösungen eignen sich vor allem zur Risikofinanzierung äußerst seltener, schwerwiegender Schadensereignisse, um drohende Insolvenz eines Unternehmens abzuwenden und so seine Existenz zu sichern.[102] Bei der bedingten Kapitalaufnahme wird die Kapitalstruktur auf den geplanten Geschäftsverlauf des Unternehmens hin optimiert. Damit kann der Kapitaleinsatz kostengünstiger bewerkstelligt werden, da eine hohe Kapitalbindung im vornherein vermieden wird.[103] Bei diesen Lösungen steht der Finanzierungsaspekt im Vordergrund. Ein Risikotransfer findet nicht statt, d.h. die Kapitalgeber tragen kein versicherungstechnisches Ri-

---

96 Vgl. SWISS RE (1999a), S. 27: Diese einfachste Form der CC-Lösung kommt einem Kreditvertrag bei einer Bank sehr nahe. Der Unterschied liegt jedoch darin, dass bei einem Kreditvertrag die Finanzierungskonditionen an bestimmte Kennzahlen der Bilanz bzw. der GuV-Rechnung geknüpft sind.

97 Eine *Put-Option* (Verkaufsoption) gibt dem Käufer der Option das Recht, das zugrunde gelegte Underlying zu einem im voraus definierten Preis zu verkaufen.

98 Vgl. BRÜHWILER/STAHLMANN/GOTTSCHLING (1999), S. 70f.

99 Vgl. SWISS RE (1999a), S. 27: Ein Unternehmen, dass Put-Optionen auf den eigenen Aktienkurs gekauft hat, besitzt bei Eintritt eines vorher definierten Versicherungsschadens und bei Absinken des Aktienkurses unter ein ebenfalls ex ante festgelegtes Niveau, das Recht, die Option auszuüben und so Kapital zu erwerben.

100 Die Rückzahlung des Darlehens an den Kreditgeber ist bei Liquidation des Unternehmens „nachrangig". Zuerst werden alle anderen Gläubiger befriedigt.

101 Beispiele realisierter Equity Puts finden sich in ALBRECHT/SCHRADIN (1998), S. 589f. und in SCHRADIN (1998), S. 356f. Vgl. ebenso DOHERTY (1997a), S. 717.

102 Eine Glättung der jährlichen Schadenskosten ist mit CC-Lösungen allerdings kaum möglich, da der Großschaden voll in die Erfolgsrechnung einfließt.

103 Vgl. ALLBRECHT/SCHRADIN (1998), S. 589; ALBRECHT (1999), S. 1407; SWISS RE (1999a), S. 28; EICKSTÄDT (2001), S. 91.

siko, sondern allenfalls Zins- und Kreditrisiken.[104] Der große Vorteil von CC-Lösungen gegenüber der (Rück-)Versicherung liegt ist in der langfristigen Verfügbarkeit zu fixierten Konditionen zu sehen.[105]

Die Bedeutung von CC-Lösungen ist derzeit noch gering. Obwohl sie sich sehr gut zur Absicherung der Auswirkungen von katastrophalen Schäden eignen, sind bisher nur wenige CC-Transaktionen abgeschlossen worden.[106] Die Käufer dieser Lösungen waren i.d.R. Erstversicherer.[107]

6.2.6 Finanzmarktinstrumente

6.2.6.1 Einleitung und Grundtypen

Große Naturkatastrophen, die die Versicherungswirtschaft in den neunziger Jahren stark erschüttert haben (siehe Tabelle 10), werfen immer wieder die Grundsatzfrage nach den Grenzen der Versicherbarkeit auf. Das Schadenspotenzial von Sturm- und Erdbebenrisiken in den USA übersteigt die auf den Erst- und Rückversicherungsmärkten verfügbaren Deckungskapazitäten.[108] Diese sind dennoch geringer als die täglich zu beobachtenden Wertschwankungen auf den US-Finanzmärkten.[109] Die Suche nach neuen Wegen, um die Grenzen der Versicherbarkeit zu erweitern und bisher nicht-versicherbare Risiken versicherbar zu machen, kann daher nicht an den ungleich liquideren Finanzmärkten nicht vorbei führen. Es drängt sich als Lösungsansatz geradezu auf, Versicherungsrisiken nicht nur innerhalb der bestehenden traditionellen (Rück-)Versicherungsmärkte zu handeln, sondern diese auf die Finanzmärkte zu transferieren.[110]

---

104 Vgl. SWISS RE (1999a), S. 27: Auch der Versicherungsnehmer trägt ein Kreditrisiko, das durch die Möglichkeit besteht, dass der Kapitalgeber zum Zeitpunkt, zu dem er das Kapital zur Verfügung stellen soll, zahlungsunfähig ist.

105 Vgl. EICKSTÄDT (2001), S. 91: Traditionelle (Rück-)Versicherungskapazitäten sind dagegen nach einem katastrophalen Großschaden häufig reduziert und teuer.

106 Einen Überblick über die verschiedenen Transaktionen gibt EICKSTÄDT (2001), S. 87-90.

107 Vgl. SWISS RE (1999a), S. 28: Von zentraler Bedeutung war dabei die Fähigkeit, nach einem Großschaden weiter Geschäft zeichnen zu können. Insbesondere profitieren Versicherer nach einem branchenweiten Großschaden regelmäßig von steigenden Versicherungsprämien.

108 Computer-Simulationsmodelle für bestimmte Szenarien liefern für die potenziell größten Naturkatastrophenrisiken in den USA Schadenswerte, die bis zu 100 Mrd. US-$ reichen. Die USA hat mit ihrem enormen Naturkatastrophen-Potenzial einen Deckungsbedarf, der deutlich größer ist als in allen übrigen Regionen der Welt [vgl. SWISS RE (1996), S. 4 und S. 7]. Untersuchungen betonen, dass Schäden dieser Größenordnung durch ein Erdbeben oder Hurrikan in den USA eine Vielzahl von Konkursen auf dem amerikanischen Versicherungsmarkt nach sich ziehen würde. Ein großer Teil der derzeit von Versicherern durch Versicherungsverträge zur Verfügung gestellten Kapazitäten fiele dann aus [vgl. RICHTER (2001), S. 2].

109 Die Kapazitätsengpässe lassen sich auch anhand einer Gegenüberstellung der Marktkapitalisierung der zehn größten Versicherer der Welt (ungefähr 236 Mrd. US-$) mit dem fünfmal höheren Wert der zehn größten Unternehmen weltweit (1084 Mrd. US-$) verdeutlichen [vgl. BAUER (1998, S. 562].

110 Vgl. SWISS RE (1996), S. 3; WAGNER (1997), S. 512f.

Die gesamte Kapazität des US-Versicherungsmarktes wird auf 220 Mrd. US-$ geschätzt,[111] das Volumen der US-Finanzmärkte beträgt dagegen ca. 19 Bio. US-$ bei einer durchschnittlichen täglichen Wertschwankung von über 130 Mrd. US-$.[112] Das Volumen der weltweiten Finanzmärkte beträgt ca. 60 Bio. US-$.[113] Einen Überblick über diverse Kapazitäten gibt Tabelle 11.

Kapazität in US-$	***Beschreibung***
7,5 Mrd.	*Lloyd's*, Kapazität
40 Mrd.	US-Rückversicherer, Kapazität
130 Mrd.	US-Kapitalmarkt, tägliche Wertschwankungen
200 Mrd.	US-Erstversicherer, Kapazität
500 Mrd.	Weltweiter Versicherungsmarkt, Kapazität
2,6 Bio.	Weltweit 50 größten Unternehmen, Börsenwert
19 Bio.	US-Finanzmarkt, Kapitalisierung
60 Bio.	Weltweiter Finanzmarkt, Kapitalisierung

Tabelle 11: Kapazitäten auf verschiedenen Märkten[114]

Die zwei Grundtypen, um Versicherungsrisiken auf Finanzmärkte zu transferieren, sind die direkte Securitization sowie der Einsatz von Versicherungsderivaten, die im Folgenden vorgestellt werden. Diese Instrumente stellen ein Bindeglied zwischen Versicherungswirtschaft und Finanzmarkt dar.[115]

6.2.6.2 Securitization

Mithilfe der Securitization[116] werden Risiken durch Risk Bonds auf Finanzmärkte transferiert. Diese sind Anleihen mit einem schadensabhängigen Kapitaldienst. Securitization-Modelle, die der Privatplazierung von Versicherungsrisiken dienen, werden derzeit von Erst- und Rückversicherungsgesellschaften sowie von Investment-Banken entwickelt und angewandt, um speziell Portfolios von Katastrophenrisiken zu verbriefen, die bisher vom Versicherungs-

---

[111] Vgl. zu Schätzungen der Kapazität von Versicherungsmärkten SWISS RE (1996), S. 4f.; KÖNIG (1997), S. 1042, FN 3; ALBRECHT/SCHRADIN (1998), S. 576.

[112] Vgl. SWISS RE (1996), S. 4.

[113] Vgl. SWISS RE (2001b), S. 13: Wenn man sich ein immenses Katastrophenszenario mit einer Schadenshöhe von 250 Mrd. US-$ vorstellt, das eine Insolvenz vieler großer Versicherer nach sich ziehen könnte, würde dieser Schaden bezogen auf ein globales Marktportfolio weniger als 0,5% ausmachen. Fluktuationen dieser Größenordnung sind auf dem weltweiten Finanzmarkt an der Tagesordnung.

[114] Vgl. dazu die Angaben in ESCHER/HEINIGER (1996), S. 51; GONSETH (1996); SWISS RE (1996), S. 4; DOHERTY (1997b), S. 232; WAGNER (1997), S. 513f.; HASEKAMP (2000), S. 3; DUFFY/BEUGEL (2001); EICKSTÄDT (2001), S. 163; SWISS RE (2001b), S. 13.

[115] Vgl. SWISS RE (1996), S. 6. Insgesamt sind seit 1996 bisher Versicherungslösungen mit Finanzmarktinstrumenten in Höhe von 12,6 Mrd. US-$ emittiert worden [vgl. SWISS RE (2001b), S. 16].

[116] Auch als Insurance-Securitization, Insurance Linked Bonds, Katastrophenanleihen, Insurance Backed Securities, Liability Backed Securities etc. bezeichnet [vgl. ALBRECHT/SCHRADIN (1998), S. 578, FN 23].

markt getragen wurden. Für die Versicherungswirtschaft ist die Securitization ein relativ neuer Prozess.[117]

Die Entwicklung der direkten Securitization erfolgte aufgrund der festgestellten Kapazitätsengpässen auf den Versicherungsmärkten für Naturkatastrophen, die in Anzahl und Schwere in den neunziger Jahren deutlich zunahmen.[118] Der Vorteil für Investoren, in solche verbrieften Katastrophenanleihen zu investieren, liegt in der Möglichkeit, Anlageportfolios weiter zu diversifizieren, da Naturkatastrophenereignisse kaum mit Finanzmarktereignissen korreliert sind.[119]

Grundsätzlich ist die Verbriefung von Versicherungsrisiken nicht auf Katastrophenrisiken beschränkt.[120] Vielmehr hat aufgrund des offensichtlichen Mangels an Kapazitäten die Entwicklung in diesem Bereich ihren Anfang gefunden. Der Risikotransfer durch die Verbriefung von Versicherungsrisiken fand bisher auch eher auf der Rückversichererebene statt.

Der Risikotransfer mittels Securitization ist keineswegs ein Privileg der Versicherungswirtschaft. Auch Captives oder große Unternehmen können von diesem Instrument Gebrauch machen und bestimmte Risiken oder Risikoportfolios direkt auf die Finanzmärkte transferieren.[121] Im Kontext dieser Arbeit können hierbei insbesondere spezielle Internet-Risiken Beachtung finden.

---

[117] Vgl. HASEKAMP (1999), S. 12.

[118] Vgl. auch SWISS RE (1999a), S. 28.

[119] Vgl. SWISS RE (1996), S. 16-20 sowie SWISS RE (1999a), S. 28. Die geringe Korrelation verspricht einen ausgezeichneten Diversifikationseffekt, der bei dosierter Portfolio-Beimischung von verbrieften Katastrophenrisiken hohe Renditen erwarten lässt [vgl. SWISS RE (2001b), S. 3].

[120] Vgl. SWISS RE (1999a), S. 28; ROMEIKE (2000), S. 608.

[121] Vgl. BRÜHWILER/STAHLMANN/GOTTSCHLING (1999), S. 85; ROMEIKE (2000), S. 608. Speziell große Industrieunternehmen, die ohnehin auf den Finanzmärkten auftreten und dort großvolumige Anleihen für die Finanzierung ihrer Geschäftstätigkeit platzieren, sind hier angesprochen. Angenommen, ein Unternehmen, das im Anschluss an eine Eigenversicherungslösung, die auf einem hohen Selbstbehalt und einer MMP-Lösung aufbaut, besorgt sich einen Teil der einzukaufenden Versicherungsdeckung mittels Securitization über den Finanzmarkt, so würde es alleine die in Deutschland gegenwärtig erhobenen 16% Versicherungssteuer sparen. Außerdem sind noch weitere Einsparpotenziale (z.B. Vertriebs- und Administrationskosten) denkbar und möglich [vgl. BRÜHWILER/STAHLMANN/GOTTSCHLING (1999), S. 85f.].

Funktionsweise der Securitization

Abbildung 32 illustriert das Grundmodell der Securitization in einfacher Darstellung.

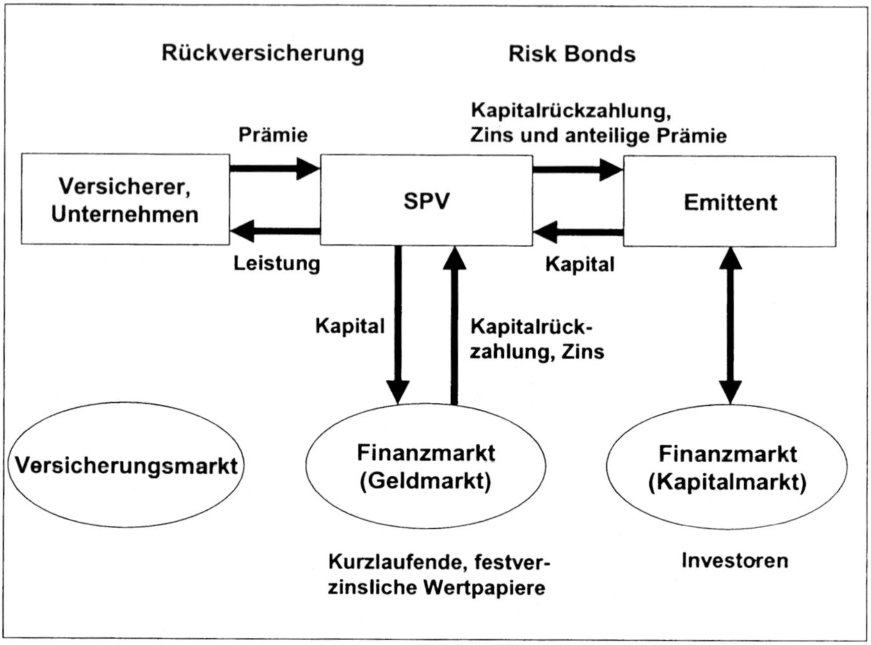

Abbildung 32: Risikotransfer auf den Finanzmarkt mittels Securitization[122]

Ein Versicherer oder ein Unternehmen zediert bestimmte Risiken im Rahmen eines traditionellen Rückversicherungsvertrages an eine spezielle, nur für diesen Zweck gegründete Rückversicherungsgesellschaft, dem sog. *Special Purpose Vehicle* (SPV)[123] (*sekundäre Securitization*). In diese Zweckgesellschaft fließen die Prämien, die der risikoübertragende Versicherer den Investoren für den Risikotransfer bezahlt. Das Risiko wird von dem SPV an den Emittenten weitergereicht, der es auf dem Finanzmarkt an potenzielle Investoren als Risk Bonds über-

[122] Vgl. ähnliche Darstellungen zu Grundstrukturen der Securitization in WAGNER (1997), S. 517; SCHRADIN (1998), S. 348; BRÜHWILER/STAHLMANN/GOTTSCHLING (1999), S. 80; SWISS RE (1999a), S. 29; EICKSTÄDT (2001), S. 184. Eine komplexere Darstellung findet sich in MÜNCHENER RÜCK (2001a), S. 7.

[123] Vgl. SWISS RE (1999a), S. 28. Diese speziell gegründete, meist offshore agierende Rückversicherungsgesellschaft, ist in ihrer Funktionsweise mit einer Captive vergleichbar. Sie stellt dem Versicherungsnehmer eine herkömmliche Rückversicherungspolice aus. Durch diese Struktur wird sichergestellt, dass die Transaktion aufsichtsrechtlichen und steuerlichen Ansprüchen genügt. Es wird allerdings nur eine Risikokategorie auf den Finanzmarkt transferiert. Auf die versicherungstypische Herbeiführung eines Ausgleichs im Kollektiv und über die Zeit wird im Gegensatz zu konventionellen Rückversicherungen verzichtet [vgl. SCHRADIN (1998), S. 348].

trägt.[124] Das von den Investoren bereitgestellte Kapital, das in das SPV einbezahlt wurde, wird i.d.R. konservativ in kurzlaufende Papiere investiert, die jederzeit liquidierbar sind um so im Rahmen des Rückversicherungsvertrages Entschädigungen leisten können.[125]

Bei schadensfreiem Verlauf erhalten die Investoren am Ende der Vertragslaufzeit ihr eingesetztes Kapital, den vereinbarten Zins (Zins der risikolosen, kurzlaufenden Papiere) und die Differenz aus Versicherungsprämie abzüglich der Kosten für die Securitization. Sollte es allerdings zu einem Versicherungsfall kommen und eine Entschädigung anstehen,[126] entfällt je nach Ausgestaltung der Risk Bonds die den Investoren versprochene Zinszahlung. Bei großen Schäden kann es auch zu einem Teilverlust oder im Extremfall zu einem Totalverlust des gesamten eingesetzten Kapitals kommen.

Emittenten der Risk Bonds können aber auch der Versicherer oder das Unternehmen selbst sein, welche die Risk Bonds platzieren (*primäre Securitization*).[127] Oft erfolgt aber die Einschaltung eines SPV, da die meisten Investoren über keinerlei Erfahrung mit Versicherungsrisiken verfügen und die Gewinnung ihres Vertrauens von zentraler Bedeutung ist. Das SPV garantiert auf Seiten des Versicherers eine bilanzielle Darstellung der Securitization als Rückversicherung und den Investoren die zweckgerechte Verwendung ihrer eingezahlten Mittel.[128]

Vorteile der Securitization

Versicherungslösungen mit Finanzmarktinstrumenten bieten neben der Möglichkeit, geringe, verfügbare Kapazitäten zu erweitern, sowohl für Emittenten als auch für Investoren weitere Vorteile.[129] Durch den Einsatz der Securitization wird es den emittierenden Versicherern oder Unternehmen ermöglicht, bestimmte, bisher nicht-versicherbare Risiken, zu transferieren.

---

124 Vgl. BRÜHWILER/STAHLMANN/GOTTSCHLING (1999), S. 80f.: Die Investoren kaufen diese Wertpapiere bzw. Risk Bonds, deren Rendite und Kapitalrückzahlung vom genau definierten Schadenseintritt bzw. -nichteintritt abhängt. Damit entsprechen Risk Bonds grundsätzlich festverzinslichen Anleihen mit zusätzlichen finanziellen Vorteilen des Emittenten bei Schadensfällen.

125 Vgl. SCHRADIN (1998), S. 350.

126 Hauptsächlich werden drei verschiedene Auslöser (Trigger) für eine anstehende Entschädigung angewandt: die effektive Schadenshöhe, ein Schadensindex oder ein parametrischer Trigger [vgl. 147]. Möglich sind aber auch bestimmte Modellierungen [vgl. SWISS RE (2001b), S. 21].

127 Vgl. WAGNER (1997), S. 522ff.; HASE (1998), S. 291; HANFT/STRUVE (1999), S. 1422 sowie BRÜHWILER/STAHLMANN/GOTTSCHLING (1999), S. 81: I.d.R. sind Versicherer allerdings nicht ermächtigt, Finanzmarkttransaktionen selbst durchzuführen. Daher arbeiten sie mit einem Emittenten (z.B. einem Bankenkonsortium oder einer Investmentbank) zusammen, der über den entsprechenden für die Emission der Risk Bonds benötigten Marktzugang verfügt.

128 Vgl. WAGNER (1997), S. 524; EICKSTÄDT (2001), S. 183ff.: Die Herstellung von Vertrauen der Investoren in derartige Risk Bonds als Kapitalanlage ist von entscheidender Bedeutung. Daher wird die operative Betreuung des SPV häufig an einen Treuhänder delegiert, der eine zweckgerechte Verwendung der Mittel garantiert. Ebenso ist ein Rating der Risk Bonds von etablierten Rating-Agenturen gerade für größere Emissionen von essentieller Bedeutung [vgl. SWISS RE NEW MARKETS (1998), S. 6]. Ein weiterer zentraler Erfolgsfaktor für die Akzeptanz bei den Investoren – der auch als Grundlage für das Rating zu sehen ist – ist die unabhängige Modellierung der Versicherungsrisiken, die den Risk Bonds zugrunde liegen. Des Weiteren muss der Emittent eine gewisse Reputation aufweisen.

129 Eine ausführliche Behandlung der Vorteile findet sich in SWISS RE NEW MARKETS (1999b), S. 16-22. In kürzerer Darstellung, vgl. hierzu SWISS RE (2001b), S. 14ff.

Im Gegensatz zu traditionellen Rückversicherungslösungen besteht bei Securitization-Lösungen außerdem ein geringeres Kreditrisiko, da – wie oben beschrieben – über das SPV, das als Treuhänder agiert, Vorabliquidität zur Besicherung der maximalen Haftung bereitgestellt wird. Durch Ausgabe der Risk Bonds ex ante eingenommenen Finanzmittel werden in Wertpapiere mit hoher Bonität angelegt und sind jederzeit schnell liquidierbar. Dieses spezielle Arrangement bietet eine höhere Kreditqualität als die herkömmliche (Rück-)Versicherung. Die Gefahr eines Ausfalls der Deckung aufgrund von eventueller Zahlungsunfähigkeit wird somit vermieden.

Die Emittenten haben des Weiteren über die Securitization die Möglichkeit, ihre Kapazitätsquellen zu diversifizieren. Der Vorteil liegt dabei in einem schnellen und problemlosen Marktzugang, der im Falle von veränderten Marktbedingungen die Verbriefung zur kostengünstigsten Deckungsquelle werden ließe oder wenn unvorhergesehene Kapazitätsengpässe auftreten sollten.[130]

Die Anreize für Investoren, in Securitization-Lösungen anzulegen, liegen in der Aussicht auf hohe zu erwartende Renditen und in der Möglichkeit, ihr Anlageportfolio zu diversifizieren.[131] So beträgt der Risikoaufschlag wegen der Neuartigkeit dieser Instrumente mindestens das vierfache des Schadenserwartungswertes. Es wird vermutet, dass selbst wenn sich dieser Risikoaufschlag mit zunehmender Etablierung der Securitization reduzieren wird, das Risiko/Rendite-Verhältnis immer noch sehr attraktiv bleibt.[132] Empirische Analysen zeigen außerdem, dass das Auftreten von Versicherungsschäden in keinem Zusammenhang mit den Entwicklungen von Aktien und Anleihen steht und somit ein ausgezeichneter Diversifikationseffekt zu erzielen ist.[133]

Bedeutung der Securitization

Die Verbriefung von Versicherungsrisiken hat bisher wenig Bedeutung erlangt. Bisherige Transaktionen fanden meist auf Rückversicherer-Ebene statt.[134] Versicherungstransaktionen von Nicht-Versicherern sind bisher die Ausnahme.[135]

Nach dem Beginn der Verbriefungen von Versicherungsrisiken Mitte der neunziger Jahre wuchs insbesondere das gehandelte Volumen von verbrieften Katastrophenrisiken schnell an. Infolge der starken Rückversicherungsprämien-Erosion zwischen 1996 und 1998, die eine vergleichsweise attraktive Preisgestaltung von Verbriefungstransaktionen verhinderte, kam das Wachstum jedoch zum Stillstand.[136] Durch den in letzter Zeit zu beobachtenden starken

---

[130] Vgl. SWISS RE (2001b), S. 14f.

[131] Vgl. SWISS RE NEW MARKETS (1999b), S. 20f.; MÜLLER/SCHAEFER (2000), S. 1279f. sowie SWISS RE (2001b), S. 15.

[132] Vgl. DEISTLER/EHRLICHER/HEIDORN (1999), S. 15; MÜLLER/SCHAEFER (2000), S. 1280.

[133] Vgl. SWISS RE (1996), S. 16ff.; SWISS RE (2001b), S. 15.

[134] Vgl. SWISS RE (1999a), S. 29f., die einen Überblick über verschiedene Finanzmarkttransaktionen seit 1997 geben. Eine weitere, aktuellere Übersicht liefert SWISS RE (2001b), S. 35ff.

[135] Ein Beispiel dafür ist das von *Toyota* im August 1998 transferierte Restwertrisiko von Leasingfahrzeugen auf den Finanzmarkt über einen *Auto Residual Value Bond* in Höhe von 566 Mio. US-$.

[136] Vgl. SWISS RE (2001b), S. 18f., die eine auf die Jahre bezogene Übersicht des Emissionsvolumens und der Anzahl aller bisher gemeldeten Finanzmarkttransaktionen von Versicherungsrisiken gibt.

Anstieg der Rückversicherungsprämien ist aber wieder mit einem starken Wachstum von Securitization-Lösungen in den nächsten Jahren zu rechnen.

Entscheidende Bedeutung für den Erfolg bzw. die Akzeptanz von Risk Bonds kommt der Auswahl eines geeigneten Kriteriums zur Bestimmung der Schadens- bzw. Nichtschadenssituation (des Triggers) zu. Wichtige Voraussetzung für die Akzeptanz eines Triggers und somit auch für das Vertrauen der Investoren ist seine klare Definition und eine objektive Messbarkeit. Außerdem muss ein Moral Hazard-Verhalten ausgeschlossen sein.[137] Vertrauensbildend wirkt eine unabhängige Modellierung der zugrundeliegenden Versicherungsrisiken bzw. die Verwendung von unabhängig erstellten Schadensindices als Trigger.

Bei der Strukturierung von Securitization-Lösungen für einzelne Unternehmen sind dagegen standardisierte Industrieindices (wie z.B. die später angeführten ISO-, PCS- oder GCC-Indices) weniger geeignet.[138] Ein in diesem Kontext zu wählender Trigger sollte neben der klaren Definition und der objektiven Messbarkeit die Informationen über den Eintritt des relevanten Schadensereignisses möglichst schnell verfügbar machen. Hier bietet sich weniger die Verwendung von quantitativ messbaren Schadenshöhen an, sondern vielmehr Informationen, die einen Schadenseintritt bzw. -nichteintritt unabhängig von seiner Höhe indizieren.[139]

Anzumerken bleibt, dass Securitization-Lösungen derzeit aufgrund ihrer relativ hohen Fixkosten in ihrer Anwendbarkeit eher auf Großunternehmen beschränkt sind.[140] Dennoch ließen sich Verbriefungslösungen durch eine Gruppenbildung auch auf KMU ausdehnen.[141] Je nach Marktgegebenheiten können dadurch große Kostenvorteile gegenüber traditionellen (Rück-)Versicherungslösungen realisiert werden.

6.2.6.3 Versicherungsderivate

Versicherungsderivate, die Versicherungsrisiken in den Finanzmarkt transferieren, sind im Prinzip wie traditionelle Terminkontrakte aufgebaut.[142] Allerdings ist im Gegensatz zu Aktienoptionen das Basisgeschäft fiktiv, da das Underlying nicht an einem primären Markt, z.B. der Börse, gehandelt wird.[143] Zwei Organisationsformen lassen sich beim Handel mit Versi-

---

137 Vgl. HEROLD/PAETZMANN (1999), S. 67.

138 Der Hauptgrund für die Schwierigkeit des Einsatzes von indexbasieren Verträgen ist das hohe Basisrisiko (vgl. FN 152), das das emittierende Unternehmen eingehen müsste.

139 Vgl. HEROLD/PAETZMANN (1999), S. 67.

140 Die Fixkosten einer Securitization-Lösung belaufen sich auf ca. 500 Tsd. bis 1 Mio. US-$. Sie setzen sich aus den Ratinggebühren (ca. 50 bis 100 Tsd. US-$ pro Agentur), der Modellierung der zu verbriefenden Versicherungsrisiken (ca. 150 bis 350 Tsd. US-$) sowie der SPV-Gründung (ca. 250 bis 500 Tsd. US-$) und deren Verwaltung (ca. 50 Tsd. US-$ pro Jahr) zusammen. Für die Betreuung und Platzierung der Risk Bonds-Emission berechnen Investmentbanken i.d.R. 1% des generierten Risikokapitals [vgl. HASEKAMP (1998), S. 32; zitiert nach: EICKSTÄDT (2001), S. 194].

141 Vgl. WÖHRMANN (2001).

142 Vgl. bspw. GRANDI/MÜLLER (1999). Einen Überblick über derivative Instrumente geben z.B. SMITH/CANELO/ DI DIO (1997).

143 Solche fiktiven Basisgeschäfte finden sich auch bei Optionen auf andere Indices, wie z.B. bei Dax Optionen, wieder.

cherungsderivaten unterscheiden. Versicherungsderivate können sowohl an Terminbörsen, die durch standardisierte Kontrakte gekennzeichnet sind, als auch über Over the Counter (OTC)-Märkte, auf denen Kontrakte individuell zwischen den Vertragspartnern abgeschlossen werden, gehandelt werden.[144] Im Gegensatz zu den Risk Bonds der Securitization stellen Versicherungsderivate keine Vorabliquidität zur Besicherung der maximalen Haftung bereit.[145]

Merkmale von Versicherungsderivaten

Der Wert von Versicherungsderivaten wird nach dem Verlauf eines versicherungsspezifischen Indexes (Underlying) bestimmt.[146] Dieser Schadensindex[147] steigt bei höheren realisierten Risiken und fällt vice versa bei geringeren realisierten Risiken.[148] Somit bildet er die Schadensentwicklung für bestimmte, definierte Risiken ab.[149]

Mithilfe von Versicherungsderivaten kann ein möglicher Verlust aus einer ungünstigen Indexentwicklung, die die Schadensentwicklung für bestimmte Risikokategorien abbildet, durch die positive Wertentwicklung des derivativen Instruments ausgeglichen werden. Auf diese Weise werden Schadenskosten bzw. erwartete Erträge stabilisiert.[150]

Wie bei der Securitization kommt der Definition des Underlying eine große Bedeutung zu. Bislang ist es allerdings nicht gelungen, einen auf breiter Front allgemein anerkannten Schadensindex zu entwickeln, dem von Investorenseite genügend Vertrauen entgegengebracht wird.[151]

---

144 Der Vorteil von börsengehandelten, standardisierten Derivaten besteht in deren Kurseffizienz (d.h. sprungfreie Kursentwicklung auch bei Kapitalanlagen größeren Umfangs) und Liquidität. Derivate, die über OTC-Märkte gehandelt werden (OTC-Derivate), sind nicht standardisiert und können demnach sehr flexibel gestaltet werden. Die Mehrzahl aller Derivate-Transaktionen in diesem Bereich entfallen daher auf dieses Marktsegment. Der Nachteil von OTC-Märkten ist jedoch deren vergleichsweise hohe Illiquidität [vgl. KNAUTH/SIMMERT (1993), S. 13ff.].

145 Vgl. MÜNCHENER RÜCK (2001a), S. 7.

146 Auch als *Basiswert* bezeichnet.

147 Denkbar ist statt eines Marktschadensindex auch ein *parametrischer Trigger*. Dieser koppelt die Auslösung der Deckung an ein Schadensereignis, das bestimmte, genau nachvollziehbare Kriterien hinsichtlich der Schwere erfüllen muss (z.B. bei Naturkatastrophen: Magnitude bei Erdbeben, Luftdruck bei Sturm etc.) [vgl. MÜNCHENER RÜCK (2001a), S. 7].

148 Eine *Call-Option* (Kaufoption) auf einen Schadensindex berechtigt somit den Käufer der Option zum Erhalt der Differenz zwischen dem gestiegenen Schadensindex und einem vereinbarten Basispreis. Ein Versicherer kann sich folglich durch den Kauf einer Call-Option gegen Katastrophenrisiken absichern. Der Schaden im eigenen Portfolio wird durch den Wertanstieg der Option kompensiert, sofern der Schadensindex ein im voraus vereinbartes Niveau (Ausübungspreis) übersteigt. Dagegen kann z.B. ein Bauunternehmer, der von einer großen Naturkatastrophe profitieren würde, über den Verkauf von Optionen einem durch das Ausbleiben entsprechender Schäden entstandenen Umsatzrückgang entgegentreten und damit den finanziellen Nachteil ausgleichen.

149 Der Schadenindex kann sich auf den Gesamtmarkt, einen Teilmarkt, ein bestimmtes Risikoportfolio eines Versicherers bzw. Unternehmens oder eine mathematische Simulation beziehen [vgl. dazu SCHRADIN (1998), S. 386].

150 Vgl. SWISS RE (1999a), S. 31.

151 Vgl. SCHIERENBECK (2001c), S. 359.

Der versicherungsspezifische Index kann sich sowohl auf monetäre Größen (z.B. Gesamtschadenshöhe eines Ereignisses, aggregierte Schadenshöhen für bestimmte Risiken), als auch auf spezielle (physische) Ereignisse (z.B. Temperaturentwicklung, Regentage) beziehen. Da sich der Wert bisher entwickelter Versicherungsderivate, die Naturkatastrophenrisiken oder Wetterrisiken abdecken, nicht auf den effektiven Schaden des Versicherungsnehmers bezieht, ist der zu erzielende Schutz nicht perfekt. Es verbleibt ein sog. *Basisrisiko*.[152]

Existente Versicherungsderivate
Bestimmte Versicherungsderivate können im Rahmen von CC-Lösungen zum Einsatz kommen, wie in Abschnitt 6.2.5 gezeigt wurde (Debt Put- und Equity Put Optionen).

Chicago Board of Trade
Seit Dezember 1992 werden an der *Chicago Board of Trade* (CBOT) Katastrophenversicherungs(CAT)-Derivate mit Deckungszeiträumen bis zu einem Jahr gehandelt (Insurance Futures,[153] Insurance Options, Insurance Spreads). Die an der bedeutendsten Terminbörse der Welt gehandelten Optionen auf Katastrophenschadensindices werden nach Austausch des für die Erstellung der erforderlichen Indices verantwortlichen Unternehmens im Jahre 1995 nun in zweiter Generation gehandelt.[154] Seit der Umstellung werden die Optionen nach dem schadensindexerstellenden Unternehmen *PCS-Optionen* genannt.[155]

Im Gegensatz zu Securitization-Lösungen ist der Handel mit Katastrophen-Derivaten als reines Risikogeschäft zu sehen.[156] Versicherern soll durch dieses Instrument ein Hedging ihrer Originalschadenspositionen aus dem Versicherungsgeschäft durch die gegenläufige Entwicklung im Termingeschäft ermöglicht werden.[157] Erst- oder Rückversicherer sowie Captives können mittels dieser Versicherungsderivate das Risiko, das über dem von ihnen erwarteten Schadensrisiko liegt, auf andere Marktteilnehmer an der Börse übertragen.

Die Basis der Optionskontrakte wird von den täglich neu aktualisierten und publizierten PCS-Schadensindices[158] gebildet, die auf Schätzungen der absoluten Höhe von Katas-

---

152 Vgl. SWISS RE (1999a), S. 31. Das Basisrisiko bezeichnet das Risiko einer stochastischen Beziehung der Preisentwicklung des Hedge-Instruments und des zu hedgenden Risikoportfolios. Immer dann, wenn das Underlying der zu hedgenden Position und das Underlying des Hedge-Instruments nicht identisch bzw. nicht deterministisch funktional miteinander verbunden sind, tritt ein Basisrisiko auf [vgl. STRUBE (2001), S. 95].

153 Futures werden seit 1996 nicht mehr angeboten [vgl. STRUBE (2001), S. 27].

154 Vgl. SWISS RE (1996), S. 9; STRUBE (2001), S. 27f.

155 *PCS* ist eine Tochtergesellschaft der gemeinnützigen *American Insurance Service Group, Inc.*, die der Versicherungswirtschaft Daten bereitstellt. Vor 1995 war die *ISO DATA*, eine Tochtergesellschaft der *ISO (Insurance Service Office)* für die Erstellung der erforderlichen Indices zuständig. Eine ausführliche Beschreibung der Kontrakte erster Generation, die auf den ISO DATA-Schadensindices beruhten, findet sich in ALBRECHT/KÖNIG/SCHRADIN (1994).

156 Vgl. BRÜHWILER/STAHLMANN/GOTTSCHLING (1999), S. 87: Der bei den Securitization-Lösungen zentrale Anlage- bzw. Ertragscharakter entfällt bei Katastrophen-Optionen vollständig.

157 Vgl. MC CULLOUGH (1995), S. 31.

158 Beschreibungen der PCS-Optionen und deren zugrundeliegenden PCS-Schadensindices finden sich in CBOT (1995).

trophenschäden fußen.[159] Die von PCS veröffentlichten Schadensindices reflektieren alle Zahlungen der Versicherungswirtschaft an die Versicherungsnehmer.[160] Die Schätzwerte erfassen somit nicht die volkswirtschaftlichen Schäden, sondern ausschließlich die versicherten Schäden.[161]

Mögliches Moral Hazard-Verhalten der Versicherer, das darin bestehen könnte, die Schadensindexentwicklung durch falsche Angaben zu beeinflussen, wird dadurch weitestgehend eliminiert, dass der Anteil eines einzelnen Versicherers am Indexportfolio unter 15% liegen muss und dem jeweiligen Versicherer zudem unbekannt ist.[162] Des Weiteren ist die Manipulationsgefahr auch aufgrund der breiten Berichtsbasis von ca. 70% des Gesamtmarktes als gering einzustufen. Der einzelne Anteil eines Versicherers wird i.d.R. nicht ausreichen, den Schadensindex signifikant zu beeinflussen.[163]

Es ist dennoch festzustellen, dass die an der CBOT bisher gehandelten, standardisierten PCS-Optionen im Vergleich zu den Derivat-Transaktionen auf dem OTC-Markt, die ebenfalls auf den PCS-Indices basieren, bisher bedeutungslos blieben.[164] Die Gründe dafür sind vielfältig.

Eine Umfrage unter Führungskräften von Versicherungsgesellschaften zum Einsatz von CAT-Derivaten ergab folgende Faktoren, die ein Interesse an entsprechenden Versicherungsderivaten erhöhen würde:

- klare rechtliche Bestimmungen für die Nutzung von CAT-Optionen,
- weitere Informationen über die Besonderheiten von CAT-Optionen,
- mehr Schulung bezüglich des Hedgings von CAT-Optionen,
- steuerliche Abzugsfähigkeit von Verlusten aus dem Handel mit CAT-Optionen,
- Verfügbarkeit eines auf die Kundenbedürfnisse zugeschnittenen Indexes für CAT-Optionen,
- Verhinderung von Manipulationen am Index durch gemeldete Verluste,

159 Vgl. SWISS RE (1996), S. 9f.; BRÜHWILER/STAHLMANN/GOTTSCHLING (1999), S. 87. Aus den eigens von *PCS* erhobenen Daten über Katastrophenschäden werden von *PCS* neun verschiedene Schadensindices erstellt. Neben einem National-Index (USA) gibt es fünf Regional-Indices (Eastern, Northeastern, Southeastern, Midwestern, Western) und drei State-Indices (Florida, Texas, California). Da die besonders vor Naturkatastrophen gefährdeten Staaten Florida und Kalifornien enthalten sind, wird ca. 70% bis 85% des Marktes erfasst.

160 Die Schadensindices spiegeln die absoluten Beträge von Katastrophenschäden in US-$ wider, die den bestimmten Regionen und konkreten Zeiträumen zugeordnet sind. *PCS* erhält die Schätzwerte für Katastrophenschäden durch eine Kombination von drei Methoden: Die erste basiert auf einer Umfrage bei Versicherern, die zweite auf dem von *PCS* erstellten *National Insurance Risk Profil* (NIRP) und die dritte auf eigenen Gutachten der Schäden vor Ort. Vgl. zu einer detaillierten Erläuterung STRUBE (2001), S. 29ff.

161 Vgl. STRUBE (2001), S. 28f. Ausführliche Betrachtungen der PCS-Schadensschätzung und der Schadensindex-Ermittlung finden sich in KUCK (2000), S. 121ff. sowie in STRUBE (2001), S. 28-34. Eine genaue Beschreibung zur mathematischen Modellierung und Bewertung von PCS-Optionen gibt STRUBE (2001), S. 34-43.

162 Vgl. EICKSTÄDT (2001), S. 166.

163 Vgl. STRUBE (2001), S. 31.

164 Vgl. BECKER/BRACHT (1999), S. 13; MÜLLER (2000), S. 216f.; EICKSTÄDT (2001), S. 168; SWISS RE (2001b), S. 5 und S. 21. Der Markt kann derzeit als nicht besonders liquide bezeichnet werden [vgl. MÜNCHENER RÜCK (2001a), S. 7].

- Verfügbarkeit einer jährlichen Verlustperiode.[165]

Bermuda Commodities Exchange

Von November 1997 an wurden an der *Bermuda Commodities Exchange* (BCX) Versicherungsderivate auf Basis des Guy Carpenter Catastrophe-Index (GCCI) gehandelt.[166] Die BCX wurde speziell für den Handel mit Optionskontrakten aus dem Bereich der Katastrophenschäden gegründet. Die börsengehandelten GCCI-Optionen erfreuten sich allerdings keiner großen Nachfrage, so dass die BCX ihre Geschäftstätigkeit 1999 mangels Aktivitäten aussetzte.[167]

Catastrophic Risk Exchange

Eine Alternative für Versicherer ist der Risikotausch, der an der seit Oktober 1996 verfügbaren *Catastrophic Risk Exchange* (CATEX) in New York möglich ist.[168] Ursprünglich war diese für Versicherer als Tauschbörse für Naturkatastrophenrisiken konzipiert.[169] Sie entwickelte sich dann weiter zu einem elektronischen Abwicklungssystem für Rückversicherer.[170]

Der wesentliche Unterschied zum Handel mit Versicherungsderivaten an der CBOT ist, dass über die CATEX-Börse direkt keine zusätzliche Deckungskapazität von den Finanzmärkten in die Versicherungswirtschaft fließt.[171] Diese US-weite Tauschbörse steht allen von der CATEX lizensierten Erst- oder Rückversicherern sowie Selbstversicherern (über Captives) zur Verfügung, um Katastrophenrisiken untereinander zu tauschen.[172] Der Handel bezieht sich demnach auf *Insurance Swaps*, bei denen es sich um den Austausch von Zahlungsströmen handelt, denen Versicherungsrisiken zugrunde liegen.[173]

---

165 Vgl. BOUZOUITA/YOUNG (1998); zitiert nach SWISS RE (2001b), S. 23.

166 Der GCCI wird von *IndexCo*, einer Tochtergesellschaft der *Guy Carpenter & Company, Inc.* bereitgestellt. Erfasst werden hier Schäden aus der Gebäudeversicherung in gefahrenbezogener Abgrenzung auf die Bereiche Sturm, Hagel und Frost. Erdbebenrisiken und andere Katastrophenrisiken finden keine Berücksichtigung. Der GCCI beruht auf Daten, die durch die *ISO* und *Claritas, Inc.* zur Verfügung gestellt werden. Der zentrale Unterschied zum PCS-Index ist, dass nicht geschätzte Schäden sondern tatsächlich bezahlte Schäden erfasst werden. Vgl. zu näheren Erläuterungen und zur Indexermittlung MAJOR (1997); SCHRADIN (1998), S. 395ff. sowie STRUBE (2001), S. 43-51.

167 Vgl. SWISS RE (2001b), S. 23.

168 Eine ausführliche Beschreibung zur Entwicklung der CATEX, den dort angewandten Verfahrensarten sowie deren Vorteilseffekten und Hemmnissen für eine weitere Entwicklung findet sich in KRETZLER/WAGNER (1999). Eine kurze Übersicht zur CATEX gibt CATEX (2002).

169 Vgl. SWISS RE (1996), S. 11.

170 Vgl. KRETZLER/WAGNER (1999), S. 691: Die meisten Transaktionen an der CATEX beziehen sich auf eine elektronische Vermittlung von Rückversicherungsverträgen. Die CATEX kann daher als interaktiver Marktplatz für alle Arten von Rückversicherungsgeschäft bezeichnet werden.

171 Vgl. WAGNER (1997), S. 516; BRÜHWILER/STAHLMANN/GOTTSCHLING (1999), S. 88 sowie SWISS RE (1996), S. 11: Die Erhöhung der verfügbaren Deckungskapazität erfolgt indirekt durch einerseits einer effizienteren Nutzung des vorhandenen Risikokapitals über verbesserte Diversifikation und andererseits durch den Einbezug der Risikoträger, die bisher vom traditionellen Versicherungssystems isoliert waren (z.B. Captives).

172 Z.B. Erdbebenrisiken in Kalifornien gegen Windsturmrisiken in Florida. Durch diesen Austausch kann das inhärente Kumulrisiko in den jeweiligen Katastrophenbereichen diversifiziert werden.

173 Vgl. EICKSTADT (2001), S. 176. Diese Swaps haben zum Ziel, durch den Austausch bestimmter Risiken zwischen Versicherern eine gegenseitige Glättung der Ergebnisse zu erreichen.

Mittlerweile wird die CATEX allerdings vorwiegend für die elektronische Vermittlung von Rückversicherungsverträgen genutzt. Dabei sind die handelbaren Risiken nicht, wie der Name der Börse vermuten lässt, auf reine Katastrophenrisiken begrenzt.[174] Bis Ende Februar 2002 wurden über 1400 Kontrakte über das CATEX-System abgeschlossen.[175] Da die CATEX, wie oben erwähnt, wenig zusätzliche Deckungskapazität generiert, sondern heute fast ausschließlich die Funktion eines elektronischen Marktplatzes hat, ist sie im Rahmen dieser Arbeit wenig relevant, sollte aber dennoch erwähnt werden.[176]

Bedeutung von Versicherungsderivaten

Das Handelsvolumen von Versicherungsderivaten an den Börsen ist trotz mehrmaliger Anpassung der Derivate und Schadensindices bis heute bescheiden geblieben. So eignen sich die an der CBOT gehandelten Versicherungsderivate für Industrieunternehmen bisher kaum zur Absicherung der eigenen Risiken, da die Produkte spezifisch auf die Risikoportfolios von Versicherern zugeschnitten sind. Was bezüglich des Basisrisikos bereits für die Versicherer gilt, trifft bei Unternehmen in noch größerem Umfang zu. Deren eigene Schadensentwicklung ist i.d.R. nur wenig korreliert mit den Schadensindices, die an der CBOT gehandelt werden. Der Nutzen dieser Versicherungsderivate für Unternehmen ist daher entsprechend gering.[177]

Eine neuere Umfrage aus den USA bestätigt, dass Kontrakte, die auf regionalen PCS-Indices in den USA basieren, nicht ausreichend aufgespaltet sind und somit ein beachtliches Risiko (Basisrisiko) für Versicherer und Unternehmen, welche ihre Portfolios absichern möchten, darstellen würden.[178] Abhilfe schaffen würde die Entwicklung spezieller Branchenindices.

Wie bereits angesprochen, ist es bislang nicht gelungen, einen allgemein anerkannten Schadensindex zu entwickeln, dem das von Investorenseite benötigte Vertrauen entgegengebracht wird.[179] Folgende erforderliche Charakteristika eines Indexes wurden identifiziert, um den Nutzen und somit die Akzeptanz von Index-basierten Versicherungsderivaten zu erhöhen:

- Leichte Verständlichkeit des Indexes, mit klarem Konzept,
- in hohem Maße an den Schadensverlauf gekoppelt,
- schnelles Widerspiegeln der Verluste im Index,
- keine Moral Hazard-Potenziale ermöglichen,

---

174 Vgl. SCHRADIN (1998), S. 343f.; EICKSTÄDT (2001), S. 177: Verfügbar sind neben verschiedenen Regionen zahlreiche Sparten, versicherte Risiken und Vertragsarten.

175 Vgl. http://www.catex.com/AboutPage.asp?file=releases.xml&type=LatestNews, Abruf am 5.3.2002.

176 Eine ähnliche Tauschbörse befindet sich derzeit an der *Bermuda Stock Exchange* (BSX) in Entwicklung [vgl. http://www.bsx.com/pdf/insurance_fs.pdf, Abruf am 5.3.2002].

177 Vgl. HEROLD/PAETZMANN (1999), S. 64; SWISS RE (1999a), S. 33.

178 Vgl. HARRINGTON/NIEHAUS (1999).

179 Vgl. SCHIERENBECK (2001c), S. 359. Neben den schon angeführten, bekannten ISO- , PCS- und GCC-Schadensindices existieren noch weitere Katastrophenindices. So wird seit 1970 jährlich der *Sigma-Index* von der *SWISS RE* publiziert. Die *Sedgwick Payne Insurance Strategy Group* ermitteln den *INSTRAT-Index* und die *Risk Management Solutions, Inc.* erstellen den *RMS Cat-Index*. Die *MÜNCHENER RÜCK* verfügt mit dem *NatCatSERVICE* über eine Datenbank, die Marktschäden aus Naturkatastrophen pro Region und Schadensereignis sammelt und entsprechend aufbereitet. Der *NatCatSERVICE* ließe sich als Marktschadensindex verwenden [vgl. ALBRECHT/SCHRADIN (1998), S. 593f.; SCHRADIN (1998), S. 402-406; GRANDI/MÜLLER (1999), S. 8; EICKSTÄDT (2001), S. 188ff.].

- konzipiert auf der Risikobasis oder auf Grundlage von historischen Daten,
- zur Konstruktion des Indexes ist keine Beeinflussung der Daten erforderlich,
- Index sollte flexibel in Bezug auf Faktoren wie geographische Verteilung, Geschäftssparten, demographische Entwicklung, Inflation oder sonstige ökonomische Variablen und den Selbstbehalt sein. Dadurch wird gleichzeitig Flexibilität bei der Kalkulation von Ersatzindices, die auf dem Originalindex basierenden Daten beruhen, geschaffen.[180]

6.2.6.4 Erfolgsfaktoren für Finanzmarktlösungen

Versicherungslösungen mit Finanzmarktinstrumenten befinden sich erst am Anfang ihrer Entwicklung. Bisherige Verbriefungstransaktionen und emittierte Versicherungsderivate konzentrieren sich auf Risiken aus dem Low Frequency/High Severity-Bereich (insbesondere aus dem Bereich der Katastrophenrisiken).[181]

Wie sich diese Finanzinnovationen weiter entwickeln werden bzw. wie schnell sie sich etablieren, vermag heutzutage niemand vorherzusagen. Ein wichtiges Resultat der schon angesprochenen Studie der *SWISS RE* aus dem Jahre 2001 zu Finanzmarktprodukten in der Versicherungsbranche ist, dass der Weg der Entwicklung von Finanzinnovationen selten gerade verläuft und dass viele Aspekte zusammenwirken müssen, damit derartige Innovationen eine breite Akzeptanz finden.[182]

Da Versicherungslösungen mit Finanzmarktinstrumenten – wie andere Innovationen auch – hohe Start-up-Kosten verursachen, die sich aber nach erfolgreicher Etablierung und breiter Akzeptanz wieder nivellieren, ist es wichtig, nach Erfolgsfaktoren für Finanzmarktlösungen zu suchen. Diese sind entscheidend für eine prosperierende Entwicklung von Lösungen, die Versicherungsrisiken auf Finanzmärkte transferieren.

Die *SWISS RE* hat zehn Erfolgsfaktoren herauskristallisiert, die im Folgenden kurz vorgestellt werden:[183]

- **Harter (Rück-)Versicherungsmarkt**
  Die preisliche Konkurrenzfähigkeit zu traditionellen (Rück-)Versicherungslösungen ist der wichtigste Faktor für den Erfolg von Versicherungslösungen mit Finanzmarktinstrumenten. Eine große Katastrophe, wie z.B. die Ereignisse des 11. September 2001, die zu einer Marktverhärtung führen (starke Preisanpassungen nach oben, fehlende Verfügbarkeit von Versicherungsdeckungen) und mehrere Versicherer in die Insolvenz treiben kann, könnte die weitere Entwicklung beschleunigen.

- **Liquidität**
  Eine wichtige Eigenschaft von Securitization-Lösungen ist ihre Liquidität. Fehlt diese, werden die Risk Bonds zu einem unattraktiven Anlageinstrument. Die Frage der Li-

---

180 Vgl. AMERICAN ACADEMY (1999), S. 14-16 sowie CASUALTY ACTUARIAL SOCIETY, S. 1.

181 Vgl. SWISS RE (2001b), S. 34: Viele Kenner der Branche prognostizieren aber eine zunehmende Verbriefung von Risiken mittlerer Häufigkeit und Schwere.

182 Vgl. SWISS RE (2001b), S. 34.

183 Vgl. SWISS RE (2001b), S. 24-31.

quidität ist eng an den Vertrauensaspekt in derartige Anlagen und deren breite Akzeptanz geknüpft. Die herkömmlichen (Rück-)Versicherungsmärkte weisen sehr viel weniger Liquidität auf als Finanzmärkte. Aktive Märkte für Securitization-Lösungen und Versicherungsderivate könnten deutlich höhere Liquidität für Versicherungsrisiken generieren. Neue Börsen für einen effizienteren Risikotausch (z.B. CATEX) sowie neue Kontrakte an Terminbörsen (z.B. PCS-Optionen) sind hier erst der Anfang. Es gilt, eine kritische Masse zu erreichen, um die Aufmerksamkeit der institutionellen Investoren zu finden.

- **Transparenz**
  Der Vorteil von Versicherungslösungen über Finanzmärkte besteht in der Schaffung höherer Transparenz und in der Möglichkeit, dass viele Investoren spezielle Risiken übernehmen können. Um Finanzmarktlösungen erfolgreich werden zu lassen, müssen diese Transparenzvorteile ausgenutzt werden und die bestehenden Informationsvorteile bzw. Fähigkeiten der (Rück-)Versicherer aufwiegen. Transparenz bedeutet in diesem Kontext, dass die am effizientesten durch Risk Bonds zu verbriefenden Risiken solche sind, die auch branchenfremde Investoren verstehen. Des Weiteren können standardisierte Securitization-Strukturen diese Transparenz erhöhen.

- **Beseitigung gesetzgeberischer, bilanzieller uns steuerlicher Unklarheiten**
  Gesetzgeberische, aufsichtsrechtliche, bilanzielle und steuerliche Bestimmungen determinieren den Erfolg der Finanzmarktlösungen. Die Beseitigung vieler bestehender Unklarheiten und ungleicher Behandlungen auf diesen Gebieten würde die weitere Entwicklung dieser Finanzinnovationen vorantreiben.

- **Entwicklung neuer oder besserer Benchmarks**
  Eng verknüpft mit dem Erfolgsfaktor Liquidität ist die Erstellung von Benchmarks, die den Marktteilnehmern Fortschritte erkennen lassen.[184] Für die Versicherungswirtschaft werden akzeptierte Benchmarks (z.B. spezielle Schadensindices) benötigt, um ein solides Fundament für Märkte, auf denen Versicherungslösungen mit Finanzmarktinstrumenten gehandelt werden, zu schaffen.

- **Verbesserte Informationsvermittlung**
  Um eine breite Akzeptanz von Versicherungslösungen mit Finanzmarktinstrumenten zu erhalten, müssen ausreichend viele Marktteilnehmer der Versicherungswirtschaft mit neuen Finanzmarktkonzepten vertraut gemacht werden.

- **Erforderliche Rating-Agenturen**
  Ratings von Securitization-Lösungen bieten den Investoren eine objektive, unabhängige Bewertung der Risikohöhen von Risk Bonds. Diese Ratings unabhängiger Rating-Agenturen wirken vertrauensfördernd.

- **Investorengewinnung**
  Um zusätzliche Deckungskapazitäten für die Versicherungswirtschaft bereitstellen zu können, müssen Investoren gewonnen werden, die zur Anlage in Risk Bonds, welche

---

[184] Ein Beispiel für eine solche Benchmark ist der Aktienmarktindex DAX.

Versicherungsrisiken verbriefen, bereit sind. I.d.R. sind institutionelle Anleger wie Hedge-Funds, Investment-Fonds, Banken oder Versicherer und weniger Privatanleger als „Erstkäufer" zu akquirieren.

- **Konvergenz des Finanzsektors**
  Die anhaltende Deregulierung der Märkte bringt es mit sich, dass Geschäfts- und Investmentbanken nach rentablen Versicherungssparten Ausschau halten. Sie werden daher zunehmend als Wettbewerber der Versicherer agieren und diese zu einem Wandel ihrer traditionellen Geschäftstätigkeit zwingen. So werden die klaren Grenzen zwischen den einzelnen Märkten (Versicherungsmärkte und Finanzmärkte) zunehmend verschwimmen.

- **Spezialisierung**
  Ein etablierter Markt für Securitization-Lösungen und Versicherungsderivate wird es verschiedenen Marktteilnehmern ermöglichen, sich gezielter zu positionieren. Insbesondere einer effektiven Strukturierung von Versicherungslösungen mit Finanzmarktinstrumenten kommt hier besondere Bedeutung zu.

6.3 Eignung von ART-Instrumenten für Internet-Risiken

Die Findung einer für ein Unternehmen optimalen Risikomanagement-Lösung ist äußerst schwierig. Im Zuge von theoretischen Modellierungen, die ART-Produkte berücksichtigen, werden üblicherweise die Versicherungen vornehmlich großer Schäden durch Verbriefungslösungen von Risiken ersetzt.[185] Bisher existieren allerdings noch keine umgesetzten Lösungen, die Internet-Risiken mit ART-Produkten handhaben.[186]

Captive-Lösungen sind insbesondere für Risiken interessant, die auf traditionellen Märkten nicht oder nur sehr teuer transferiert werden. Dies trifft traditionell auf Umweltrisiken, bestimmte Produktrisiken (z.B. Garantierisiken), Elementarrisiken, Terror-Risiken, Technologierisiken etc. zu.[187] Genauso lassen sich spezielle Risiken des Internets an dieser Stelle anführen. Von einer grundsätzlichen Eignung von Captives für die Handhabung von spezifischen Internet-Risiken kann ausgegangen werden.

Bei Finite Risk-Lösungen handelt es sich eher um Finanzgeschäfte, die entsprechend dem Bilanzschutzgedanken der Glättung der jährlichen Schadenskosten dienen und weniger einen echten Risikotransfer beinhalten.[188] Internet-Risiken kann mit diesen Instrumenten dennoch begegnet werden (vgl. FN 186).

---

[185] Vgl. z.B. RICHTER (2001), S. 20.

[186] Konzeptionell werden erste Lösungsansätze für eine Absicherung von Internet-Risiken mit ART-Produkten entwickelt. Die *Zürich* erarbeitet einen Ansatz, der an ihre in Abschnitt 5.2.2.2.1 dieser Arbeit vorgestellte „eRisk Insurance Solution" eine Finite Risk-Lösung anbindet [vgl. ZÜRICH (2001c)].

[187] Vgl. BRÜHWILER/STAHLMANN/GOTTSCHLING (1999), S. 49.

[188] Die heute verfügbaren Lösungen sind insbes. aufgrund der steuerlichen Problematik kein geeignetes Instrument zur Bekämpfung der Probleme der Industrieversicherung bzw. zur Lösung der Versicherbarkeitsproblematik [vgl. dazu auch EICKSTÄDT (2001), S. 162].

Multi-Line/Multi-Year-Produkte sowie Integrierte Produkte sind weniger geeignet. Es ist festzustellen, dass sie eine intensive, hohe Kosten verursachende Vorbereitungsphase benötigen und auf verkrustete traditionelle Organisationsstrukturen des unternehmensweiten Risikomanagements stoßen. Steuerliche und bilanzielle Unklarheiten haben bislang weitere Entwicklungen verhindert.

Contigent Capital-Lösungen eignen sich sehr gut zur Absicherung katastrophaler Schäden. Ein Risikotransfer findet bei diesen Transaktionen nicht statt. Bisher wurden weltweit erst wenige Contigent Capital-Transaktionen abgeschlossen, der sich bisher ausschließlich Erstversicherer bedienten. Denkbar sind diese Lösungen aber auch zur Absicherung existenzbedrohender Auswirkungen von spezifischen Internet-Risiken für Unternehmen.

Ein Transfer von Versicherungsrisiken auf Finanzmärkte ist der bedeutendste Lösungsansatz, um neue Kapazitäten zu generieren. Dabei wird die direkte Securitization durch Risk Bonds als das geeignetere Instrument angesehen. Einerseits können damit große Unternehmen und Captives Risiken oder Risikoportfolios direkt auf Finanzmärkte übertragen. Andererseits ist es Versicherern und Unternehmen durch die Verbriefung von Versicherungsrisiken möglich, bisher nicht versicherbare Risikokategorien zu überwälzen. Bestimmte Internet-Risiken (wie z.B. Betriebsunterbrechungsschäden aufgrund von DDoS-Attacken) ließen sich mit dem Instrument der Securitization gut handhaben. Gerade da derzeit die (Rück-)Versicherungskapazitäten für spezielle Internet-Risiken wegbrechen (z.B. Auswirkungen aufgrund von Ausfällen externer Netze, Schäden durch Computerviren), ist die Securitization hier eine geeignete Alternative für größere Unternehmen. Die große Herausforderung bei diesen neuen Risiken besteht allerdings darin, ein entsprechendes Risikoportfolio des einzelnen Unternehmens zu bilden, das die Investoren verstehen, im Hinblick auf eine Investitionsentscheidung beurteilen können und akzeptieren.[189]

Die zweite grundsätzliche Möglichkeit, um Versicherungsrisiken auf Finanzmärkte zu transferieren, besteht durch den Einsatz von Versicherungsderivaten. Der Wert dieser Derivate wird durch den Verlauf eines zu modellierenden versicherungsspezifischen Indexes als Underlying bestimmt. Großes Potenzial besteht im Einsatz von Versicherungsderivaten zur Absicherung von bisher nicht-versicherbaren Risiken.[190] Dabei liegt die Problematik sicher weniger in der Entwicklung geeigneter Derivate, sondern vielmehr bei der Etablierung eines entsprechenden Marktes, auf dem ausreichend interessierte Marktteilnehmer zum Handel dieser Derivate bereit sind.

Die damit angesprochene Vertrauensproblematik ist ein zentrales Problem, ein anderes ergibt sich aus den notwendigen Schadensindices. Bisher entwickelten Indices, die sich ausschließ-

---

189 Vgl. auch SWISS RE (1999a), S. 37.

190 Vgl. SWISS RE (1999a), S. 33. Ein bekanntes Beispiel dafür sind die sog. Wetterderivate, die ausserbörslich im OTC-Markt gehandelt werden und von Energieproduzenten, Freizeitparks o.ä., deren Umsatz stark vom Wetter abhängig ist, genutzt werden, um ihre Einnahmeausfälle bei Eintritt von bestimmten Umweltzuständen zu kompensieren. Der Markt für Wetterderivate hat inzwischen weltweit die 7 Mrd. US-$-Marke überschritten [vgl. WERNER (2000), S. 1750]. Die mit zunehmender Verbreitung der Wetterderivate einhergehende Standardisierung wird die Transaktionskosten weiter senken und so auch lohnenswerte kleinere Transaktionen ermöglichen. Vgl. zur Entwicklung des Marktes für Wetterderivate und deren Darstellung BECKER/BRACHT (1999), S. 17ff. und S. 63-85 sowie MÜLLER/GRANDI (1999).

lich auf Katastrophenrisiken beziehen, wurde das von potenziellen Investoren benötigte Vertrauen bislang nicht entgegengebracht. Ein bedeutender Grund dafür liegt in dem hohen Basisrisiko, das derartige Derivate aufweisen. Somit ist der Nutzen dieser Versicherungsderivate für Unternehmen verhältnismäßig gering. Solange nicht spezifisch auf Internet-Risiken zugeschnittene Branchen- oder Unternehmensindices entwickelt werden oder werden können und von Investorenseite kein Vertrauen in diese Indices gesetzt wird, können Versicherungsderivate kein Lösungsansatz sein, um die Risiken im Internet zu bewältigen.

7 Schlussbetrachtung

Vor dem Hintergrund aktuell entstehender, spezieller Versicherungskonzepte diverser Anbieter wird in dieser Arbeit die Versicherbarkeit von Internet-Risiken untersucht. Internet-Versicherungen sind noch nicht lange auf dem europäischen Markt erhältlich und befinden sich entsprechend in einer Entwicklungsphase. Zur Zeit ist eine steigende Nachfrage nach Absicherung von Internet-Risiken zu konstatieren.[1]

Gleichzeitig ist ein Rückzug der Anbieter von traditionellen EDV-Versicherungen aus dem Bereich der spezifischen Internet-Risiken zu beobachten. Die im Rahmen der Softwareversicherung oftmals eingeschlossenen Deckungen für Schäden, die nicht Folge eines Sachschadens sind, werden nur noch begrenzt möglich sein. Insbesondere werden Versicherer erhebliche Deckungseinschränkungen für Datenschäden aufgrund von Computerviren vornehmen.[2] Ähnliche Eingrenzungen werden derzeit auch für korrespondierende Betriebsunterbrechungsdeckungen gefordert,[3] die zusätzliche Unterbrechungsschäden durch den Ausfall externer Netze oder Netzknoten ausschließen.[4]

Auf dem amerikanischen Markt sind spezielle Internet-Versicherungen seit ungefähr drei Jahren erhältlich. Sie werden verhältnismäßig häufig abgeschlossen, obwohl sie nicht kostengünstig sind.[5] Experten betonen, dass Internet-Versicherungen in den nächsten fünf Jahren für das Betreiben von Electronic Commerce obligatorisch werden könnten.[6]

Wesentliche Ergebnisse dieser Untersuchung sind nachfolgend zusammengefasst:

---

1 Quelle: persönliche E-Mail von Christoph Kammermann, Head of eRisk and Senior Project Leader Special Lines der *Zürich*, Zürich, Schweiz vom 15.5.2002.

2 Die inhärente Kumulgefahr durch Computerviren ist nicht mit herkömmlichen Kumulgefahren vergleichbar. Folglich müssen neue Methoden zur Risikobewertung und für die Kalkulation von Internet-Risiken gefunden werden [vgl. GRUBER (2001), S. 956ff.].

3 Die *Swiss Re* spricht in diesem Kontext von Rückwirkungsschäden als Folge von nicht-physischen Schadensursachen (z.B. durch Computerviren oder Softwarefehler). Die *Swiss Re* zweifelt eine Deckung derartiger Schäden an: So ist einerseits die moderne IuKT mit ihrem Netzwerk (Internet) nicht überschaubar. Andererseits können nicht-physischen Schadensursachen in Bruchteilen einer Sekunde an unterschiedlichsten Stellen im heutigen Kommunikationsnetz auftreten. Dies birgt für die Versicherer und vor allem für die Rückversicherer immense Kumulgefahren. Rückwirkungsschäden sind – wenn überhaupt – nur mit strengen Deckungslimiten und Kontrollen versicherbar [vgl. SWISS RE (2002b), S. 6].

4 Vgl. AON (2002), S. 4: Andere Versicherer wollen Datenversicherungen, die sachschadenunabhängig sind, überhaupt nicht mehr zeichnen.

5 Vgl. SALKEVER (2002): Im Jahr 2001 wurden mit diesen Internet-Versicherungen ca. 100 Mio. US-$ Umsatz generiert. Prognosen erwarten ein Marktvolumen von 1 Mrd. US-$ im Jahr 2007. Der Weltmarktführer auf dem Gebiet der Internet-Versicherung, die amerikanische Versicherungsgesellschaft *AIG*, hat mit 1500 gezeichneten Policen einen Anteil von 70% des globalen Marktes.

6 So plädiert bspw. der weltweit anerkannte IT-Sicherheitsexperte Bruce Schneier dafür, die Haftung für Sicherheit im IT-Bereich auszuweiten. Geltende Haftungsgesetze sollten auf den Bereich IT und Internet angewendet werden. Aus der Notwendigkeit für Unternehmen, sich aufgrund der inhärenten Bedrohung eines Bankrotts durch plötzlich anfallender Schadensersatzansprüche absichern zu müssen, würden entsprechende Versicherungskonzepte stark nachgefragt werden [vgl. O.V. (2002, Haftbarkeit)].

- Unternehmen sollten die Handhabung spezifischer Internet-Risiken in ein holistisches Risikomanagement einbetten (vgl. Abschnitt 3.2).
- Technische und organisatorische Sicherheitsmaßnahmen alleine reichen nicht aus, um den Risiken des Internets zu begegnen (vgl. Abschnitt 4.3.3).
- Um Risiken des Internets zu versichern, sind i.d.R. technische Sicherungsmaßnahmen zwingende Voraussetzung, um diese Risiken erst versicherbar zu machen (vgl. Abschnitt 5.3.1).
- Die Komplementarität zwischen technischen und vertrauensbildenden Maßnahmen muss um ökonomische Maßnahmen zur Risikominimierung erweitert werden (Freiburger Ansatz zur Komplementarität, vgl. Abschnitt 2.3).
- Nicht alle Risikokategorien des Internets sind versicherbar (Tabelle 8). Während Versicherbarkeit von potenziellen Verletzungen der Integrität und Verfügbarkeit gegeben ist, lässt sich die Bedrohung des Verlustes der Zurechenbarkeit derzeit nicht versichern. Verletzungen von Vertraulichkeit sind nicht versicherbar.
- Lösungen des Alternativen Risikotransfers basieren auf dem Konzept des Bilanzschutzes. ART-Produkte eignen sich zur Steigerung der Effizienz des Risikotransfers und zur Erweiterung vorhandener Kapazitätsgrenzen. Unerwünschte Schwankungen in der Bilanz können geglättet werden (vgl. Abschnitt 6.1).
- Internet-Risiken, die sich auf die Verletzung der Integrität und Verfügbarkeit beziehen, kann aufgrund niedriger verfügbarer Deckungsgrenzen der Internet-Versicherungen mit ART-Produkten begegnet werden (vgl. Abschnitt 5.3.2.1 und Abschnitt 6.3).
- Captive-Lösungen sind insbesondere für Internet-Risiken interessant, die auf traditionellen Versicherungsmärkten nicht oder nur sehr teuer transferiert werden. Neben Finite Risk- und Contingent Capital-Lösungen eignet sich für größere Unternehmen vor allem die Securitization zur Handhabung von Internet-Risiken. Durch die Verbriefung spezieller Internet-Risiken sind diese bisher nicht-versicherbaren Risikokategorien auf Finanzmärkte überwälzbar und neue Versicherungskapazitäten generierbar (vgl. Abschnitt 6.3).

Aus der vorgenommenen Untersuchung ergibt sich weiterer Forschungsbedarf. So befindet sich der ART-Markt – mit Ausnahme der in den Industrieländern verhältnismäßig weit verbreiteten Captive-Lösungen – noch im Entwicklungsstadium.[7] Bezüglich der Internet-Risiken existieren noch keine umgesetzten Lösungen. Sehr oft blockieren steuerliche und bilanzielle Unklarheiten in einzelnen Ländern die weiteren Entwicklungen von ART-Lösungen.

Eine große Herausforderung sind Modellierungen von Risikoportfolios für einzelne Unternehmen, die deren spezifische Internet-Risiken abbilden. Diese können als Grundlage für Securitization-Lösungen dienen, um die Risiken auf die Finanzmärkte zu transferieren. Dadurch könnten enorme finanzielle Vorteile für Unternehmen realisiert werden. Versicherer würden einen Kompetenzvorsprung erwerben.

Forschungsbedarf besteht auch zur Entwicklung versicherungsspezifischer Schadensindices, die sich auf Internet-Risiken beziehen und als Underlying für entsprechende Versicherungsderivate verwendet werden können.

---

[7] Vgl. SWISS RE (1999a), S. 35.

Die Akzeptanz von Finanzmarktlösungen ist bedeutend für die Verbreitung von Verbriefungslösungen und Derivaten für Versicherungsrisiken. In diesem Kontext kommt dem Vertrauen auf Unternehmens- und Investorenseite eine zentrale Rolle zu. Weitere Forschungsanstrengungen sind hier bezüglich vertrauensbildender Mechanismen zu unternehmen.

Literaturverzeichnis

Adam, O. (2000): Sicher im Internet, Markt+Technik Verlag, München 2000.

Adams, G. et al. (2000): Which PKI (public key infrastructure) is the right one?, Proceedings of the 7th ACM conference on Computer and communications security, Athen, http://www.acm.org/pubs/articles/proceedings/commsec/352600/p98-adams/p98-adams.pdf, Abruf am 27.4.2002.

Albrecht, P. (1992): Zur Risikotransformationstheorie der Versicherung: Grundlagen und ökonomische Konsequenzen, VVW, Karlsruhe 1992.

Albrecht, P. (1994): Dimensionen des versicherungstechnischen Risikos, in: Hesberg, D. et al. (Hrsg.): Risiko, Versicherung, Markt, Festschrift für W. Karten zur Vollendung des 60. Lebensjahres, VVW, Karlsruhe, S. 325-339.

Albrecht, P. (1999): Auf dem Weg zu einem holistischen Risikomanagement?, in: Versicherungswirtschaft, Heft 19/1998, S. 1404-1409.

Albrecht, P./König, A./Schradin, H. R. (1994): Katastrophenversicherungs-Terminkontrakte: Eine Finanzinnovation und ihre Bedeutung für die (Rück-) Versicherung von Katastrophenrisiken, in: Zeitschrift für die gesamte Versicherungswissenschaft (1994), S. 633-682.

Albrecht, P./Schradin, H. R. (1998): Alternativer Risikotransfer: Verbriefung von Versicherungsrisiken, in: Zeitschrift für die gesamte Versicherungswissenschaft (1998), S. 573-610.

Albrecht, P./Schwake, E. (1988): Versicherungstechnisches Risiko, in: Farny, D. et al. (Hrsg.): Handwörterbuch der Versicherung, VVW, Karlsruhe, S. 651-657.

American Academy (1999): Evaluating the Effectiveness of Index-Based Insurance Derivatives in Hedging Property/Casualty Insurance Transactions, American Academy of Actuaries Index Securitization Task Force, 4. Oktober 1999, http://www.casact.org/ research/istf/istf.pdf, Abruf am 7.3.2002.

AON (2001): e-RIS – e-Business Risk Insurance Solutions, Präsentation AON Jauch & Hübener AG, Feldmeilen/Zürich, Schweiz 2001.

AON (2002a): e-Business Versicherungs- und Risk Management Lösungen, Vortragspräsentation, AON Jauch & Hübener AG, Feldmeilen/Zürich, Schweiz 2002.

AON (2002b): Die aktuelle Marktsituation zum Jahreswechsel 2001/2002 – der weiche Markt hat sich endgültig verabschiedet, AON NEWS Sonderausgabe, Heft 1/2002, AON Jauch

& Hübener GmbH, Hamburg 2002, http://www.aon.com/de/ge/about/aon_germany/publications/pdf/AonNEWS_Sonder_1-02.pdf, Abruf am 20.5.2002.

Arrow, K. J. (1951): Alternative Approaches to the Theory of Choice in Risk-Taking Situations. In: Econometrica, Vol. 19, S. 404-437.

Arrow, K. J. (1970): Essays in the Theory of Risk-Bearing, North-Holland Publication, Amsterdam 1970.

Axelsson, S. (1999): The Base-Rate Fallacy and its Implications for the Difficulty of Intrusion Detection, in: 6th ACM Conference on Computer and Communications Security, 2.-4. November 1999, Kent Ridge Digital Labs, Singapore, ACM Press, S. 1-17.

Bachmann, K. (2001): Cybergeographie – Jäger im Datendschungel, in: GEO WISSEN, Heft 27/2001, Mensch und Kommunikation, Gruner + Jahr, Hamburg, S. 50-59.

Banz, O. (1999): Rechtsprobleme der Allfinanz – unter besonderer Berücksichtigung des Alternativen Risiko Transfers (ART), Schulthess, Zürich 1999.

Barber, B. (1983): The Logic and Limits of Trust, New Brunswick 1983.

Barney, J.B./Hansen, M.H. (1994): Trustworthiness as a Source of Competitive Advantage, Strategic Management Journal, 7, 1994, S. 175-190.

Barile, A./Monti, R. G. (1994): A practical guide to finite risk insurance and reinsurance, New York 1994.

Barrett, D. J. (1996): Was Sie schon immer wissen wollten: Gauner und Ganoven im Internet, Deutsche Ausgabe, 1. Auflage, O'Reilly, International Thomson Verlag, Bonn 1996.

Basel Committee on Banking Supervision (1988): International Convergence of Capital Measurement and Capital Standards, Juli 1988, Basel, http://www.bis.org/publ/bcbs04A.pdf, Abruf am 2.12.2001.

Basel Committee on Banking Supervision (1999): A new Capital Adequacy Framework, Juni 1999, http://www.bis.org/publ/bcbs04A.pdf, Abruf am 3.12.2001.

Basel Committee on Banking Supervision (2001a): Die neue Basler Eigenkapitalvereinbarung, Übersetzung der Deutschen Bundesbank, Januar 2001, http://www.bundesbank.de/de/banken/aufsicht/international/pdf/rules_translation.pdf, Abruf am 2.12.2001.

Basel Committee on Banking Supervision (2001b): Erläuternde Angaben zur neuen Basler Eigenkapitalvereinbarung, Januar 2001, http://www.bundesbank.de/de/banken/aufsicht/international/pdf/explanatory_g.pdf, Abruf am 2.12.2001.

Basel Committee on Banking Supervision (2001c): Consultative Document – Operational Risk, Supporting Document to the New Basel Capital Accord, Januar 2001, http://www.bis.org/publ/bcbsca07.pdf, Abruf am 3.12.2001.

Basel Committee on Banking Supervision (2002): The Quantitative Impact Study for Operational Risk: Overview of Individual Loss Data and Lessons Learned, Januar 2002, http://www.bis.org/bcbs/qisopriskresponse.pdf, Abruf am 27.2.2002.

Bauer, W. O. (1998): Alternativer Risikotransfer: Finanzrückversicherung, in: Zeitschrift für die gesamte Versicherungswissenschaft (1998), S. 555-571.

Baumgartner, R./Hsialo, H./Keller, P. A./Mazzoleni, L. (2000): The ART of project finance, Swiss Re New Markets, Zürich.

Bawcutt, P. A. (1997): Captive Insurance Companies, 4. Auflage, London 1997.

Becker, H. A./Bracht, A. (1999): Katastrophen- und Wetterderivate – Finanzinnovationen auf der Basis von Naturkatastrophen und Wettererscheinungen, Bank-Verlag, Wien 1999.

Bennett, Ch. H./Brassard, G./Ekert, A. K. (2001): Quanten-Kryptographie, in: Spektrum der Wissenschaft, Dossier 4/2001: Kryptographie, Scientific American, Heidelberg 2001, S. 82-90.

Berliner, B. (1982): Die Grenzen der Versicherbarkeit von Risiken. Schweizerische Rückversicherungsgesellschaft (Hrsg.), Zürich 1982.

Berliner, B. (1983): Gedanken zur Versicherbarkeit und zur Schiedsgerichtsklausel, Mannheimer Vorträge zur Versicherungswissenschaft, Heft 28, Karlsruhe.

Berliner, B. (1985): Large Risks and Limits of Insurability. In: The Geneva Papers on Risk and Insurance, Vol. 10, 1985, S. 313-329.

Berliner, B. (1988): Versicherbarkeit. In: Farny, D., et al. (Hrsg.): Handwörterbuch der Versicherung, VVW, Karlsruhe 1988, S. 951-958.

Berliner, B./Bühlmann, N. (1986): Subjective Determination of Limits of Insurability on the Grounds of Strategic Planning. In: The Geneva Papers on Risk and Insurance: Limits of Insurability of Risks, Vol. 11, 1986, S. 94-109.

Berthold, O./Federrath, H./Köpsell, S. (2001): Web MIXes: A System for Anonymous and Unobservable Internet Access, in: Federrath, H. (Hrsg.): Designing Privacy Enhancing Technologies, LNCS 2009, S. 115-129.

Bertsch, A. (2001): Zur Gültigkeit digitaler Signaturen – Stabilität, Nachhaltigkeit und faires Wirksamwerden, Springer, Berlin; zugl. Dissertation, Albert-Ludwigs-Universität Freiburg i. Br., 2001.

Beutelspacher, A. (2000): Geheimsprachen: Geschichte und Techniken, 2. aktualisierte Auflage, Beck, München 2000.

Beutelspacher, A. (2001): Die Wissenschaft vom Verschlüsseln, in: Spektrum der Wissenschaft, Dossier 4/2001: Kryptographie, Scientific American, Heidelberg 2001, S. 6-11.

Bittl, A./Müller, B. (1998): Das versicherungstechnische Risiko im Zentrum versicherungswirtschaftlicher Betätigung: Theoretischer Ansatz und empirische Relevanz des branchenspezifischen Risikos von Versicherungsunternehmen, in: Zeitschrift für die gesamte Versicherungswissenschaft (1998), S. 369-402.

Bitz, H. (2000): Risikomanagement nach KonTraG : Einrichtung von Frühwarnsystemen zur Effizienzsteigerung und zur Vermeidung persönlicher Haftung, Schäffer-Poeschel, Stuttgart 2000.

Blau, P. M. (1968): Social Exchange, in: International Encyclopedia of the Social Sciences, Vol. 7, 1968, Macmillan and Free Press, New York, S. 452-457.

Blind, K. (1996a): Allokationsineffizienzen auf Sicherheitsmärkten: Ursachen und Lösungsmöglichkeiten; Fallstudie: Informationssicherheit in Kommunikationssystemen. Lang, Frankfurt am Main et al. 1996.

Blind, K. (1996b): Eine Analyse der Versicherung von Risiken der Informationssicherheit in Kommunikationsnetzen, in: Zeitschrift für die gesamte Versicherungswissenschaft (1996), S. 81-101.

BMI (2002): Polizeiliche Kriminalstatistik 2001, Bundesministerium des Inneren, April 2002, Berlin, http://www.bmi.bund.de/Annex/de_20088/Polizeiliche_Kriminalstatistik_als_PDF-Download.pdf, Abruf am 4.5.2002.

Bockslaff, K. (1999): Die eventuelle Verpflichtung zur Errichtung eines sicherungstechnischen Risikomanagements durch das KonTraG, in: Neue Zeitschrift für Versicherung und Recht, Heft 3/1999, S. 104-110.

Böcking, H.-J./Orth, C. (1998): Kann das „Gesetz zur Kontrolle und Transparenz im Unternehmensbereich (KonTraG)“ einen Beitrag zur Verringerung der Erwartungslücke leisten?: Eine Würdigung auf Basis von Rechnungslegung und Kapitalmarkt, in: Die Wirtschaftsprüfung, (51) 1998, S. 351-364.

Boller, H. P./Rosenbaum D. H. (1995): Determinanten der Risikoselbsttragung: Die Entscheidung zwischen Captive und Abzugsfranchise, in: Versicherungswirtschaft, Heft 17/1995, S. 1180-1186.

Bonin, F. (2000): Kontrolle ist besser, in: Der Handel, Heft 9/2000, S. 16-18.

Boos, K.-H./Schulte-Mattler, H. (2001): Basel II: Methoden zur Quantifizierung operationeller Risiken, in: Die Bank, Heft 8/2001, S. 549-553.

Borch, K. H./Aase, K. K./Sandmo, A. (1990): Economics of Insurance, Elsevier Science Publishers, North-Holland 1990.

Borning, M./Kesdogan, D./Spaniol, O. (2001): Anonymität und Unbeobachtbarkeit im Internet, in: it+ti – Informationstechnik und Technische Informatik, Heft 5/2001, S. 246-253.

Bouzouita, R./Young, A. J. (1998): Catastrophe Insurance Options: Insurance Companies Management's Perception, in: Journal of Insurance Regulation, Vol. 16, No. 3, Spring 1998.

Braun, H. (1984): Risikomanagement – Eine spezifische Controllingaufgabe, Toeche-Mittler, Darmstadt 1984.

Brühwiler, B. (1980): Risk Management – eine Aufgabe der Unternehmungsführung, Haupt, Bern, Stuttgart; zugl. Dissertation, Universität Zürich, 1980.

Brühwiler, B. (1994): Internationale Industrieversicherung : Risk-Management, Unternehmensführung, Erfolgsstrategien, VVW, Karlsruhe 1994.

Brühwiler, B. (2001): Unternehmensweites Risk Management als Frühwarnsystem: Methoden und Prozesse für die Bewältigung von Geschäftsrisiken in integrierten Managementsystemen, Haupt, Bern, Stuttgart, Wien 2001.

Brühwiler, B./Stahlmann, B. H./Gottschling, H. D. (1999): Innovative Risikofinanzierung: neue Wege im Risk Management. Gabler, Wiesbaden 1999.

Brusco, S. (1986): Small Firms and Industrial Districts: The Experience of Italy, in: Keeble, D.; Weever F. (Hrsg.): New Firms and Regional Development in Europe, Croom Helm, London.

BS 7799-1 (1999): Management von Informationssicherheit – Teil 1: Leitfaden zum Management von Informationssicherheit, BSI Foreign Documents, Übersetzung, British Standards Institution, London 1999.

BS 7799-2 (1999): Management von Informationssicherheit – Teil 2: Spezifikation für Informationssicherheits-Managementsysteme, BSI Foreign Documents, Übersetzung, British Standards Institution, London 1999.

BSI (1999): Spezifikation zur Entwicklung interoperabler Verfahren und Komponenten nach SigG/SigV – Signatur-Interoperabilitätsspezifikation SigI – Abschnitt A1 – Zertifikate, 30.4.1999, http://www.bsi.de/aufgaben/projekte/pbdigsig/download/sigi-a1.pdf, Abruf am 12.12.2001.

BSI (2000): Kosten und Nutzen der IT-Sicherheit: Studie des BSI zur Technikfolgen-Abschätzung, BSI (Hrsg.), SecuMedia-Verlag, Ingelheim 2000.

BSI (2001): IT-Grundschutzhandbuch, Bundesanzeiger-Verlag, Köln, Juli 2001.

Büchel, M./ Favre, R. (2000): Recht und Versicherung im Internet – Per Mausklick in eine neue Risikolandschaft?, Swiss Re Publishing (Hrsg.), Zürich.

Bühler, A. (2000): Risikomessung mit Value at Risk Methoden, in: Gehring, B./Zimmermann, H. (Hrsg.): Fit for Finance, Theorie und Praxis der Kapitalanlage, 6. Auflage, Zürich 2000, S. 265ff.

Buchmann, J. (2001a): Wie sicher kann Sicherheit sein, Technical Report No. TI-5/01, http://www.informatik.tu-darmstadt.de/ftp/pub/TI/TR/TI-01-05.WieSicherKann SicherheitSein.ps.gz, Abruf am 27.4.2002.

Buchmann, J. (2001b): Wie sicher kann Sicherheit sein?, in: Müller, G.; Reichenbach, M. (Hrsg.): Sicherheitskonzepte für das Internet. Springer-Verlag, Berlin et al., S.45-55.

Buckbesch, J./Köhler, R.-D. (2001): VPN: Virtuelle Private Netze. Sichere Unternehmenskommunikation in IP-Netzen, Fossil-Verlag, Köln 2001.

Buhk, A. (2001): Deutsche industrielle Sachversicherung – Wie geht es weiter?, in: Versicherungswirtschaft, Heft 12/2001, S. 898-902.

Bundestag (1997): Informations- und Kommunikationsdienste-Gesetz – IuKDG vom 22.7.1997, in: BGBl. Teil I, S. 1870, http://www.regtp.de/imperia/md/content/tech_reg_t/digisign/3.pdf, Abruf am 27.4.2002.

Bundestag (2001): Gesetz über Rahmenbedingungen für elektronische Signaturen und zur Änderung weiterer Vorschriften vom 16. Mai 2001, BGBl. I, S. 876-884.

Bundestag (2002): Gesetz über den Schutz von zugangskontrollierten Diensten und von Zugangskontrolldiensten (Zugangskontrolldiensteschutz-Gesetz – ZKDSG), http://www.bmwi.de/textonly/Homepage/download/infogesellschaft/ZKDSG.pdf, Abruf am 8.5.2002.

Buuren, M.-A. v. (1998): Le financement alternatif des risques, in: Les Cahiers Techniques Nr. 6, 2. Trimester 1998, S. 3-26.

Casualty Actuarial Society: Report to American Academy of Actuaries Index Securitization Task Force, Casualty Actuarial Society Valuation, Finance and Investment Committee, http://www.casact.org/research/istf/vficrpt.pdf, Abruf am 7.3.2002.

CATEX (2002): CATEX provides the total solution for Risk Management, http://www.catex.com, Abruf am 5.3.2002.

CBOT (1995): PCS Catastrophe Insurance Options – A User's Guide, Chicago Board of Trade, Chicago 1995.

CERT/CC (2001): Denial of Service Attacks, updated links June 4, 2001, http://www.cert.org/tech_tips/denial_of_service.html, Abruf am 27.4.2002.

CERT/CC (1998), CERT Advisory CA-98.01. Smurf IP Denial-of-Service Attacks, http://www.cert.org/advisories/CA-1998-01.html, Abruf am 27.4.2002.

CERT/CC (1999), Results of the Distributed-Systems Intruder Tools Workshop, Pittsburgh Pennsylvania USA, 2.-4. November 1999, http://www.cert.org/reports/dsit_workshop.pdf, Abruf am 27.4.2002.

Chaum, D. (1981): Untraceable Electronic Mail, Return Addresses, and Digital Pseudonyms, in: Communications of the ACM, Vol. 24, No. 2, 1981, S. 84-88.

Chaum, D. (1982): Blind signatures for untraceable payments, in: Chaum, D.; Rivest, R. L.; Sherman, A. T. (Hrsg.): Advances in Cryptology – CRYPTO '82, Springer, Berlin, S. 199-203.

Chaum, D. (1988): The Dining Cryptographers Problem: Unconditional Sender and Recipient Untraceability, in: Journal of Cryptology, Vol. 1, No. 1, 1988, S. 65-75.

Chaum, D. (1992): Achieving Electronic Privacy, in: Scientific American, Vol. 8, 1992, S. 96-101.

Chaum, D./Fiat, A./Naor, M. (1990): Untraceable Electronic Cash, in: Goldwasser, S. (Hrsg.): Advances in Cryptology – CRYPTO '88, Lecture Notes of Computer Science (LNCS) 403, Berlin, 1990, S. 319-327.

Cheswick, W. R./Bellovin, S. M. (1996): Firewalls und Sicherheit im Internet: Schutz vernetzter Systeme vor cleveren Hackern, Addison-Wesley, Bonn 1996.

Choi, S.-Y./Stahl, D. O./Whinston, A.B. (1997): The Economics of Electronic Commerce, Macmillan Technical Publishing, Indianapolis 1997.

Cohen, A.K. (1966): Deviance and Control, Prentice-Hall, Englewood Cliffs, N.J. 1966.

Coleman, J.S. (1982): Systems of Trust: a rough theoretical framework, Angewandte Sozialforschung, 10. Jahrgang, Heft 3/1982, S. 277-299.

Coppel, J. (2000): E-Commerce: Impacts and Policy Challenges, Economics Department OECD Working Papers No. 252, Paris 30.06.2000, http://www.olis.oecd.org/olis/2000doc.nsf/linkto/eco-wkp(2000)25, Abruf am 03.08.2000.

Corsten, H. (1994): Versicherungsproduktion – Vergleichende Analyse des Versicherungskonzeptes und des Informationskonzeptes der Versicherung, in: Schwebler, R. et al. (Hrsg.): Dieter Farny und die Versicherungswissenschaft, VVW, Karlsruhe, S. 63-87.

CSI/FBI(2001): 2001 CSI/FBI Computer Crime and Security Survey, in: Computer Security Issues & Trends, Vol. 7, No. 1, Spring 2001, http://www.gocsi.com/forms/fbi/pdf.html, am 22.2.2002.

Daftari, B. (2001): Wenn Basel die Zügel anzieht, in: Versicherungswirtschaft, Heft 16/2001, S. 1306-1308.

Damker, H./Federrath, H./Schneider, M. J. (1996): Maskerade-Angriffe im Internet: Eine Demonstration von Unsicherheit, in: Datenschutz und Datensicherheit (DuD) Heft 5/1996, S. 286-294.

Dasgupta, P. (1988): Trust as a Commodity, in: Gambetta, D. (Hrsg.): Trust: Making and Breaking Cooperative Relations, Basil Blackwell, Oxford, New York, S. 49-72.

Deistler, D./Ehrlicher, S./Heidorn, T. (1999): CatBonds – Möglichkeiten der Verbriefung von Katastrophenrisiken, Arbeitsbericht Nr. 15/1999, Hochschule für Bankwirtschaft Frankfurt.

Denning, D. E. (1987): An Intrusion Detection Model, IEEE Transaction on Software Engineering, Februar 1987.

Denning, D.E. (1998): Cyberspace Attacks and Countermeasures, in: Denning, D. E.; Denning, Peter J. (Hrsg.): Internet Besieged: Countering Cyberspace Scofflaws, ACM Press, New York, S. 29-55.

Denning, D.E. (1999): Information Warfare and Security, ACM Press, Addison-Wesley, Reading, Mass. 1999.

Detken, K.-O./Eren, E. (2001): Extranet: VPN-Technik zum Aufbau sicherer Unternehmensnetze, Addison-Wesley, München, Boston 2001.

Deutsch, M. (1958): Trust and suspicion, Conflict Resolution, Volume II, Number 4/1958, S. 265-279.

Deutsch, M. (1962): Cooperation and Trust: Some Theoretical Notes, in Jones, M.R. (Hrsg.): Nebraska Symposium on Motivation, S. 275-319.

Deutsche Bundesbank (2001): Die neue Baseler Eigenkapitalvereinbarung (Basel II), Deutsche Bundesbank Monatsbericht April 2001, http://www.bundesbank.de/de/ monatsbericht/bericht04/textteil/01/basel.pdf, Abruf am 2.12.2001.

Deutsche Post (2001): Elektronische Signatur: Was Sie vor dem Start wissen müssen, Informationen für Anwender, Signtrust Informationen, Oktober 2001, http://www.signtrust.de/service/online_antrag/broschuere.pdf, Abruf am 30.4.2002.

Dewdney, A. K. (2001): Der Algorithmus des DES, in: Spektrum der Wissenschaft, Dossier 4/2001: Kryptographie, Scientific American, Heidelberg 2001, S. 42-45.

Dewor, E./Wefers, M. (2002): Wie das KonTraG einen Beitrag zur Unternehmenssteuerung leisten kann, in: Versicherungswirtschaft, Heft 4/2002, S. 242-246.

Diffie, W./Hellman, M. E. (1976): New Directions in Cryptography, in: IEEE Transactions on Information Theory, Vol. 22, No. 6, 1976, S. 644-654.

Dittrich, D. (1999): The "Tribe Flood Network" distributed denial of service attack tool, Oktober 1999, http://staff.washington.edu/dittrich/misc/tfn.analysis.txt, Abruf am 2.5.2002.

Doherty, N. A. (1997a): Innovations in Managing Catastrophe Risk, in: The Journal of Risk and Insurance, Vol. 64, 1997, S. 713-718.

Doherty, N. A. (1997b): Insurance markets and climate change, in: The Geneva Papers on Risk and Insurance, Vol. 22, No. 83, 1997, S. 223-237.

Duffy, J. F./Beugel, H. M. (2001): Subject to change: Prognosen für den Rückversicherungsmarkt Nichtleben in 2010, in: Zeitschrift für Versicherungswesen, Heft 21/2001, S. 681-684.

DVSV (1992): Deutscher Versicherungs-Schutzverband e.V. (Hrsg.): Wie Sie Ihre EDV-Risiken richtig versichern – Eine Anleitung für Betriebe. 2. Auflage, Bonn.

Eggs, H. (2001): Vertrauen im Electronic Commerce: Herausforderungen und Lösungsansätze. Deutscher Universitäts-Verlag, Gabler, Wiesbaden; zugl. Dissertation, Albert-Ludwigs-Universität Freiburg i. Br., 2001.

Eggs, H./Englert, J. (2000): Electronic Commerce Enquête II – Business-to-Business Electronic Commerce, Empirische Studie zum Business-to-Business Electronic Commerce im deutschsprachigen Raum, Executive Research Report, Konradin-Verlag, Stuttgart, http://www.iig.uni-freiburg.de/telematik/forschung/projekte/e_sicherheit/ece2/downloads.html, Abruf am 26.11.2001.

Eggs, H./Müller, G. (2001): Sicherheit und Vertrauen: Mehrwert im E-Commerce, in: Müller, G.; Reichenbach, M. (Hrsg.): Sicherheitskonzepte für das Internet. Springer-Verlag, Berlin et al., S.27-44.

Eickstädt, J. (2001): Alternative Risikofinanzierungsinstrumente und ihr Beitrag zur Lösung aktueller Probleme der Industrieversicherung, Gerling-Akademie-Verlag, München, zugl. Dissertation, Universität Karlsruhe, 2001.

Eisen, R./Müller, W./Zweifel, P. (1990): Unternehmerische Versicherungswirtschaft: Konsequenzen der Deregulierung für Wettbewerbsordnung und Unternehmensführung, Gabler, Wiesbaden 1990.

ElGamal, T. (1985): A Public Key Cryptosystem and a Signature Scheme Based on Discrete Logarithms, in: IEEE Transactions on IT, Vol. IT-31, 1985, S. 469-472.

Engeln, H. (2001): Angriffe aus dem Datennetz – Spionage, Raub, Betrug, in: GEO WISSEN, Heft 27/2001, Mensch und Kommunikation, Gruner + Jahr, Hamburg, S. 62-67.

Escamilla, T. (1998): Intrusion Detection: Network Security beyond the Firewall, Wiley, New York, Weinheim 1998.

Escher, M. v./Heiniger, P. (1996): Rückversicherung und Größtschäden unter besonderer Berücksichtigung von Naturkatastrophen, ART und der Strategie der Schweizer Rück, Zürich 1996.

Esslinger, B./Költzsch, T. (2001): Deutsche Bank und Telekom bauen Brücke zwischen Public-Key-Infrastrukturen – Mehr Sicherheit im E-Commerce, in: Computerwoche, Nr. 17, S. 60-61.

Eszler, E. (1992): Versicherbarkeit und Versicherungsmodelle, insbesondere für katastrophenartige Elementarrisiken – ein Bezugs- und Analyserahmen. Schriftenreihe „Forschungsergebnisse der Wirtschaftsuniversität Wien", Topritzhofer, E. (Hrsg.), Service Fachverlag, Wien.

Eszler, E. (1994): Risikoausgleich und Versicherung: Analyse und Systematisierung divergenter Auffassungen, in: Zeitschrift für Versicherungswesen, 45. Jg., Heft 6, S. 152-156.

Eszler, E. (1999): Versicherbarkeit und ihre Grenzen. Analyse und Systematisierung auf erkenntnistheoretisch-ontologischer Basis. VVW, Karlsruhe 1999.

Eszler, E. (2000): Versicherbarkeit und ihre Grenzen: Logik – Realität – Konstruktion, in: Zeitschrift für die gesamte Versicherungswissenschaft (2000), S. 285-300.

Eucken, W. (1944): Die Grundlagen der Nationalökonomie. 4. Auflage, Fischer, Jena 1944.

European Commission (2000): European Commission ART Market Study Final Report, Study Contract ETD/99/B5-3000/C/51, European Commission Internal Market Directorate General, 2. Oktober 2000, http://europa.eu.int/comm/internal_market/en/finances/insur/risk.pdf, Abruf am 10.4.2002.

European Commission (2001a): Creating a Safer Information Society by Improving the Security of Information Infrastructures and Combating Computer-related Crime, Communication from the Commission to the Council, the European Parliament, the European economic and social Committee and the Committee of the regions, Brüssel, 26.1.2001, http://europa.eu.int/ISPO/eif/InternetPoliciesSite/Crime/CrimeCommEN.html, Abruf am 10.5.2002.

European Commission (2001b): Sicherheit der Netze und Informationen: Vorschlag für einen europäischen Politikansatz, Communication from the Commission to the Council, the European Parliament, the European economic and social Committee and the Committee of the regions, 6. Juni 2001, http://europa.eu.int/information_society/eeurope/news_library/pdf_files/netsec_de.pdf, Abruf am 10.5.2002.

European Commission (2002): Kommission verabschiedet Vorschlag zur Bekämpfung der Computerkriminalität, Pressenachrichten der Vertretung der Europäischen Kommission in Deutschland, Brüssel, Berlin, 23.4.2002, http://www.eu-kommission.de/html/presse/pressemeldung.asp?meldung=3073, Abruf am 10.5.2002.

Eymann, T. (2000): Avalanche – ein agentenbasierter dezentraler Koordinationsmechanismus für elektronische Märkte, zugl. Dissertation, Albert-Ludwigs-Universität Freiburg i. Br., 2000, http://www.freidok.uni-freiburg.de/volltexte/147, Abruf am 11.12.2001.

Farny, D. (1978a): Grundfragen des Risk Management, in: Goetzke, W.; Sieben, G. (Hrsg.): GEBERA-Schriften, Bd. 5, 1978, S. 11-37.

Farny, D. (1978b): Risk Management – Ein neuer Ansatz der unternehmerischen Risikopolitik – Meinungsspiegel, in: Betriebswirtschaftliche Forschung und Praxis, Heft 4/1978, S. 324-340.

Farny, D. (1983): Unternehmerische Risikopolitik, in: : Zeitschrift für die gesamte Versicherungswissenschaft (1983), S. 575-588.

Farny, D. (1988): Produktions- und Kostentheorie, in: Farny, D. et al. (Hrsg.): Handwörterbuch der Versicherung, VVW, Karlsruhe, S. 553-560.

Farny, D. (1989): Risk Management und Planung, in: Szyperski, N. (Hrsg.): Handwörterbuch der Planung, Stuttgart, Sp. 1749-1758.

Farny, D. (1993): Kapazität von Versicherungsunternehmen, Kapazität in der Versicherungswirtschaft, in: Gerling-Konzern Globale Rückversicherungs-AG (Hrsg.): Kapazität – Ende oder Wende, Köln, S. 7-19.

Farny, D. (2000): Versicherungsbetriebslehre, 3. Auflage, VVW, Karlsruhe 2000.

Federal Trade Commission (2000): Department of Commerce and Federal Trade Commission Joint Workshop on Alternative Dispute Resolution for Online Consumer Transactions in the Borderless Online Marketplace, June 6-7, 2000, Transcript – Public Workshop, Vol. 1, Washington, http://www.ftc.gov/bcp/altdisresolution/00606adr.pdf, Abruf am 25.11.2001.

Federrath, H./Jerichow, A/Pfitzmann, A. (1996): Mixes in mobile communication systems: Location management with privacy, in: Anderson, R. (Hrsg.): Information Hiding, Berlin, S. 121-135.

Federrath, H./Pfitzmann, A. (1997): Bausteine zur Realisierung mehrseitiger Sicherheit. In: Müller, G., Pfitzmann, A. (Hrsg.): Mehrseitige Sicherheit in der Kommunikationstechnik, Bd. 1: Verfahren, Komponenten, Integration. Addison-Wesley-Longman, Bonn et al., S. 83-104.

Förschle, G./Glaum, M./ Mandler, U. (1998): Gesetz zur Kontrolle und Transparenz im Unternehmensbereich: Umfrag unter Führungskräften börsennotierter Unternehmungen, in: Der Betrieb, Heft 18/1998, S. 889-894.

Frost, P. (1998): Versicherungsderivate und Securitization von Versicherungsrisiken – Ansätze einer finanzökonomischen Bewertung, Haupt, Bern, Stuttgart, Wien 1998.

Fuhrberg, K. (1998): Internet-Sicherheit – Browser, Firewalls und Verschlüsselung, Hanser, München, Wien 1998.

Gambetta, D. (1988): Trust: making and breaking cooperative relations, Basil Blackwell, Oxford, New York 1988.

Gastel, R. (1995): Reinsurance: Fundamentals and New Challenges, 3. Auflage, New York 1995.

Gebhardt, G./Mansch, H. (Hrsg.) (2001): Risikomanagement und Risikocontrolling in Industrie- und Handelsunternehmen: Empfehlungen des Arbeitskreises „Finanzierungsrechnung" der Schmalenbach-Gesellschaft für Betriebswirtschaft e.V., Zeitschrift für betriebswirtschaftliche Forschung, Sonderheft 46, Verlagsgruppe Handelsblatt, Düsseldorf, Frankfurt 2001.

Geiger, H. (2000): E-Dispute Resolution – die logische Fortsetzung von E-Commerce?, in: Versicherungswirtschaft, Heft 7/2000, S. 443-445.

Geiger, H./Piaz, J.-M. (2001): Identifikation und Bewertung operationeller Risiken, in: Schierenbeck, H.; Rolfes, B.; Schüller, S. (Hrsg.) (2001): Handbuch Bankcontrolling, 2. Auflage, Gabler, Wiesbaden, S. 789-802.

Gerathewohl, K. (1980): Risk Management bei Erst- und Rückversicherer, in: Zeitschrift für die gesamte Versicherungswissenschaft (1980), S. 137-153.

Gerathewohl, K. (1989): Captives und kein Ende?, in: Versicherungswirtschaft, Heft 1/1989, S. 23-27.

Gerathewohl, K. (1976): Rückversicherung: Grundlagen und Praxis, Band 1, VVW, Karlsruhe 1976.

Gerathewohl, K. (1979): Rückversicherung: Grundlagen und Praxis, Band 2, VVW, Karlsruhe 1979.

Gerd tom Markotten, D./Jendricke, U. (2001): Identitätsmanagement im E-Commerce, in: it+ti – Informationstechnik und Technische Informatik, Heft 5/2001, S. 236-245.

Gerd tom Markotten, D./Jendricke, U./Müller, G. (2001): Benutzbare Sicherheit – Der Identitätsmanager als universelles Sicherheitswerkzeug, in: Müller, G.; Reichenbach, M. (Hrsg.): Sicherheitskonzepte für das Internet. Springer-Verlag, Berlin et al., S.135-146.

Giese, R. (1998): Die Prüfung des Risikomanagementsystems einer Unternehmung durch den Abschlussprüfer gemäß KonTraG, in: Die Wirtschaftsprüfung, (51) 1998, S. 451-458.

Gieseke, W. (2001): Anti-Hacker Report, 1. Auflage, Data Becker, Düsseldorf 2001.

Göttert, H. (2001): Sicherheit für Datennetze – Neue Anforderungen und Maßnahmen schützen vor Hackern, in: Versicherungswirtschaft, Heft 23/2001, S. 1972-1973.

Gold, S. (1999): Transparenter Schutz der Aufenthaltsinformation in Mobilfunksystemen, Verlag Dr. Kovac, Hamburg; zugl. Dissertation, Albert-Ludwigs-Universität Freiburg i. Br., 1999.

Goldschlag, D. M./Reed, M. G./Syverson, P. F. (1996): Hiding Routing Information, in: Anderson, R. (Hrsg.): Information Hiding, Lecture Notes of Computer Science (LNCS) 1174, Springer, Mai 1996, S. 137-150.

Gonseth, M. (1996): Assekuranz transferiert Risiken immer stärker auf die Finanzmärkte, in: Handelsblatt, 24. September 1996, S. 11.

Goodman, J. (1999): Basic Facts on Customer Complaint Behavior and the Impact of Service on the Bottom Line, Competitive Advantage, June 1999, S. 1-5, http://www.e-satisfy.com/pdf/basicfacts.pdf, Abruf am 25.11.2001.

Gothaer Versicherungen (1999): Die neue Versicherung rund um E-Commerce: Die Gothaer secusure-Internetversicherung, Köln 1999.

Gothaer Versicherungen (2001): Die Gothaer Secusure Internetversicherung – Sicherheitslösungen für e-business, Vortragspräsentation von Dr. Stephan Zilkens, Leiter Komposit-Firmenkunden, Gothaer Versicherungsbank VVaG, EUROFORUM-Konferenz „Versichern Sie E-Commerce“ in Düsseldorf, 20. und 21.2.2001.

Grandi, M./Müller, A. (1999): Versicherungsderivate – Zur Konvergenz von Kapital- und Versicherungsmärkten, in: Münchener Rück (Hrsg.): Munich Re ART Solutions; zugleich erschienen in: Versicherungswirtschaft, 1999, S. 608 ff.

Greene, M. R. (1977): Risk and Insurance, Cinninnati, Ohio 1977.

Grimm, R. (1996): Kryptoverfahren und Zertifizierungsinstanzen, in: Datenschutz und Datensicherheit (DuD), 19. Jahrgang, S. 27-36.

Grimm, R. (1997): Sicherheit in offenen Kommunikationsnetzen, in: Müller, G./Pfitzmann, A. (Hrsg.): Mehrseitige Sicherheit in der Kommunikationstechnik, Bd. 1: Verfahren, Komponenten, Integration. Addison-Wesley-Longman, Bonn, S. 105-132.

Grimm, R. (2001): Vertrauen im Internet: Wie sicher soll E-Commerce sein?, in: Müller, G., Reichenbach, M. (Hrsg.): Sicherheitskonzepte für das Internet. Springer-Verlag, Berlin et al., S.57-86.

Grossmann, M. (1982): Rückversicherung – eine Einführung / Marcel Grossmann, 2. unveränderte Auflage, IVW, St. Gallen 1982.

Gruber, M. (2001): Kumulgefahr bei IT- und Internet-Risiken – wie sicher ist sicher? Von einer Expertenrunde in der Bayerischen Rück, in: Versicherungswirtschaft, Heft 12/2001, S. 956-958.

Grzebiela, T. (1998): Strategische Kernkompetenzorientierung als nachhaltiger Wettbewerbsvorteil, unveröffentlichte Diplom-Arbeit, Albert-Ludwigs-Universität Freiburg i. Br., 1998.

Grzebiela, T. (2001): Versicherbarkeit von Risiken des E-Commerce, in: Buhl, H. U.; Huther, A.; Reitwiesner, B. (Hrsg.) (2001): Information Age Economy. Konferenzband 5. Internationale Tagung Wirtschaftsinformatik 2001, Heidelberg, S. 409-423.

Grzebiela, T. (2002): Insurability of Electronic Commerce Risks. Proceedings of the Thirty-Fifth Annual Hawaii International Conference on System Sciences (HICSS-35), January 7-10, 2002. IEEE Computer Society, http://dlib2.computer.org/conferen/hicss/1435/pdf/14350185.pdf, Abruf am 19.2.2002.

Günter, R. (1998): Computer-Kriminalität, bhv Verlag, Kaarst 1998.

Gutmannsthal-Krizanits, H. (1994): Risikomanagement von Anlagenprojekten : Analyse, Gestaltung und Controlling aus Contractor-Sicht, Deutscher Universitäts-Verlag, Wiesbaden 1994.

Hachmeister, D. (1999): Die gewandelte Rolle des Wirtschaftsprüfers als Partner des Aufsichtsrats nach den Vorschriften des KonTraG, in: Deutsches Steuerrecht, Heft 35/1999, S. 1453-1460.

Härlen, H. (1972): Die Grenzen der Versicherbarkeit, zum Beispiel in der Lebensversicherung stark erhöhter Risiken, in: Zeitschrift für die gesamte Versicherungswissenschaft (1972), S. 271-277.

Haller, M. (1975): Sicherheit durch Versicherung?: Gedanken zur künftigen Rolle der Versicherung, Lang, Bern, Frankfurt am Main 1975.

Haller, M. (1986): Risiko-Management – Eckpunkte eines integrierten Konzeptes, in: Jacob, H. (Hrsg.): Schriften zur Unternehmensführung – Risiko-Management. Gabler, Wiesbaden, S. 7-44.

Haller, M. (1988): Produkt- und Sortimentsgestaltung, in: Farny, D. et al. (Hrsg.): Handwörterbuch der Versicherung, VVW, Karlsruhe, S. 561-567.

Haller, M./Petin, J. (1994): Geschäft mit dem Risiko, Brüche und Umbrüche in der Industrieversicherung, in: : Schwebler, R. et al. (Hrsg.): Dieter Farny und die Versicherungswissenschaft, VVW, Karlsruhe, S. 153-177.

Hammer, V. (1999): Die 2. Dimension der IT-Sicherheit – Verletzlichkeitsreduzierende Technikgestaltung am Beispiel von Public Key Infrastrukturen, Vieweg, Braunschweig, Wiesbaden 1999.

Hampton, J. J. (1993): Essentials of Risk Management and Insurance, New York 1993.

Hanft, A./Struve, M. (1999): Insurance Linked Securities, in: Versicherungswirtschaft, Heft 19/1999, S. 1422-1423.

Harrington, S./Niehaus, G. (1999): Basis Risk with PCS Insurance Derivatives Contracts, in: Journal of Risk and Insurance, Vol. 66, No. 1, S. 49-82.

Hart, C.E. (1999): Online Dispute Resolution and Avoidance In Electronic Commerce, August 1999, Uniform Law Conference of Canada, Ottawa, Ontario, http://www.law.ualberta.ca/alri/ulc/current/hart.htm, Abruf am 25.11.2001.

Hartmann, F. (2001): Wirtschaftskriminalität im Internet: Geschäftsrisiken durch Computermissbrauch und Datenspionage, Deutscher Wirtschaftsdienst, Köln 2001.

Hase, M. (1998): Alternativen des Risikotransfers via Securitisation, in: Versicherungswirtschaft, Heft 5/1998, S. 291-293.

Hasekamp, U. (1998): Insurance risk & capital markets: Insurance-Linked Bonds, Vortragsmanuskript, Köln 8.12.1998.

Hasekamp, U. (1999): Strategic Reinsurance Group im Überblick, in: Exposure Property & Engineering, Heft 2, September 1999, ERC Frankona Rückversicherungs-AG, http://www.erc-frankona.com/publications/pdf/pc/EXPOSURE_Nr2_d.pdf, Abruf am 12.11.2001.

Hasekamp, U. (2000): Finanzinnovationen im Versicherungskontext: Securitization und börsengehandelte Derivate, VVW, Karlsruhe 2000; zugl. Dissertation, Universität Passau, 2000.

Heidinger, J. L. (1980): Die Computer-Missbrauchs-Versicherung. VVW, Karlsruhe 1980.

Heilmann, W.-R. (1987): Grundbegriffe der Risikotheorie, Karlsruhe 1987.

Held, G. (1989): Risk-Management, in: Zeitschrift für Versicherungswesen, Heft 5/1989, S. 198-209.

Helten, E. (1994): Die Erfassung und Messung des Risikos. In: Asmus, W., Gassmann, J. (Hrsg.): Versicherungswirtschaftliches Studienwerk, 4. Aufl., Studientext 11, Wiesbaden.

Henselmann, K. (2001): Das KonTraG und seine Anforderungen an das Risikomanagement, in: Götze, U.; Henselmann, K.; Mikus, B. (Hrsg.): Risikomanagement, Physica-Verlag, Heidelberg 2001.

Herbrich, M. (1992): Kumulkontrolle. Gabler, Wiesbaden 1992.

Hermann, J. (1999): KonTraG: Keimzelle für ein ertragsorientiertes Risikomanagement?, in: Versicherungswirtschaft, 1999, S. 1069-1073.

Hermanns, A./Sauter, M. (1999): Electronic Commerce – Grundlagen, Potentiale, Marktteilnehmer, Transaktionen, in: Hermanns, A.; Sauter, M. (Hrsg.): Management-Handbuch Electronic Commerce: Grundlagen, Strategien, Praxisbeispiele, München, S. 13-29.

Herold, B./Paetzmann, K. (1999): Alternativer Risiko-Transfer, 2. Auflage, Gerling Akademie Verlag, München 1999.

Hersberger, W. (1998): Corporate risk financing – The emergence of a new market, Swiss Re New Markets, Zürich, New York, London.

Heß, A. (1995): Financial Reinsurance – Grundlagen und neuere Entwicklungen, in: Versicherungswirtschaft, Heft 19/1995, S. 1328-1335.

Heß, A. (1998): Financial Reinsurance, VVW, Karlsruhe 1998.

Hets, S. (1995): Captive Insurance Company: ein risikopolitisches Instrument für deutsche Industrieunternehmen, Gabler, Wiesbaden 1995.

Hirshleifer, J./Riley, J. G. (1992): The Analytics of Uncertainty and Information, Cambridge University Press, New York 1992.

Hölscher, R./Kremers, M./Rücker, U.-C. (1996a): Risiko- und Versicherungsmanagement in der deutschen Industrie, Ergebnisse einer empirischen Untersuchung, in: Versicherungswirtschaft, 1996, S. 1612-1623.

Hölscher, R./Kremers, M./Rücker, U.-C. (1996b): Industrieversicherungen als Element des modernen Risikomanagements, Ergebnisse einer empirischen Untersuchung, in: Hölscher, R. (Hrsg.): Studien zu Finanz-, Bank- und Versicherungsmanagement des Lehrstuhls für Finanzierung und Investition, Band 1, Kaiserslautern, 1996.

Hoeren, T. (2002): Internetrecht, Stand März 2002, Münster, http://www.uni-muenster.de/Jura.itm/hoeren/materialien/Skript_Maerz.pdf, Abruf am 27.4.2002.

Hoffmann, K. (1985): Risk Management – Neue Wege der betrieblichen Risikopolitik, VVW, Karlsruhe 1985.

Hoffman, W. (1998): Multiline multiyear agreements. A guide for the drafter and negotiator, Swiss Re New Markets, Zürich, New York, London.

Holmström, B. (1979): Moral Hazard and Observability. In: Bell Journal of Economics, 10/1979, S. 74-90.

Hosmer, L.T. (1995): Trust: the connecting link between organizational theory and philosophical ethics, Academy of Management Review 20, 1995, S. 379-403.

Illner, M. (1993): Industrie muss versicherbar bleiben – auf neuen Wegen in die Zukunft, in: Allianz Report für Risiko und Sicherheit, 66. Jg. (1993), S. 212-218.

Imboden, C. (1983): Risikohandhabung: Ein entscheidbezogenes Verfahren, Verlag Haupt, Bern, Stuttgart 1983.

Jarillo, J.C. (1988): On strategic networks, Strategic Management Journal, Vol. 9, 1988, S. 31-41.

Jendricke, U./Gerd tom Markotten, D. (2000): Usability meets Security – The Identity Manager as your Personal Security Assistant for the Internet, in: Proceedings of the 16th Annual Computer Security Applications Conference, December 2000.

Jones, S./Morris, P. (1999): TRUST-EC: Requirements for Trust an Confidence in e-Commerce, Report of the Workshop held in Luxemburg, April 8th-9th 1999, European Communities EUR Report, EUR 18749 EN, http://dsa-isis.jrc.it/TrustEC/issue2.pdf, Abruf am 12.11.2001.

Jost, Ch. (1995): Asset-Liability Management bei Versicherungen: Organisation und Techniken, Gabler, Wiesbaden 1995; zugl. Dissertation Universität München, 1994 u.d.T.: Jost, Ch.: Asset-Liability Management bei Erstversicherungsunternehmen.

Jovic, D./Piaz, J.-M. (2001a): Operationelle Risiken sind teuer, in: Schweizer Bank, Heft 7/2001, S. 54-55.

Jovic, D./Piaz, J.-M. (2001b): Operational Risk Management als kritischer Erfolgsfaktor für Banken, in: Schweizer Treuhänder, S.923-929.

Jungblut, T.P./Meßmer, D. (2001): KonTraG, Technisches Risk Management und D&O-Versicherung, in: Zeitschrift für Versicherungswesen, 52. Jg., Heft 21, S. 705-710.

Karten, W. (1972a): Zum Problem der Versicherbarkeit und zur Risikopolitik des Versicherungsnehmers – betriebswirtschaftliche Aspekte, in: Zeitschrift für die gesamte Versicherungswissenschaft (1972), S. 279-299.

Karten, W. (1972b): Die Unsicherheit des Risikobegriffs. Zur Terminologie der Versicherungsbetriebslehre, in: Braeß, D.; Farny, D.; Schmidt, R. (Hrsg.): Praxis und Theorie der Versicherungsbetriebslehre, Karlsruhe, S. 147-169.

Karten, W. (1978): Aspekte des Risk Managements, in: Betriebswirtschaftliche Forschung und Praxis, Heft 4/1978, S. 308-323.

Karten, W. (1984): Das Einzelrisiko und seine Kalkulation, in: Müller-Lutz, H.-L.; Schmidt, R. (Hrsg.): Versicherungswirtschaftliches Studienwerk, Wiesbaden, S. 199 275.

Karten, W. (1988): Existenzrisiken der Gesellschaft – Herausforderung für die Assekuranz, in: Zeitschrift für die gesamte Versicherungswissenschaft (1988), S. 343-362.

Karten, W. (1989a): Versicherungstechnisches Risiko – Begriff, Messung und Komponenten (Teil 1), in: Das Wirtschaftsstudium, (18) 1989, S. 105-108.

Karten, W. (1989b): Versicherungstechnisches Risiko – Begriff, Messung und Komponenten (Teil 2), in: Das Wirtschaftsstudium, (18) 1989, S. 169-174.

Katzenbeisser, S./Petitcolas, F. (1999): Information Hiding Techniques for Steganography and Digital Watermarking, Artech House, Norwood 1999.

Keitsch, D. (2000): Risikomanagement, Praxis Creditreform, Schäffer-Poeschel, Stuttgart 2000.

Kirsch, Ch. (2000): OpenPGP als PKI für Unternehmen, in: KES Zeitschrift für Kommunikations- und EDV-Sicherheit, Heft 5/2000, S. 82-85.

Kloman, H. F. (1992): Rethinking risk financing, in: The Geneva Papers on Risk and Insurance, Vol. 17, No. 64, 1992, S. 299-313.

Knauth, K.-W./Simmert, D. B. (1993): Bedeutung derivativer Finanzinstrumente für Versicherungsunternehmen, in: Schwebler, R.; Knauth, K.-W.; Simmert, D. B. (Hrsg.): Einsatz von Finanzinnovationen in der Versicherungswirtschaft, VVW, Karlsruhe S. 1-63.

Knebel, E. (2001): Soft and Hard Risk – A Holistic Focus on Risk Management and Insurance, GE Frankona Rückversicherungs-AG, München, http://www.erc-frankona.com/exposure/pdf/SoftAndHardRisk.pdf, Abruf am 16.1.2002.

Knight, F. H. (1921): Risk, Uncertainty and Profit, The University of Chicago Press, Chicago, 1971 (Original: 1921).

Knight, F. H. (1964): Risk, Uncertainty and Profit, New York 1964.

Koch, P. (1995): Versicherungswirtschaft – Ein einführender Überblick, 4. Auflage, VVW, Karlsruhe 1995.

Költzsch, T. (2002): Geschlossene Public-Key-Infrastruktur-Lösungen, Josef Eul Verlag, Lohmar, Köln; zugl. Dissertation, Albert-Ludwigs-Universität Freiburg i. Br., 2001 u.d.T.: Skalierbare Sicherheit mit geschlossenen Public-Key-Infrastruktur-Lösungen.

König, M. (1997): Der Anleger als „Rückversicherer" – Alternativer Risikotransfer mittels „Katastrophenanleihen" nach deutschem Recht, in: Versicherungsrecht, 1997, S. 1042-1050.

Kommission der Europäischen Gemeinschaften (2002): Grünbuch über alternative Verfahren zur Streitbeilegung im Zivil- und Handelsrecht, Vorlage der Kommission vom 19.4.2002, http://www.europa.eu.int/eur-lex/de/com/gpr/2002/com2002_0196de01.pdf, Abruf am 6.5.2002.

KPMG (1997a): Untersuchung zur Wirtschaftskriminalität – Unternehmen, Berlin 1997, http://www.kpmg.de/library/surveys/satellit/wirtschaftskriminalitaet_unternehmen.pdf, Abruf am 27.2.2002.

KPMG (1997b): Untersuchung zur Wirtschaftskriminalität – Öffentliche Verwaltung, Frankfurt am Main 1997, http://www.kpmg.de/library/surveys/satellit/wirtschaftskriminalitaet _verwaltung.pdf, Abruf am 27.2.2002.

KPMG (1998a): Integriertes Risikomanagement, Berlin 1998, http://www.kpmg.de/library/brochures/satellit/IRM.pdf, Abruf am 10.2.2002.

KPMG (1998b): Reformen im Zeichen von Internationalität, Transparenz und Kontrolle, Berlin 1998, http://www.kpmg.de/library/brochures/satellit/IRM_neu.pdf, Abruf am 17.1.2002.

KPMG (1999): Integrity Services – Umfrage zur Wirtschaftskriminalität, November 1999, http://www.kpmg.de/library/surveys/satellit/wikri.pdf, Abruf am 24.2.2002.

KPMG (2001a): efr@ud.survey. Umfrage zur Wirtschaftskriminalität im eCommerce. KPMG-Studie Integrity Services, Februar 2001, http://www.kpmg.de/library/surveys/satellit/efraud.pdf, Abruf am 12.03.2001.

KPMG (2001b): Die neue Basler Eigenkapitalvereinbarung, http://www.kpmg.de/library/brochures/satellit/Basel2.pdf, Abruf am 14.12.2002.

Krempl, S. (2001): Bomben aus Bits und Bytes, in: GEO WISSEN, Heft 27/2001, Mensch und Kommunikation, Gruner + Jahr, Hamburg, S. 118-127.

Kretzler, C./Wagner, F. (1999): Die „Catastrophe Risk Exchange (CATEX)“ in New York: Eine Börse und ein elektronisches Abwicklungssystem für Rückversicherungsgeschäfte, in: Zeitschrift für Versicherungswesen, Heft 21/1999, S. 682-693.

Kreutzer, M./Zugenmaier, A. (2001): Verbindlichkeit durch netzinterne Sicherheitsdienste, in: it+ti – Informationstechnik und Technische Informatik, Heft 5/2001, S. 270-279.

Kromschröder, B. (1994): Zum Stand und zur Entwicklung der Versicherungsentscheidungstheorie, in: Hesberg, D. et al. (Hrsg.): Risiko, Versicherung, Markt, Festschrift für W. Karten zur Vollendung des 60. Lebensjahres, VVW, Karlsruhe, S. 69-94.

Krystek, U. (1987): Unternehmungskrisen: Beschreibung, Vermeidung und Bewältigung überlebenskritischer Prozesse in Unternehmungen, Gabler, Wiesbaden 1987.

Krystek, U. (1999): Neue Controlling-Aufgaben durch neue Gesetze, in: Kostenrechnungspraxis, Heft 3/1999, S. 145-151.

Kuck, A. (2000): Abgrenzung traditioneller Rückversicherung von Katastrophenrisiken zu ausgewählten Konzepten des alternativen Risikotransfers, VVW, Karlsruhe 2000.

Kuhlmann, A. (1981): Einführung in die Sicherheitswissenschaft, Vieweg, Köln 1981.

Kupfrian, J. (2002): Veränderung oder Zerstörung elektronisch gespeicherter Daten, ein Sachschaden?, in: Zeitschrift für Versicherungswesen, Heft 2/2002, S. 60-64.

Kupsch, P. U. (1973): Das Risiko im Entscheidungsprozeß, Gabler, Wiesbaden 1973.

Kyas, O./a Campo, M. (2000): IT-Crackdown: Sicherheit im Internet, 3. Auflage, MITP-Verlag, Bonn 2000.

Lane, C. (1998): Introduction: Theories and Issues in the Study of Trust, in: Lane, C.; Bachmann, R. (Hrsg.): Trust within and between organizations: conceptual issues and empirical applications, Oxford University Press, Oxford, S. 1-30.

Lange, K. W. (2001): Risikomanagement nach dem KonTraG : Aufgaben und Chancen aus betriebswirtschaftlicher und juristischer Sicht, Vahlen, München, 2001.

Lauda, K./Sauerwein, E. (1998): Betriebliches Risiko-Management in der Bundesrepublik Deutschland, in: Versicherungswirtschaft, Heft 18/1998, S. 1192-1196.

Lenstra, A.K./Verheul, E. (1999a): Selecting Cryptographic Key Sizes, http://www.pwcglobal.com/extweb/indissue.nsf/2e7e9636c6b92859852565e00073d2fd/aff4d4a5f6bf6c13852568630074d015/$FILE/Cryptosizes.pdf, Abruf am 27.4.2002.

Lenstra, A.K./Verheul, E. (1999b): The Table from the Lenstra/Verheul Research, http://www.cryptosavvy.com/table.htm, Abruf am 27.4.2002.

Lesch, T./Richter, A. (2000a): Risiken aus kommerzieller Nutzung des Internet – Möglichkeiten der Schadenverhütung und Versicherung, in: Zeitschrift für die gesamte Versicherungswissenschaft (4/1989), S. 605-633.

Lesch, T./Richter, A. (2000b): Prävention und Versicherung für Gefahren aus dem Internet (I), in: Versicherungswirtschaft, Heft 22/2000, S. 1774-1778.

Lesch, T./Richter, A. (2000c): Prävention und Versicherung für Gefahren aus dem Internet (II), in: Versicherungswirtschaft, Heft 23/2000, S. 1856-1858.

Liebwein, P. (1999): Rückversicherung – Alternativer Risikotransfer – Financial Reinsurance: Eine risikopolitisch fundierte Darstellung mit Integration in ein entscheidungsorientiertes Globalmodell (II), Dissertation, Ludwigs-Maximilians-Universität München 1999.

Liebwein, P. (2000): Klassische und moderne Formen der Rückversicherung, VVW, Karlsruhe 2000.

Liebwein, P./Müller, A. (2001): Das Flexible-Trigger-Konzept: Eine neue Generation von Problemlösungen innerhalb des integrierten Risikomanagements. VVW, Karlsruhe 2001.

Lucius, R.-R. (1979): Die Grenzen der Versicherbarkeit. Haag und Herchen, Frankfurt am Main 1979.

Luhmann, N. (1979), Trust and Power, Wiley, Chichster 1979.

Luhmann, N. (1989): Vertrauen: ein Mechanismus der Reduktion sozialer Komplexität, 3., durchgesehene Aufl., Ferdinand Enke Verlag, Stuttgart 1989.

Männer, L. (1984): Versicherungsnachfrage – Theorie und Realität, in: Zeitschrift für die gesamte Versicherungswissenschaft (1984), S. 271-293.

Manekeller, F. (1994): Captives: Irrweg oder Lösung?, in: Versicherungswirtschaft, Heft 18/1994, S. 1189-1198.

Major, J. A. (1997): A Synthetic History of the Guy Carpenter Catastrophe Index: Methodology, Data, and Analysis, Guy Carpenter & Company, Inc., http://www.guycarp.com/pdf/shgccixt.pdf, Abruf am 5.3.2002.

Marsh (1999a): Neue Absicherungsmöglichkeiten von Risiken im Internet für ihr Unternehmen, Vortragspräsentation Marsh GmbH.

Marsh (1999b): Maßgeschneiderte Versicherungen der Informationstechnologie, Vortragspräsentation von Christoph Nießen, Marsh GmbH.

Marsh (2001): Vortragspräsentation zu Cyber-Risiken und Versicherungslösungen von Sebastian Linck, Vertriebsleiter Neue Technologien, 6. Kölner Versicherungssymposium an der FH Köln, 7.11.2001.

Marsh (2002): NET SECURE™ Policen-Übersicht, Marsh GmbH 2002.

Martin, K. (2001): Auswirkungen des KonTraG auf das Risk Management, in: Versicherungswirtschaft, Heft 18/2001, S. 1460-1464.

Mattern, F. (2002): Vom Handy zum allgegenwärtigen Computer – Ubiquitous Computing: Szenarien einer informatisierten Welt – , in: Friedrich-Ebert-Stiftung (Hrsg.): Analysen der Friedrich-Ebert-Stiftung zur Informationsgesellschaft, Nr. 6/2002.

McCullough, K. (1995): Catastrophe insurance futures, in: Risk Management, Heft 8/1995, S. 31-40.

McKnight, D.H./Chervany, N.L. (1996): The Meanings of Trust, Technical Report 94-04, Carlson School of Management, University of Minnesota 1996.

McMahon, M. (1998): Development of multi-trigger loss financial mechanism, in: Association de Geneve (Hrsg.): Multi-Factor Risks, Etudes et Dossiers Nr. 219, Selected Papers from the M.O.R.E. 13-Seminar, Hannover 11.-12.6.1998, S. 107-117.

Mehl, Ch. (1998): Insurability of Risks on the Information Highway, from the User's Point of View, in: The Geneva Papers on Risk and Insurance, Vol. 23, No. 86, 1998, S. 103-111.

Mehr, R. I./Hedges, B. A. (1963): Risk management in the business enterprise, 1. edition, Irwin, Homewood, Ill., 1963.

Mehr, R. I./Hedges, B. A. (1974): Risk management: Concepts and applications, Irwin, Homewood, Ill., 1974.

Meinecke, H. (1997): Integriertes Risiko-Management für Unternehmenseigentümer. Dissertation, Universität St. Gallen, 1997.

Meinel, C. (2001): Sabotage im Internet, in: Spektrum der Wissenschaft, Heft 12/2001, S. 57-63.

Merk, S. (2000): Zahlungsausfälle unter ein Prozent, Interview mit Rüdiger Trautmann, Geschäftsführer von Pago eTransaction Services GmbH, in: e-Commerce Magazin, Heft 4/2000, S. 88-89.

Meyer, C. (1998): Gesetz zur Kontrolle und Transparenz im Unternehmensbereich (KonTraG), in: Buchführung, Bilanz, Kostenrechnung, 1998, Nr. 10, S. 489-494.

Meyer, D. (1989): Die volkswirtschaftliche Bedeutung des Versicherungswesens mit besonderem Bezug zur Risikoallokation, in: Zeitschrift für die gesamte Versicherungswissenschaft (1989), S. 191-206.

Meyer-Kahlen, W. (1988): Captive-Versicherung, in: Farny, D. et al. (Hrsg.): Handwörterbuch der Versicherung, VVW, Karlsruhe, S. 95-97.

Mikus, B. (1998): Make-or-Buy-Entscheidungen in der Produktion: Führungsprozesse – Risikomanagement – Modellanalysen, Deutscher Universitäts-Verlag, Wiesbaden 1998.

Mikus, B./Götze, U. (1999): Risikomanagement als Bestandteil des strategischen Managements, Arbeitsbericht 2/1999 des Instituts für Betriebswirtschaftliche Produktions- und Investitionsforschung, Abteilung für Unternehmensplanung, Georg-August-Universität Göttingen 1999.

Mortimer, J. (2002): Der Markt geht zurück zu den Wurzeln – Die Rolle des Rückversicherers nach dem 11. September 2001, in: Versicherungswirtschaft, Heft 3/2002, S. 165-166.

Müller, A. (1999a): Integriertes Risk Management, in: Versicherungswirtschaft, Heft 10/1999, S. 686-690.

Müller, A. (1999b): Integriertes Risk Management, in: Versicherungswirtschaft, Heft 11/1999, S. 765-771.

Müller, A. (2000): Integriertes Risikomanagement für die Versicherungsbranche, in: Münchener Rück (Hrsg.): Munich Re ART Solutions: Integriertes Risikomanagement; zugleich erschienen in: Versicherungswirtschaft 1999, S. 686-690 (Teil 1) und S. 765-771 (Teil 2).

Müller, A./Grandi, M. (1999): Wetterderivate zur Absicherung von Wetterrisiken – Spekulationsinstrument oder Bestandteil des risikopolitischen Instrumentariums in wettersensiblen Branchen?, in: Münchener Rück (Hrsg.): Munich Re ART Solutions: Wetterderivate; zugleich erschienen in: Zeitschrift für Versicherungswesen, Heft 11/1999, S. 674-681.

Müller, A./Rappard, Kai von (1999): Alternative Deckungskonzepte für Großunternehmen, in: Schweizer Versicherung, Heft 1/1999, S. 13-15.

Müller, A./Schaefer, C. (2000): ART-Produkte aus Investorensicht, in: Versicherungswirtschaft, Heft 17/2000, S. 1279-1283.

Mueller, D. (2002): „Anti-Hacker-Gesetz gefährdet Sicherheit“, in: ZDNet Deutschland News, http://news.zdnet.de/story/0,,t110-s2109989,00.html, Abruf am 11.5.2002.

Müller, G. (1997): Sichere Kommunikation – Vertrauen durch Technik oder Vertrauen mit Technik ?, in: Putlitz, G; Schade, D. (Hrsg.): Wechselbeziehungen Mensch – Umwelt – Technik, Schäffer-Poeschel, Stuttgart, S. 147-173.

Müller, G./Kohl, U./Schoder, D. (1997): Unternehmenskommunikation: Telematiksysteme für vernetzte Unternehmen, Addison-Wesley-Longman, Bonn, Reading Mass. et al. 1997.

Müller, G./Pfitzmann, A. (Hrsg.) (1997): Mehrseitige Sicherheit in der Kommunikationstechnik, Bd. 1: Verfahren, Komponenten, Integration. Addison-Wesley-Longman, Bonn et al. 1997.

Müller, G./Stapf, K.-H. (Hrsg.) (1998): Mehrseitige Sicherheit in der Kommunikationstechnik, Bd. 2: Erwartung, Akzeptanz, Nutzung. Addison-Wesley-Longman, Bonn et al. 1998.

Müller, G./Stoll, F. (1995): The Freiburg Communication Assistant Enabling Decentralization and Privacy in Mobile Communication Systems, Speakers Papers, 7th World Telecommunication Forum, Technology Summit "Convergence of Technologies, Services, and Applications", ITU Telecom 95, Vol. 1, Geneva, S. 245 249.

Müller, G./Stoll, F. (1996): Der Freiburger Kommunikationsassistent – Sicherheit in multimedialen Kommunikationsnetzen durch nutzerbezogene Dezentralisation, in: PIK, Heft 4/1996, S. 189-197.

Müller, G./Rannenberg, K. (Hrsg.) (1999a): Multilateral Security in Communications, Vol. 3: Technology, Infrastructure, Economy. Addison-Wesley-Longman, München et al. 1999.

Müller, G./Rannenberg, K. (1999b): Sicherheit in der Informations- und Kommunikationstechnik: Ein neues DFG-Schwerpunktprogramm, in: Informatik Forschung und Entwicklung (IFE), 14. Jg., 1999, S. 46-48.

Müller, G./Reichenbach, M. (Hrsg.) (2001): Sicherheitskonzepte für das Internet. Springer-Verlag, Berlin et al. 2001.

Münchener Rück (2000): Munich Re ART Solutions: „Finite risk reinsurance“ und Risikotransfer in den Kapitalmarkt – ein Komplement zur traditionellen Rückversicherung.

Münchener Rück (2001a): Munich Re ART Solutions: Risikotransfer in den Kapitalmarkt. Nutzung der Kapitalmärkte für das Management von Versicherungsrisiken.

Münchener Rück (2001b): Der 11. September 2001 aus versicherungstechnischer Sicht, in: Zeitschrift für Versicherungswesen, Heft 21/2001, S. 667-678.

Münchener Rück (2001c): 11.September 2001, http://www.munichre.com, Abruf am 4.1.2002.

Mugler, J. (1979): Risk Management in der Unternehmung, Wien 1979.

Mugler, J. (1980): Risikopolitische Strategien im Grenzbereich des Versicherbaren. In: Zeitschrift für die gesamte Versicherungswissenschaft (1980), S. 71-87.

Mugler, J. (1988): Risk Management, in: Farny, D. et al. (Hrsg.): Handwörterbuch der Versicherung, VVW, Karlsruhe, S. 679-683.

Murhammer et al. (1998): A Comprehensive Guide to Virtual Private Networks, Volume I: IBM Firewall, Server and Client Solutions, June 1998, IBM International Support Organization, http://www.redbooks.ibm.com/pubs/pdfs/redbooks/sg245201.pdf, Abruf am 16.3.2002.

Muth, M. (1997): Gibt es Strategien für den Umgang der Industrie mit den finanziellen Aspekten ihrer betrieblichen Risiken?, in: Hamburger Gesellschaft zur Förderung des Versicherungswesens (Hrsg.): Die künftigen Risiken der Industrie: Ursachen und Ansätze zu ihrer Bewältigung, Hamburg, S. 79-88.

Nash, J. A./Duane, W./Joseph, C. (2002): PKI: E-Security implementieren und verwalten, Übersetzung aus dem Amerikanischen von Ian Travis, Deutsche Ausgabe, 1. Auflage, mitp-Verlag, Bonn 2002.

NBS (1995): Secure Hash Standard, Federal Information Processing Standards Pub. 46, Washington D.C., April 1995.

Nell, M. (1990): Die Bedeutung des Risikos als Produktionsfaktor, in: Zeitschrift für die gesamte Versicherungswissenschaft (1990), S. 275-285.

Nell, M. (2001): Staatshaftung für Terrorrisiken?, Working Papers on Risk and Insurance, Nr. 4, Dezember 2001, Universität Hamburg.

Neumann, P.G. (2000): Denial-of-Service Attacks, in: Communications of the ACM, Vol. 43, No. 4, April 2000, S. 136.

Niquille, Ch. (1987): Risiko-Finanzierung – Ansätze zu einem Gesamtkonzept, St. Gallen; zugl. Dissertation, Hochschule St. Gallen 1987.

Nöhrbass, G. (2001a): WTC: Der Schock, der den Versicherungsmarkt verändern wird (Teil I), in: Versicherungswirtschaft, Heft 19/2001, S. 1572-1573.

Nöhrbass, G. (2001b): WTC: Der Schock, der den Versicherungsmarkt verändern wird (Teil II), in: Versicherungswirtschaft, Heft 21/2001, S. 1761-1766.

Nöhrbass, G. (2001c): WTC: Der Schock, der den Versicherungsmarkt verändern wird (Teil III), in: Versicherungswirtschaft, Heft 22/2001, S. 1848-1852.

Northcutt, S. (1999): Networking Intrusion Detection : an Analyst's Handbook, New Riders, Indianapolis, 1999.

Northcutt, S./Nowak, J. (2001): Intrusion Detection Systeme, mitp, Bonn 2001.

Nüesch, H. (1998): Abgrenzung zwischen Risk- und Krisenmanagement, Vortragsmanuskript, Win-Safe-Tagung, Basel, 8.-9.6.1998.

Nusser, S. (1998): Sicherheitskonzepte im WWW, Springer-Verlag, Berlin, Heidelberg 1998.

OECD (1997): Committee for information, computer and communications policy, Measuring electronic commerce, Paris 1997, http://www.oecd.org//dsti/sti/it/ec/prod/e_97-185.pdf, Abruf am 23.11.2001.

Oehler, A.; Unser, M. (2001): Finanzwirtschaftliches Risikomanagement, Springer, Berlin et al. 2001.

Open Systems (2001): Das Immunsystem für Ihr Netz, Open Systems AG, Zürich.

Oppliger, R. (1997): IT-Sicherheit: Grundlagen und Umsetzung in der Praxis, Vieweg, Braunschweig, Wiesbaden 1997.

Oppliger, R. (2001): Internet and Intranet security, 2. edition, Artech House, Boston 2001.

o.V. (1999, Data Loss): Dem „Data loss" folgt oft das Aus, in: Versicherungswirtschaft, Heft 20/1999, S. 1482.

o.V. (1999, Versicherungen): Versicherungen gegen Internet- und EDV-Risiken, , in: Versicherungswirtschaft, Heft 24/1999, S. 1876f.

o.V. (2000, Beginners' Guide): A Beginners' Guide To Alternative Dispute Resolution, http://www.lectlaw.com/files/adr11.htm, Abruf am 25.11.2001.

o.V. (2000, Fehlertoleranz): Trotz seiner hohen Fehlertoleranz ist das Internet durch gezielte Angriffe stark gefährdet, in: heise online news, 27.7.2000, http://www.heise.de/ newsticker/data/fr-27.07.00-000/, Abruf am.20.4.2002.

o.V. (2000, Handelsblatt): Handelsblatt vom 11./12.2.2000.

o.V. (2000, Welt): Die Welt vom 19.4.2000.

o.V. (2000, Software-Industrie): US-Politiker kritisieren Software-Industrie, in: heise online news, 11.5.2000, http://www.heise.de/newsticker/result.xhtml?url=/newsticker/data/chr-11.05.00-001/, Abruf am 11.03.2001.

o.V. (2000, Hacker-Versicherung): „Hacker"-Versicherung für Internet-Firmen, in: Versicherungswirtschaft, Heft 9/2000, S. 644.

o.V. (2001, Cybergeographie): Cybergeographie – Das Web zeigt Schwächen, in: FOCUS, Heft 12/2001, S. 262.

o.V. (2001, Hacker-Versicherung): Hacker-Versicherung für Microsoft-Server teurer, in: PC Magazin online News, 30.5.2001, http://www.pc-magazin.de/news_seite.php?mode =mehr&id=660&item=660, Abruf am 12.2.2002.

o.V. (2001, Sanierung): Zwischen Sanierung und Ausnahmezustand – Eine Standortbestimmung für die Industrieversicherung, in: Zeitschrift für Versicherungswesen, Heft 20/2001, S. 652-654.

o.V. (2001, Wendepunkt): Am Wendepunkt – Perspektiven für einen problematischen Markt – Ein Gespräch mit Peter Bollmann, Factory Mutual Deutschland, in: Zeitschrift für Versicherungswesen, Heft 23/2001, S. 799-801.

o.V. (2002, Cloud Nine): Cloud Nine sells up after DoS attack, in: ZDNet UK News, 24.1.2002, http://news.zdnet.co.uk/story/0,,t269-s2103098,00.html, Abruf am 4.3.2002.

o.V. (2002, Hacker): Hacker treiben Provider in den Ruin, in: Wirtschaftswoche heute, 2002, wysi- wyg://7/http:www2.wiwo.de/wiwowww.../130400/layout/58327/depot/0/index.html, Abruf am 5.2.2002.

o.V. (2002, Haftbarkeit): Mehr IT-Sicherheit durch Haftbarkeit, in: heise online news, 16.4.2002, http://www.heise.de/newsticker/data/ju-16.04.02-000/, Abruf am 16.4.2002.

o.V. (2002, Mail-Vireninfektionen): Mail-Vireninfektionen pendeln sich auf hohem Niveau ein, in: silicon.de, 4.3.2002, http://www.silicon.de/bin/bladerunner?30REQEVENT =&REQAUTH=21046&14001REQSUB=REQINT1=47366, Abruf am 7.3.2002.

o.V. (2002, Rückversicherer): Rückversicherer stehen im harten Markt vor guten Zeiten, in: Frankfurter Allgemeine Zeitung vom 2. März 2002, S. 27.

Padovan (2001): Ein Vertrauens- und Reputationsmodell für Multi-Agenten-Systeme, zugl. Dissertation, Albert-Ludwigs-Universität Freiburg i. Br., 2001, http://www.freidok.uni-freiburg.de/volltexte/166/, Abruf am 11.12.2001.

Padovan, B./Sackmann, S./Eymann, T./Pippow, I. (2001): A Prototype for an Agent-based Secure Electronic Marketplace Including Reputation Tracking Mechanisms. Proceedings of the Thirty-Fourth Annual Hawaii International Conference on System Sciences (HICSS-34), January 3-6, 2001. IEEE Computer Society.

Padovan, B./ Sackmann, S./ Eymann, T./ Pippow, I./ Eggs, H. (2001): Automatisierte Reputationsverfolgung auf einem agentenbasierten elektronischen Marktplatz. In: Buhl, H. U.; Huther, A.; Reitwiesner, B. (Hrsg.) (2001): Information Age Economy. Konferenzband 5. Internationale Tagung Wirtschaftsinformatik 2001, Heidelberg, S. 517-530.

Pago (2002): Pago Protect, Release 1.0, Leistungsbeschreibung, Pago eTransaction Services GmbH 2002.

Patterson, S. F. (1997): Alternativer Risikotransfer – immer mehr Realität, in: Zeitschrift für Versicherungswesen, Heft 21/1997, S. 606-609.

Peter, A./Ammann, R. (1997): Modernen Allfinanz-Produkten auf der Spur, in: INVEST, 8.11.1997, S. 64-65.

Peter, A./Vogt, H.-J./Kraß, V. (2000): Management operationeller Risiken bei Finanzdienstleistern, in: Johannig, L.; Rudolph, B. (Hrsg.): Handbuch Risikomanagement, Uhlenbruch, Bad Soden, S. 655-676.

Petzel, E. (1998): Integration von Versicherungen in Sicherheitskonzepte. Vortrag auf dem Kongress: IT-Sicherheitsmanagement '98 in München, 2. - 3. Dezember 1998.

Petzel, E./Lämmermann, D. (1998a): Sicherheitskonzepte: Planung – Integration von Versicherungen (I), in: Zeitschrift für Kommunikations- und EDV-Sicherheit (KES), Heft 4/1998, S. 38-42.

Petzel, E./Lämmermann, D. (1998b): Sicherheitskonzepte: Planung – Integration von Versicherungen (II), in: Zeitschrift für Kommunikations- und EDV-Sicherheit (KES), Heft 5/1998, S. 47-50.

Pfeiffer, Ch. (1999): Einführung in die Rückversicherung : Das Standardwerk für Theorie und Praxis, 5. Auflage, bearbeitet von Jan von der Thüsen, Gabler, Wiesbaden 1999.

Pfitzmann, A. (1990): Diensteintegrierende Kommunikationsnetze mit teilnehmerüberprüfbarem Datenschutz. Springer, Berlin, Heidelberg 1990.

Pfitzmann, A. (1993): Technischer Datenschutz in öffentlichen Funknetzen, in: Datenschutz und Datensicherung DuD 17, Nr. 8/1993, S. 451-463.

Picoult, M. (1997): Securitization of risks remains far off, in: Business Insurance (31), 10.3.1997, S. 27.

Pieper, J. (2000): Vertrauen in Wertschöpfungspartnerschaften: eine Analyse aus Sicht der Neuen Institutionenökonomie, Gabler, Wiesbaden 2000.

Pöppe, Ch. (2001): Rehabilitation des DES, in: Spektrum der Wissenschaft, Dossier 4/2001: Kryptographie, Scientific American, Heidelberg 2001, S. 45-47.

Porat, M. M./Powers, M. R. (1995): Captive insurance tax policy: Resolving a global problem, in: The Geneva Papers on Risk and Insurance, Vol. 20, No. 75, 1995, S. 197-229.

Powell, W. W. (1987): Hybrid Organizational Arranements: New Form or Transitional Development?, in: California Management Review 30 (1987) 1, S. 61-87.

Power, R. (2001): Attacken im Web: Fälscher, Hacker, Datenklauer – Die Schattenseiten des Cyberspace, Markt+Technik Verlag, München 2001.

Quack-Grobecker, A. (1998): Zur Haftpflichtversicherung von Internet-Risiken, in: Zeitschrift für Versicherungswesen (1998), S. 614-620.

Quack-Grobecker, A./Funke, G. (1999): Internetrisiken – eine Herausforderung für die Haftpflichtversicherung, in: Versicherungswirtschaft (1999), S. 157-160.

Raepple, M. (1998): Sicherheitskonzepte für das Internet – Grundlagen, Technologien und Lösungskonzepte für die kommerzielle Nutzung, dpunkt-Verlag, Heidelberg 1998.

Rannenberg, K. (1998): Zertifizierung mehrseitiger IT-Sicherheit: Kriterien und organisatorische Rahmenbedingungen. Vieweg, Braunschweig, Wiesbaden 1998.

Rannenberg, K. (2000): Electronic Commerce und Mehrseitige Sicherheit – Baustellen, Fortschritte und Perspektiven, in: Informatik Forschung und Entwicklung (IFE), Themenheft „Electronic Commerce“, 15. Jg., S. 193-206, http://link.springer.de/link/service/journals/00450/bibs/0015004/00150193.htm, Abruf am 12.9.2001.

Rannenberg, K./Pfitzmann, A./Müller, G. (1996): Sicherheit, insbesondere mehrseitige IT-Sicherheit, in: Informationstechnik und technische Informatik (it+ti), Heft 4/1996, S. 7-10.

Rannenberg, K./Pfitzmann, A./Müller, G. (1997): Sicherheit, insbesondere mehrseitige Sicherheit, in: Müller, G.; Pfitzmann, A. (Hrsg.): Mehrseitige Sicherheit in der Kommunikationstechnik, Bd. 1: Verfahren, Komponenten, Integration. Addison-Wesley-Longman, Bonn et al., S. 21-27.

Rasmusson, L./Jansson, S. (1996): Simulated Social control for Secure Internet Commerce, New Security Paradigms '96, ACM Press, September 1996, http://www.sics.se/~sverker/public/papers/nsp96lra.pdf, Abruf am 11.1.2002.

Rasmusson, L./Rasmusson, A./Jansson, S. (1996): Reactive Security and Social Control, Proceedings, 19th National Information Systems Security Conference, Oktober 1996.

Reckers, H. (2001): Zukunftsaufgaben der Bankenaufsicht, Landeszentralbank in Hessen, Vortrag im Rahmen der Mitgliederversammlung des Bankenverbandes Hessen im Hotel Frankfurter Hof am 29. März 2001, http://www.bundesbank.de/lzb-h/de/reden/pdf/ bankenverbandII.pdf, Abruf am 11.3.2002.

RegTP (2000): Geeignete Kryptoalgorithmen gemäß § 17 Abs. 2 SigV, in: Bundesanzeiger Nr. 230 – Seite 22.946 vom 07. Dezember 2000, http://www.regtp.de/imperia/md/ content/tech_reg_t/digisign/23.pdf, Abruf am 27.4.2002.

Reichenbach, M. (2001a): Individuelle Risikohandhabung elektronischer Zahlungssysteme, Deutscher Universitäts-Verlag, Gabler, Wiesbaden; zugl. Dissertation, Albert-Ludwigs-Universität Freiburg i. Br., 2001.

Reichenbach, M. (2001b): Sichere elektronische Zahlungen durch individuelles Risikomanagement, in: Müller, G.; Reichenbach, M. (Hrsg.): Sicherheitskonzepte für das Internet. Springer-Verlag, Berlin et al., S.105-134.

Reichenbach, M./Grzebiela, T./Költzsch, T./Pippow, I. (2000): Individual Risk Management for Digital Payment Systems, in: Hansen, H.-R.; Bichler, M.; Mahrer, H. (2000): Proceedings of the 8th European Conference on Information Systems (ECIS), Wien, S. 875-882.

Reinhard, F. (1999): „Fronting" für eine Captive Insurance Company – Risiken und Sicherungsmöglichkeiten, VVW, Karlsruhe; zugl. Dissertation, Universität Mannheim 1999.

Reiss, A.J., Jr. (1984): Selecting Strategies of Social Control over Organizational Life, in: Hawkins, Keith; Thomas, John M. (1984), Enforcing Regulation, Kluwer-Nijhoff, Boston, S. 23-35.

Reiss, A.J., Jr. (1974): Towards a Sociological Theory of Trust, Unpublished paper, Yale University, Department of Sociology 1974.

Reiter, M. K./Rubin, A. D. (1998): Crowds: anonymity for Web transactions, in: ACM Transactions on Information and System Security, Vol. 1, No. 1, November 1998, S. 66-92.

Rejda, G. E. (1992): Principles of Risk Management and Insurance, 4. Aufl., HarperCollins, New York 1992.

Richter, A. (1995): Adverse Selektion auf Versicherungsmärkten – Informationsökonomische Analyse bei exogener, vom Versicherer nicht beobachtbarer Schadenverteilung, VVW, Karlsruhe 1995.

Richter, A. (2001): Moderne Finanzinstrumente im Rahmen des Katastrophen-Risk-Managements – Basisrisiko versus Ausfallrisiko, Working Papers on Risk and Insurance, Universität Hamburg, Nr. 3/2001, http://www.rrz.uni-hamburg.de/IfVBL/ WP_R&I_3.pdf, Abruf am 30.4.2002.

Ripperger, T. (1998): Ökonomik des Vertrauens – Analyse eines Organisationsprinzips. Mohr Siebeck, Tübingen 1998.

RiskNews (2000): RiskNews Ausgabe 7/2000: KonTraG – Gesetzlich verordnetes Risk Management?, http://www.risknet.de/Data/risknews07_2000.pdf, Abruf am 2.12.2001.

RiskNews (2002): RiskNews Ausgabe 5/2002, http://www.risknet.de/Risk_News/rndownload/RiskNEWS05_2002.pdf, Abruf am 13.5.2002.

Rivest, R. L. (1992): The MD5 Message Digest Algorithm, Internet Request for Comments 1321, April 1992.

Rivest, R. L./Shamir, A./Adleman, L. M. (1978): A Method for Obtaining Digital Signatures and Public-Key Cryptosystems, in: Communications of the ACM, Vol. 21, No. 2, S. 120-126.

Rivest, R. L./Shamir, A./Adleman, L. M. (1983): A Method for Obtaining Digital Signatures and Public-Key Cryptosystems, in: Communications of the ACM, Vol. 21, No. 2, 1978, S. 120-126; reprinted: Vol. 26, No. 1, 1983, S. 96-99.

Romeike, F. (2000): IT Risiken und Grenzen traditioneller Risikofinanzierungsprodukte, in: Zeitschrift für Versicherungswesen, Heft 17/2000, S. 603-610.

Romeike, F. (2002): Integration des Risikomanagements in das Konzept der Balanced Scorecard in Versicherungsunternehmen, in: Zeitschrift für Versicherungswesen Heft 3/2002, S. 90-96.

Rötzer, F. (2000): Die Achillesferse des Internet, 27.7.2000, http://www.heise.de/tp/deutsch/inhalt/co/8441/1.html, Abruf am 20.4.2002.

Rücker, U.-Ch. (2000): Finite Risk Konzepte als Beispiel hybrider Instrumente der Risikofinanzierung, in: Schierenbeck, H. (Hrsg.): Risk-Controlling in der Praxis: rechtliche Rahmenbedingungen und geschäftspolitischen Konzeptionen in Banken, Versicherungen und Industrie, Schäffer-Poeschel, Stuttgart 2000, S. 365-411.

S@fer-Shopping (2001): Anforderungen zur Bewertung und Zertifizierung von Online-Shops, Stand 28.6.2001, Tüv Management Service GmbH, München, http://www.safer-shopping.de/download/ANFORDERUNGEN.PDF, Abruf am 20.5.2002.

Sako, M. (1998): Does Trust Improve Business Performance?, in: Lane, C.; Bachmann, R. (Hrsg.): Trust within and between organizations: conceptual issues and empirical applications, Oxford University Press, Oxford, S. 88-117.

Salkever, A. (2002): E-Insurance for the Digital Age, BusinessWeek online, 2. April 2002, The McGraw-Hill Companies Inc., http://www.businessweek.com/bwdaily/dnflash/apr2002/nf2002042_8163.htm, Abruf am 12.4.2002.

Schierenbeck, H. (2001a): Ertragsorientiertes Bankmanagement, Band 1: Grundlagen, Marktzinsmethode und Rentabilitäts-Controlling, 7. Auflage, Gabler, Wiesbaden 2001.

Schierenbeck, H. (2001b): Ertragsorientiertes Bankmanagement, Band 2: Risiko-Controlling und integrierte Rendite-/Risikosteuerung, 7. Auflage, Gabler, Wiesbaden 2001.

Schierenbeck, H. (2001c): Value-Controlling: Grundlagen Wertorientierter Unternehmensführung, Oldenbourg, München, Wien 2001.

Schierenbeck, H./Hölscher, R. (1998): BankAssurance: institutionelle Grundlagen der Bank- und Versicherungsbetriebslehre, 4. Auflage, Schäffer-Poeschel, Stuttgart 1998.

Schimmelpfeng, K. (2001): Risikomanagement in Industrieunternehmen, in: Götze, U.; Henselmann, K.; Mikus, B. (Hrsg.): Risikomanagement, Physica-Verlag, Heidelberg, S. 277-297.

Schmidt-Leithoff, Ch. (1992): Aktuelle Tendenzen auf dem deutschen Versicherungsmarkt, in: Die Versicherungspraxis, Heft 8/1992, S. 141-150.

Schmidt, J. H./Schunter, M./Weber, A. (1999): Can Cash be Digitalised?, in: Müller, G.; Rannenberg, K. (Hrsg.): Multilateral Security in Communications, Vol. 3: Technology, Infrastructure, Economy. Addison-Wesley-Longman, München et al., S. 301-320.

Schneier, B. (1999): Angewandte Kryptographie – Protokolle, Algorithmen und Sourcecode in C, 2. unveränderter Nachdruck, Bonn et al. 1999.

Schoder, D. (2000): Die ökonomische Bedeutung von Intermediären im Electronic Commerce, Habilitationsschrift Universität Freiburg i.Br., 2000.

Schoder, D./Müller, G. (1999): Potentiale und Hürden des Electronic Commerce – eine Momentaufnahme, in: Informatik Spektrum, Band 22, Heft 4/1999, S. 252-260.

Schoder, D./Strauß, R. (2000): e-Reality 2000 – Electronic Commerce von der Vision zur Realität. Status, Entwicklung, Erfolgsfaktoren und Managementimplikationen des Electronic Commerce, Consulting Partner Group GmbH (Hrsg.), Oktober 2000, Frankfurt.

Schoder, D./Strauß, R./Welchering, P. (1998): Electronic Commerce Enquete 1997/98. Empirische Studie zum betriebswirtschaftlichen Nutzen von Electronic Commerce für Unternehmen im deutschsprachigen Raum, Executive Research Report, Stuttgart.

Schopka, K. (1997): Clustertechnologie rettet die Crédit Lyonnaise, in: Zeitschrift für Kommunikations- und EDV-Sicherheit (KES), Heft 3/1997, S. 18ff.

Schradin, H. (1998): Finanzielle Steuerung der Rückversicherung unter besonderer Berücksichtigung von Großschadensereignissen und Fremdwährungsrisiken, VVW, Karlsruhe; zugl. Habilitationsschrift, Universität Mannheim, 1998.

Schulenburg, J.-M. Graf v.d. (1992): Versicherungsökonomik – Ein Überblick über neuere Ansätze und Entwicklungen, in: Wirtschaftswissenschaftliches Studium, Heft 8/1992, S. 399-406.

Schulenburg, J.-M. Graf v.d. (1993): Marktprozeß und Marktstruktur bei unvollständigen Informationen, in: Zeitschrift für Wirtschafts- und Sozialwissenschaften (1993), S. 509-555.

Schulte, M. (1997): Bank-Controlling II: Risikopolitik in Kreditinstituten, 2. Aufl., Bankakademie e. V. (Hrsg.), Frankfurt am Main 1997.

Schultz, E.E./Longstaff, T.A. (1998): Internet Sniffer Attacks, in: Denning, D.E.; Denning, P.J. (Hrsg.): Internet Besieged: Countering Cyberspace Scofflaws, ACM Press, New York, S. 137-146.

Schuy, A. (1989): Risiko-Management: Eine theoretische Analyse zum Risiko und Risikowirkungsprozess als Grundlage für ein risikoorientiertes Management unter besonderer Berücksichtigung des Marketing. Lang, Frankfurt am Main, Bern, New York, Paris 1989.

Scott, Ch./Wolfe, P./Erwin, M. (1999): Virtuelle private Netzwerke, 1. Auflage, O'Reilly, Beijing, Köln 1999.

Seitz, H. W./Bühler, R. (1995): Die Elektronikversicherung, Karlsruhe 1995.

Sinn, H.-W. (1986): Risiko als Produktionsfaktor, Jahrbuch für Nationalökonomie und Statistik, 201, S. 557-571.

Sinn, H.-W. (1988): Gedanken zur volkswirtschaftlichen Bedeutung des Versicherungswesens, Zeitschrift für die gesamte Versicherungswissenschaft (1988), S. 1-27.

Smith, A. (1776/1990): Der Wohlstand der Nationen, dt. Übersetzung von Smith (1776): An Inquiriy into the Nature and Causes of the Wealth of Nations, London 1776, 5. Auflage, dtv-Verlag, München 1990.

Smith, R.E. (1998): Internet-Kryptographie, Addison-Wesley-Longman, Bonn, Reading Mass. 1998.

Smith, R. E./Canelo, E. A./Di Dio, A. M. (1997): Reinventing Reinsurance using the Capital Markets, in: The Geneva Papers on Risk and Insurance, Vol. 22, No. 82, 1997, S. 26-37.

Smitka, M. (1991): Competitive ties: Subcontracting in the Japanese automotive industry, Columbia University Press, New York 1991.

Sobirey, M. (1999): Datenschutzorientiertes Intrusion Detection: Grundlagen, Realisierung, Normung, Vieweg, Braunschweig, Wiesbaden 1999; zugl. Dissertation, Technische Universität Cottbus, 1998; u.d.T.: Datenschutzorientierte Audit-basierte Erkennung von IT-Sicherheitsverletzungen.

Söhler, H. (1986): Das Konkurrenzverhältnis zwischen Schadenversicherung und anderen risikopolitischen Maßnahmen, in: Versicherungswirtschaft, Heft 19/1986, S. 1226-1234.

Söhler, H./Zilkens, S. (2001): Deutsche industrielle Sachversicherung – Wege aus der Krise, in: Versicherungswirtschaft, Heft 13/2001, S. 1002-1004.

Spatscheck, O./Peterson, L. (1999): Defending against Denial of Service Attacks in Scout, Proceedings of the Third Symposium on Operating Systems Design and Implementation, February 22-25, 1999, New Orleans, LA USA, S. 59-72.

Spooner, H. (1974): Risk Management: A Study in Technique. In: The Post Magazine, (135) 1974, S. 2038-2040.

Stallings, W. (1999): Cryptography and Network Security – Principles and Practice, 2nd edition, Prentice Hall NJ 1999.

Stiglitz, J. E. (1983): Risk, Incentives and Insurance: The Pure Theory of Moral Hazard, in: The Geneva Papers on Risk and Insurance, Vol. 8, No. 26, 1983, S. 4-32.

Stoll, F. (1995): The Need for Decentralization and Privacy in Mobile Communication Networks, in: Computers & Security, Vol.14, Elsevier Science Publishers, 1995.

Stollreither, K. (1996): Büroautomation 1996, in: Datenschutz und Datensicherheit (DuD), Heft 12/1996, S. 729ff.

St. Paul (2001): Cyberrisk Survey, Januar 2001, http://www.stpaul.com/www-cyberrisk-survey/content/index.htm, Abruf am 22.2.2002.

Strassl, W. (1988): Externe Effekte auf Versicherungsmärkten – eine allokationstheoretische Begründung staatlicher Regulierung, Mohr, Tübingen 1988.

Streitferdt, L. (1973): Grundlagen und Probleme der betriebswirtschaftlichen Risikotheorie, Wiesbaden 1973.

Strobel, S. (1999): Firewalls – Einführung, Praxis, Produkte, 2. aktualisierte und erweiterte Auflage, dpunkt-Verlag, Heidelberg 1999.

Strube, M. (2001): Alternativer Risikotransfer von Katastrophenrisiken: Die Rückversicherung mit Anleihen und börsengehandelten Optionen im Vergleich, Gabler, Wiesbaden 2001, zugl. Dissertation, Universität Göttingen, 2001.

Swiss Re (1996): Risikotransfer über Finanzmärkte: Neue Perspektiven für die Absicherung von Katastrophenrisiken in den USA?, in: Sigma Nr. 5/1996.

Swiss Re (1997): Alternativer Risiko-Transfer durch Finite Risk-Rückversicherung: Ein wirksamer Beitrag zur Stabilität der Versicherungswirtschaft, in: Sigma Nr. 5/1997.

Swiss Re (1999a): Alternativer Risikotransfer (ART) für Unternehmen: Modeerscheinung oder Risikomanagement des 21. Jahrhunderts?, in: Sigma Nr. 2/1999.

Swiss Re (1999b): Vom Risiko zum Kapital – Überlegungen aus der Versicherungsperspektive, Swiss Re Publishing, Zürich.

Swiss Re (2001a): Natur- und Man-made-Katastrophen 2000: Trotz riesiger Fluten weniger Versicherungsschäden, in: Sigma Nr. 2/2001.

Swiss Re (2001b): Innovative Kapitalmarktprodukte in der Versicherungsbranche, in: Sigma Nr. 3/2001.

Swiss Re (2001c): Terroranschlag in New York verursacht Rekordschaden in der weltweiten Sachversicherungsbilanz des Jahres 2001, Pressemitteilung der Swiss Re vom 20. Dezember 2001.

Swiss Re (2002a): Natur- und Man-made-Katastrophen 2001: Man-made-Schäden einer neuen Dimension, in: Sigma Nr. 1/2002.

Swiss Re (2002b): Betriebsunterbrechungsrisiken: Online/Offline – Unternehmen am IT-Tropf, Swiss Re Publishing, Zürich.

Swiss Re New Markets (1998): Risk securitization and contingent capital solutions, Swiss Re Publishing, Zürich.

Swiss Re New Markets (1999a): Integrierte Risikomanagement-Lösungen: Verschmelzung von traditioneller Rückversicherung und Finanz-Hedging-Instrumenten, Swiss Re Publishing, Zürich.

Swiss Re New Markets (1999b): Insurance-Linked Securities, Swiss Re Publishing, Zürich, New York, London.

Syverson, P. F./Goldschlag, D. M./Reed, M. G. (1997): Anonymous Connections and Onion Routing, in: Proceedings of the 1997 IEEE Symposium on Security and Privacy, März 1997.

Tanenbaum, A.S. (1997): Computernetzwerke, 3. überarbeitete Auflage, Prentice Hall, München 1997.

Tesarczyk, W./Schröder, J. (2001): Abschied von der risikoadäquaten Tarifkalkulation – Multi-Line kommt auch dem Kunden nicht immer entgegen, in: Versicherungswirtschaft, Heft 5/2001, S. 311-313.

Thofern, J.-O. (2001): Situation der Rückversicherungsmärkte nach dem 11. September, in: Zeitschrift für Versicherungswesen Heft 22/2001, S. 746-747.

Tita, R.-Th. (2001a): Umfang und Grenzen der Softwareversicherung nach Kl. 028 zu den ABE (I), in: Versicherungswirtschaft, Heft 20/2001, S. 1696ff.

Tita, R.-Th. (2001b): Umfang und Grenzen der Softwareversicherung nach Kl. 028 zu den ABE (II), in: Versicherungswirtschaft, Heft 21/2001, S. 1781ff.

Trusted Shops (2002): Trusted Shops Guarantee – Setzen Sie ein Zeichen. Für die Sicherheit Ihres Angebots, Trusted Shops GmbH, Köln 2002, http://www.trustedshops.de/pdf_download/Broschuere.pdf, Abruf am 19.5.2002.

Trusted Trade (2001): Versicherungslösungen zur Absicherung der Risiken im E-Commerce für B2C und B2B: Trusted Shops und Trusted Trade, Vortragspräsentation von Dr. Stefan Kutz, Geschäftsführer Trusted Trade GmbH, EUROFORUM-Konferenz „Versichern Sie E-Commerce“ in Düsseldorf, 20. und 21.2.2001.

Trusted Trade (2002a): Online Kreditversicherung, Trusted Trade, Köln 2002, http://www.trustedtrade.de/de/downloads/credit_insurance_de.pdf, Abruf am 19.5.2002.

Trusted Trade (2002b): Internationales Forderungsinkasso, Trusted Trade, Köln 2002, http://www.trustedtrade.de/de/downloads/debt_collection_de.pdf, Abruf am 19.5.2002.

Trusted Trade (2002c): TT Status Report, Trusted Trade, Köln 2002, http://www.trustedtrade.de/de/downloads/status_report_de.pdf, Abruf am 19.5.2002.

Tullock, G. (1997): Adam Smith and the Prisoners' Dilemma, in: Klein, D.B. (Hrsg.) (1997): Reputation: Studies in the Voluntary Elicitation of Good Conduct, The University of Michigan Press, Ann Arbor, S. 21-28.

Utech, K. (2000): Handbuch zur Datenschutz-CD, Utech Verlag 2000.

Vahrenwald, A. (2000): Out-of-court dispute settlement systems for e-commerce. Report on legal issues. Part III. Types of Out-of-court Dispute Settlement, Joint Research Centre 21020 Ispra (VA), Italy, 29th May 2000, http://dsa-isis.jrc.it/ADR/Part_III.doc, Abruf am 24.11.2001.

Völl, W. (Hrsg.) (2000): Hacker's Black Buch, Verlag Völl, Aachen 2000.

Voydock, V.L./Kent, S.T. (1983): Security Mechanisms in High-Level Network Protocols, in: ACM Computing Surveys, Vol. 15 (1983), Nr. 2, S. 135-170.

Wagner, F. (1997): Risk Securitization als alternatives Mittel des Risikotransfers von Versicherungsunternehmen, in: Zeitschrift für die gesamte Versicherungswissenschaft (1997), S. 511-552.

Wagner, F. (2000): Risk Management im Erstversicherungsunternehmen: Modelle, Strategien, Ziele, Mittel. VVW, Karlsruhe 2000.

Welsch, G. (1999): Stufenweise skalierbare Sicherheit für digitale Signaturen, in: Datenschutz und Datensicherheit (DuD), Heft 9/1999, S. 520-525.

Werner, E. (2000): Wetter als Börsenprodukt, in: Versicherungswirtschaft, Heft 22/2000, S. 1750-1754.

Westfeld, A. (1997): Steganographie am Beispiel einer Videokonferenz, in: Müller, G.; Pfitzmann, A. (Hrsg.): Mehrseitige Sicherheit in der Kommunikationstechnik, Bd. 1: Verfahren, Komponenten, Integration. Addison-Wesley-Longman, Bonn et al., S. 507-525.

Westfeld, A. (1999): Steganography and Multilateral Security, in: Müller, G.; Rannenberg, K. (Hrsg.): Multilateral Security in Communications, Vol. 3: Technology, Infrastructure, Economy. Addison-Wesley-Longman, München et al., S. 223-231.

Wigand, R.T. (1997): Electronic Commerce: Definition, Theory and Context, in: The Information Society, Vol. 13, No. 1, January-March, S. 1-14.

Wilikens, M./Vahrenwald, A./Morris, P. (2000): Out-of-court dispute settlement systems for e-commerce. Report of an exploratory study, Joint Research Centre 21020 Ispra (VA), Italy, 20th April 2000, http://dsa-isis.jrc.it/ADR/Reportv20apr.pdf, Abruf am 25.11.2001.

Williams, C. A./Heins, R. M. (1971): Risk Management and Insurance, McGraw Hill 1971.

Williams, C. A./Smith, M. L./Young, P. C. (1995): Risk Management and Insurance, New York 1995.

Wire Card (2001): Absicherung gegen Forderungsausfälle im Online-Geschäft – Das Konzept der Wire Card AG, Vortragspräsentation von Martin Kögel, Finanzvorstand der Wire Card AG, EUROFORUM-Konferenz „Versichern Sie E-Commerce" in Düsseldorf, 20. und 21.2.2001.

Wire Card (2002a): RPI – Riskmanagement, e-Payment and Integration: Core-functionality of Financial Supply Chain Solutions, Vortragspräsentation von Christa Wagner, Key Account Manager der Wire Card AG, Januar 2002.

Wire Card (2002b): Introducing Wire Card´s Corporate Trust Center Platform: Next Generation Financial Supply Chain Management, Vortragspräsentation, 2002.

Wirtz, B. W. (2000): Electronic Business, Gabler, Wiesbaden 2000.

Wittmann, W. (1959): Unternehmung und unvollkommene Information, Westdeutscher Verlag, Köln, Opladen 1959.

Wöhrmann, P. (1998a): Alternative Risikofinanzierungsmodelle eröffnen Unternehmen attraktive Chancen (Teil 1), in: Schweizer Außenwirtschaft, Februar 1998, S. 28-30.

Wöhrmann, P. (1998b): Alternative Risikofinanzierungsmodelle eröffnen Unternehmen attraktive Chancen (Teil 2), in: Schweizer Außenwirtschaft, März 1998, S. 28-30.

Wöhrmann, P. (2001): Versicherungspools für KMU – Marktpotenziale der alternativen Risikofinanzierung, in: Neue Zürcher Zeitung, 7.2.2001.

Wolf, G. (2000): Charakteristika von Schutzzielen und deren Umsetzung in Benutzungsschnittstellen. Dissertation, Technische Universität Dresden 2000.

Wolf, K./Runzheimer, B. (2001): Risikomanagement und KonTraG – Konzeption und Implementierung, 3. Auflage, Gabler, Wiesbaden 2001.

Zentraler Kreditausschuss (2001): Stellungnahme des Zentralen Kreditausschusses zum Konsultationspapier des Baseler Ausschusses zur Neuregelung der angemessenen Eigenkapitalausstattung von Kreditinstituten vom 16. Januar 2001 („Basel II"), http://www.voeb.de/News/Bilder/basel01-a2.pdf, Abruf am 13.12.2001.

Zimmermann, P. R. (1995): The Official PGP User's Guide, MIT Press, Cambridge, Massachusetts 1995.

Zimmermann, P. R. (2001): Schlüsseldienst fürs Internet, in: Spektrum der Wissenschaft, Dossier 4/2001: Kryptographie, Scientific American, Heidelberg 2001, S. 76-80.

Zolkos, R. (1997): Interview with Richard L. Sandor, in: Business Insurance (31), 30.10.1997, S. 102-103.

Zucker, L. G. (1986): Production of trust: Institutional sources of economic structure, 1840-1920, in: Staw, B.M., Cummings, L.L. (Hrsg.): Research in organizational behavior, Greenwich, Conn., S. 53-111.

Zürich (2000a): Risk Management für Unternehmen – methodisch vorgehen, Risk Management für die Praxis, Zürich, Geschäftseinheit Unternehmen, Zürich 2000.

Zürich (2000b): eRisk protection program, Zürich, Geschäftseinheit Unternehmen, Zürich, September 2000.

Zürich (2000c): eRisk Insurance Solution, Vertragsbedingungen vom 15.12.2000.

Zürich (2001a): E-Risk: Risiken im E-Business, Risk Management für die Praxis, Zürich, Geschäftseinheit Unternehmen, Zürich, Februar 2001.

Zürich (2001b): eRisk protection program – Ein breit angelegter Schutz für den E-Business, Vortragspräsentation von Christoph Kammermann, Leiter eRisk, EUROFORUM-Konferenz „Versichern Sie E-Commerce" in Düsseldorf, 20. und 21.2.2001.

Zürich (2001c): Effizienteres Risk Management dank Alternativem Risikotransfer, Zurich Continental Europe Corporate – Structured Insurance Solutions, Präsentation vom 19.7.2001, Zürich.

Zugenmaier, A./Kabatnik, M. (2001): Location Stamps for Digital Signatures: a New Service for Mobile Telephone Networks, in: Proceedings of the 2001 IEEE Conference on Networking (ICN), July 2001.

Zugenmaier, A./Kreutzer, M./Kabatnik, M. (2001): Enhancing Applications with Approved Location Stamps, in: 2001 IEEE Intelligent network workshop proceedings, 2001.

Zugenmaier, A./Kreutzer, M./Müller, G. (2001): Location Addressing: Technical Paradigm for Privacy and Security in a Ubiquitous World. Technischer Bericht, Hitachi, August 2001.

Zweifel, P./Eisen, R. (2000): Versicherungsökonomie, Springer, Berlin et al. 2000.

Zwicky, E. D./Cooper, S./Chapman, B. (2001): Einrichten von Internet Firewalls, 2. Auflage, O'Reilly, Beijing, Köln 2001.

Stichwortverzeichnis

MIX
Papier aus verantwortungsvollen Quellen
Paper from responsible sources
FSC® C105338

FSC
www.fsc.org

Printed by Books on Demand, Germany